弓道の生理学

The Physiology of Kyudo

身体がわかると〝射〟が変わる！

弓道錬士六段
柔道整復師
アスレティックトレーナー
高橋景樹

BAB JAPAN

はじめに

全日本弓道連盟の推薦を受け、日本体育協会（現日本スポーツ協会）のアスレティックトレーナーを2007年に取得してから15年以上が経過しました。

これまで全日本弓道連盟の医・科学委員会委員としての責務、機関誌「月刊弓道」での連載、整骨院での患者さん治療など日々に追われていましたが、弓道に受けた恩を少しでも形にして返したいと思い今回の出版に至りました。

具体的にどうするか考えた際、軸となったものは以下の通りです。

①2013年5月から機関誌「月刊弓道」の連載「身体との対話」（全15回）では、触れることの出来なかった内容をまとめてみる必要性を感じていたこと。

②自身で開業している整骨院において、弓道関係の患者さんは無理を重ねて痛みを抱えている方が非常に多く、人によっては無理な指導を受けて、腱板断裂していた方など看過できない症例があること。

③弓道競技を専門種目としたアスレティックトレーナーの後進育成が急務であること。

④弓道教本第一巻射法篇［補正増補］の射法訓にも「射法は、弓を射ずして骨を居ること最も肝

要なり」とあるのに、骨格・体型・体格に合わせた指導や体の使い方の説明というのは、書物でも現場でも思ったより見ることができないこと。

本書は初心者が読むにはちょっと難しく、基礎的な知識を得る必要があります。初心者用の本では物足りなくなった方には、是非読んでいただきたい内容を目指しました。

本来関連して触れるべき呼吸や、丹田などの断定しきれない部分には最低限しか触れずに、身体の働きのみに絞ってあります。一流を目指す方からは、あたり前すぎて物足りないと言われる程度の内容です。

低段者は内容を考え始めて指導者に質問するため、称号者ならこれぐらいの内容は普通に答えられ、備忘録となるための軽い参考書といった感じです。

今回強く目的としているのは「何年も頑張っているのにうまくいかない」とか「言われた通りにやっているけど特定の部分に痛みを抱えて練習できない」と言った方々の救済、指導者に恵まれない場合に、体を壊されないようにするための身の守り方が中心です。

また指導をする立場にあるものの、通り一遍のことしか言えない、自身の経験則のみを一方的に押しつける状態になってしまう人に対する、啓蒙となる内容をなるべく多く取り上げて、弓道界全体の底上げに少しでも貢献することも大切な目的です。

1割しか的中しない人が5割に上がるとか、慢性的な痛みを抱えている人や、ずっと手や顔を払う人が払わなくなるということは期待できますが、試合で優勝できるマル秘テクニックや、裏ワザ的なものを期待されても全く応えることはできません。

本書は弱者または自分を弱者だと思っている方が、弓道を辞めないで生きていけるように下支えするための一助となることを切望して書いたものです。

武道すべからく、自身の研鑽と工夫で自得するものであると思います。ですので、本書ではなるべく一人一人が考える力をつけられるような説明を心がけました。

私自身がまだ道の入り口にあって、本来であればこの程度で本にすることは児戯と言われること、評価よりご批判を受ける可能性が高いことは覚悟して書きました。

それでもこれまで経験してきた指導や研究の中で、多くの人が直面している割に解消されていない問題をなるべく解決したいと思って執筆しており、不足の部分はあろうかと思いますので、その点につきましては是非ご教示いただきたいと思います。

これまでの私が経験して学んできたものは、弓道の世界で考えればごくごく浅いものでしかありませんが、一石を投じることになれば幸いです。

令和6年11月吉日

高橋景樹

目次

第2章 自分の体を知る

第3章 射法八節と身体の動き

第4章 ケアとトレーニング

◎第1章

あなたの弓道大丈夫?

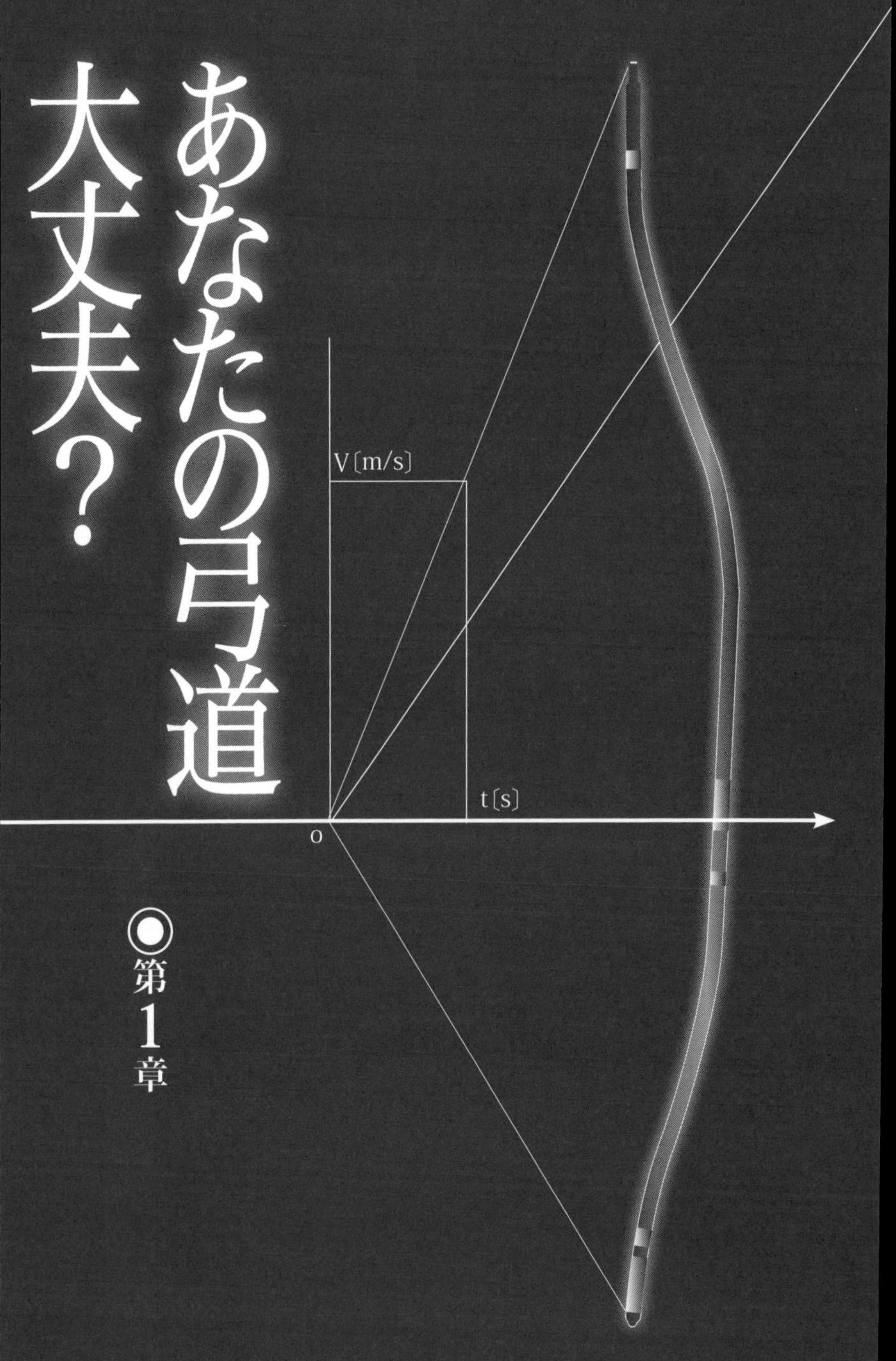

1 あなたの目標はなんですか？

あなたの弓道における目標とはなんでしょうか？

教本では「真・善・美」と言われていて、それはそれで真理だと思いますが、抽象的すぎてなかなか分かりません。

それぞれ個人では具体的な目標があると思います。


では、あなたの弓道における理念はなんでしょうか？

教本での理念は

- **射法・射技の研修**
- **礼に即した体配の修練**
- **射品射格の向上**
- **人間完成の必要**

と、書いてありますがこれは大切な理念であると同時に、いきなりすべて取り掛かれるもので

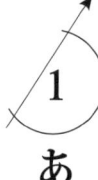

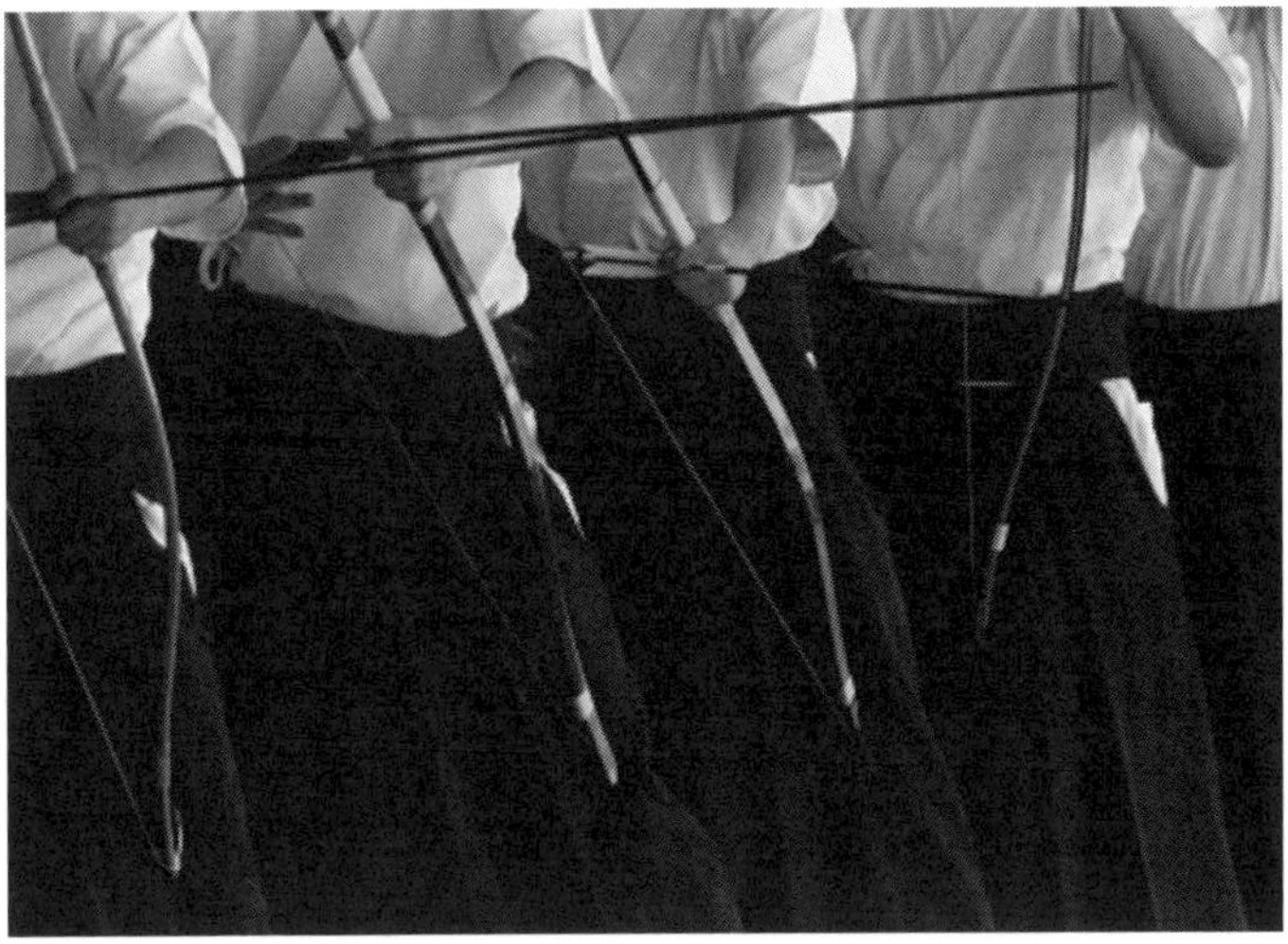

もなく、これをするための下準備が必要です。
理念は基本的な部分ができた上で求められる（最初から求められる部分もありますが）ので、そこまでに何をするかが重要です。

さて、それでは自分の目標と理念に向かってどのような努力をしていますか？と聞かれるとパッと思いつくのが、

①矢数をかけること
②体配を繰り返し修練すること
③射の内容を考えること
④高名な先生の講習会などに参加する

と、いったあたりでしょうか。
でも、体のことを知らず、自分の動きも知らず、ただ闇雲に練習しても変な癖がつくだけです。

教本第一巻には誰もがやるべき基本的な動作、説明は明確に示していますが、当然のことながら、どこをどうすると上手くいくというような内容はほとんど説明されていません。

教本というものは、そもそもそういった性質のものです。教本は最大公約数を全員に提示するものであるからそれが当然なのです。

更に二巻～四巻には、様々な先生の経験に基づく貴重な話が多く記載されていてとても勉強になります。

しかし、昭和の時代に明治～昭和の戦前生まれの先生を中心に書いてあるその内容は、本当に難しい。そしてそれぞれの先生方が書いている内容はそれぞれの流派をもとに、大成するまでの道筋や考え方が書いてありますが、そこには大きな問題があります。

一定水準を大きく超えた先生方が書かれているので、当たり前すぎることは述べられず身体の働きの基礎の基礎は提示されないということです。

それと、古い文字や意味をよくよく調べないと理解できない言葉も多いので、ついつい分かった気になり、また面倒だから読み飛ばしてしまうこともあります。

2 目標に応じた努力をしていますか？

例として、プロ野球選手になりたいから高校野球で活躍して、プロのドラフトにかかって、最後はメジャーリーガーになる。

これはとても分かりやい目標です。では、そうなるために何をしているか？と、問われれば素人でもわかる内容として、グラウンドでの練習だけでなく毎日欠かさず素振り1000回、キャッチボール、筋トレなど誰でもやっている訳です。優秀な監督、コーチに指導を仰げたとして、それでもプロになるどころか高校野球のレギュラーになれる保証すらありません。甲子園に出るのが夢であってもそうそう叶えられません。

それでも最低限前記程度の内容はやっているし、誰でも想像できる努力なのです。

弓道はプロ競技ではないので、各自それぞれ明確な目標があって、それに見合う努力を個人個人ですれば何も問題ありません。健康増進や暇つぶしであれば、お茶を飲みながら準備運動も必要ない程度の弓をのんびり引けば良いわけです。

例えばあなたは何をきっかけに弓を始めましたか？と、聞かれた時の皆さんの答えは多種多様だと思います。

袴姿に憧れて、弓そのものが好きで、映像を見て、厳かな空気に憧れて、的に当てるのが好きだから…。など様々なものがあると思います。

今、何のために引いているか?と聞かれた場合の答えは、競技として大きな大会で活躍する、審査を受けて昇段・昇格するため、精神修養、健康増進。おおよそこれぐらいに集約されます。

どのような目的で弓道を続けているのかは、当然各自の自由だし誰かに強要されるものでもありません。


では、弓道を仕事としている人はいないのでしょうか?

プロ弓道家と公に名乗っている人はいませんし、全日本弓道連盟もプロと承認している人はいません。賞金の出る大会も無く、よって日本に弓を引くことによる競技プロは存在しません。

選手としてセミプロという意味で言えば、実業団などで常に仕事時間を短縮してもらえて練習、試合に出られる人はセミプロと言えるかもしれません。仕事後に引けるという環境があるというだけでは、プロではありません。

指導者であれば、自分で道場を構えている人はプロと言えるでしょうし、流派の何代目として継承している人もプロと言って差支えないと思います。また、意外と忘れられがちですが、大学で教員として弓道の授業を受け持つ人もいれば、高校や大学で授業を受け持っている、教員で無くとも学校の弓道部や実業団などの指導をして生活をしている人もいますので、プロもしくはセミプロと言えるような指導者は存在します。

目を転じて弓師、矢師などをはじめとする道具を製作する人々や弓具店を経営するのはまさにプロの職人（弓引きとは言えないかもしれませんが）です。

道具を作って販売する立場からしたら、いかに売れて評判良くなるか、返品されないように破損の無いものを作るかなど、まさに生活がかかっています。

さて突然ですが、私が「弓道というのは趣味の世界だ！」と言うと色々な意見が出て嫌な顔をする人もいると思いますが、基本的に趣味の世界であることは間違いないと思います。

そしてその発言を嫌う人は、大体弓を引いていても中途半端な人です。

趣味の域を出てマニアと言える知識を得ている人、大会で大きな結果を出そうとする人、段位・称号をとことん合格するまでやろうとする人は、趣味と言われようが遊びと言われようがどうでもいいのです。あくまで「自分は」その域を出ているし、誰にも負けないと思って修練に励んでいるし、意識のある指導者は指導対象をできうる限り育成して人としても成長できるように命がけなので、雑音に反応しません。

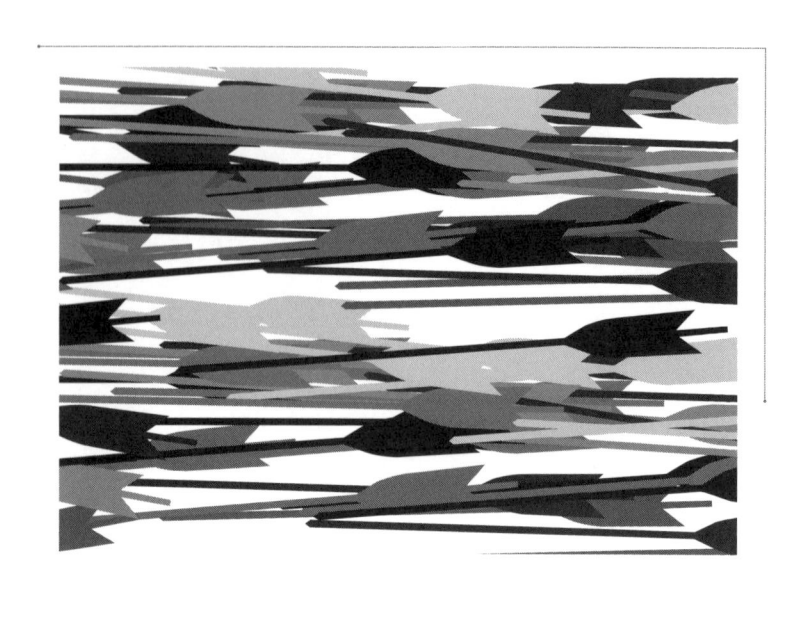

大勢の前でのあいさつや公の講習会などは例外として、日常で精神修養が目的だとか、道がどうだとかを周囲に発言する人は、大体において自分自身に色々不足していて中途半端であることすら自覚できず、人にまで自分の理想を無理強いします。そういう人からは距離を置いて下さい。やる気ある人を潰す害悪でしかありません。弓道は人に左右されず楽しくやる方が良いと思います。

昔の突き詰めた例として、江戸時代の堂射（京都三十三間堂）では最終的に一昼夜（24時間）で約13000射しています。目標を実現するために毎日気が遠くなるほど引き続け、しかも藩の大金を使って挑戦するために失敗したら切腹した例も多くあります。

戦後では日置流の（故）浦上栄範士は、「1日100射で退かず進まず、上手くなりたければ1日300射、月に一度は1000射以上引かなければ」と言っていますが、現代ではこれを実践するのでさえ至難の業です。私も若かりし頃に一度だけ1日で1000射しましたが、数日は弓を見るのも嫌になりました。

大学では、高校で結果を残して推薦で入学し、部活で年間を通じてインカレやリーグ戦に出て常に結果を求められる学生もいますが、彼らの中には楽しむより義務として仕事に近い感じで弓道をしている人もいます。

天才型は矢数をかけない人もいますが、そこまで多くいる訳ではないので例外として考えると、矢数をかけて何とか維持・改善を続ける学生も多くいます。

これらの努力を当然と思う人もいれば狂気と思う人もいて、またこれらぐらいでは生ぬるいと感じる人もいるわけです。

師匠や監督・コーチまたはいつも関わる先輩から多い、少ないと言われる分には考える必要がありますが、趣味の世界なので特別な環境でもないかぎり練習量の多寡も他人を批判せず、また自分で判断できるようになるべきです。

3 適正な弓力を使っていますか？

今あなたは、何kgの弓力を使っていますか？

適正な弓力の求め方は、二張り同時に引ける半分とか何となく誰かから言われたような…？？

適正な弓力とは？

「二張り同時に肩入れできる限度の二分の一」


全般にかなり混同される傾向にありますが、あくまでも肩入れであって素引きではありません。戦国時代までであれば兜のつばに当たらない所までが引き尺なので、素引き＝肩入れと解釈できますが、歴史のどこかで素引きと肩入れが混同されてきたのだと思われます。


肩入れとは？

文字通り肩が入るところまで。引いて左肩を過ぎて左乳首のあたりまで。それぐらいで基本的には弓力もわかるし、素人に弓を引かせてみると大体がそのへんで止まるので、だれでも試せる

二張り同時に肩入れできる限度の二分の一が適正な弓力

肩が入るところまで引くのが「肩入れ」。
二張りの弓を同時に肩まで引ける限界の二分の一が適正な弓力。

あたりです。

間違って体幹の中心を超えて現代言われる会まで引いたら、竹弓であれば破損の恐れがあります。（※矢を番えない場合、矢束を超えて引いてしまう）

また「二張り同時に肩入れできる限度の二分の一」であって、余裕で入るようなものは弱すぎです。

4 平均弓力の低下？

皆さんは平均弓力が年々低下しているのを知っていますか？

明治以降日本人の体格は巨大化して、現代では様々な競技において世界基準の選手が登場しています。

ところが弓道における平均弓力はどんどん低下しています。

栄養状態が変わり、体形体格が向上しているのになぜそのような状況に陥ったのでしょうか？

一つには、合成素材の弓や矢が登場して弱い弓力、矢でもそれなりに飛ばせるようになったからというのが挙げられると思います。

次に挙げられるのが高齢化。若いころに一定の弓力を引いても、年齢を重ねれば当然体力も落ちるので、ある程度の低下はやむを得ない場合もあります。

ところが、考えなければいけない点があります。当時最前線で引いていた人や弓具店等で聞いた話ですが、女性は昭和後半に大体13～14kg↓平成後半11～12kgに対して男性22～23kg↓14～15kgまで落ちています。

正直男性の弓力低下は異常です。私の印象からすると、会が短い射は評価されないといった考えが広まったのが平成に入ってからで、その頃から会を持つために、急速に弓力が低下していった記憶があります。

少し古い話で言えば弓聖とも言われる阿波研造範士で、当時八分以上（おおよそ50kg以上）で離れが出るまで極限を追い求めて会を持っていました。三島䢖男教士（故人：調布市弓道連盟元会長、旧制二高で阿波範士の直弟子）から、道場で何度となく話を聞いていましたが言葉にできないほど、とてつもない射だったそうです。現在はどこまで受け継がれているのでしょうか？

私が20代で見た全日本選手権（平成五年前後）では、弓力の強い選手（今では高名な先生方）が会で限界ギリギリまで粘って「どうだ！！」と言わんばかりの離れと的中を出す選手が何人もいて、それを目の前で見せつけられてこれが全日本選手権のレベルかと衝撃を受けた記憶があります。弱い弓で時間かせぎをしているものとは次元が違います。

中途半端な人から大体出てくる発言が「無理をして引くと体を壊す、ケガをする」です。武道として一定の修練をしようとする人が、無理というのをそもそもどれほどのものを指して言うのか私には理解できませんが、本来なら前記のように肩入れをさせてみてきちんと内容を見てから発言しましょう。

よくわからない歯止めのかけ方をする人に限ってきちんとした根拠がありません。

そして、自分を強化していくなら前記の基準よりも強い弓を、年齢や障害などで厳しい場合にはやむなく少し弱い弓を使いましょう。

それでも弓を強くするとどこかを痛めて、批判家の人から集中攻撃される場合があります。

それを無くす、自身の武道の稽古上達のためにやることは一言で表現できます。


正しい知識を持って体を鍛えましょう！

もちろん極端に強い弓を引いてケガをして良いという訳ではありませんし、弱い弓をすべて否定するものでもありません。年齢がいったら体力が低下するのはだれでも経験することです。何にせよ根拠が必要ということです。

そもそも飛貫中《ひかんちゅう》：矢飛（速さ）、貫徹力、的中は、弓を愛好する上で大切な要素です。これらを達成するには弱すぎる弓では不可能です。

5 伝統という逃げの言葉！

現代弓道は、戦後から先達が戦前の流派の共通点をとって様々な人が同時に引けるように、そして初心者として始める人にはある程度集約・統一されたものを全国均一に流布していこうとして教本が出版されました。よって現在連盟に属して弓を引いている人は、基本的に伝統あるものの上に立って現代弓道をたしなんでいる訳です。

現代弓道を教本に沿って学ぶというだけであれば何の問題もありません。

しかし弓道に限らず、歴史あるものは伝統が…と、言われます。ところがこの伝統という定義づけが非常に曖昧で、しばしば話の食い違いが起こります。どこを伝統と言っても良いと思いますが、少なくとも自分がどこを起点として伝統と言うのかは、はっきりと自覚しておく必要があります。石器時代の狩猟から？武家の時代？(これも鎌倉以降色々ありますが…)明治頃？戦前？戦後？これらをはっきりとさせていないと、会話がかみ合わない上に対立関係になります。

戦後であれば伝統と言うにはやや短いと思いますので、少なくとも戦前ぐらいまでは遡って考える意識は欲しいと思います。

また、流派という大切な伝統があります。現在では絶えてしまったものもありますが、現代弓道はその数々ある流派があって成り立つようになったものなので、少しでも多く知識として頭に入れたいものです。

ただこれもとても注意が必要で、○○流ではこういう教えが…というのは考える要素として大切なのですが、現代弓道とやっている事が合わない場合もあり、流派の中でも指導者によって説明する内容に食い違いが出る場合もあるので、自分で吟味できるだけの努力と成長が必要だと思います。

私自身もそこまで網羅している訳ではありませんし、専門の方に教わりたい内容が膨大にあります。

経験年数が長くなればなるほど人に聞きづらくなるという面もありますが、そこは謙虚に学ぶことが大切です。

6 では、どう生きていく？

結局のところ楽しんだ人の勝ちです。楽しみ方というのは色々ある訳ですが、私が言いたいのはもっと自分の体の事を知って、思うように動かせたら的中も上がるし、ケガもしにくくなるし、より楽しいのではないでしょうか？

弓を引くことはただそれだけで楽しいものですが、実力向上を考えた場合にはただ引いても上手くなりません。

先に伝統と言いましたが、それと同じぐらい大切なのが最新情報です。「○○新理論」や「理論○○」「○○メソッド」などと言うのもインパクトがあって良いとは思います。でも新理論は検証が足りていないのです。日本人は初物が好きなので割と飛びつく傾向にありますが、安易に飛びつくのも考えものです。

私が提案したいのは、最新を知るためには基礎を知らないとダメだということです。特に試合や審査・講習会では得られない体の知識をしっかりと頭に入れておかないと、とても効率が悪い。しかも体のことを知るというのは、道場に行かなくても自分の学習意欲と心がけでできるものなのです。

昇段審査でも射即人生とか射即生活を問う学科問題が出てきますが、体の事をしっかり理解すれば、立ち姿や歩き方、日常生活にまで良い影響を与えられ道場外でできる素晴らしい学びであると思います。

「知っていてできないこと」と「そもそも知らないこと」の間に大きな差があります。

健康的に体を正しく使ってケガ無く楽しく弓を引く。このための基礎を共に学びましょう！

第2章以降、ご自身の体がどのようなものか、第3章において八節は実際にどの動作の時にどこを使っているのか、そして第4章は身体ケアとトレーニングを皆様に提示して考えて向上するための一助としたいと思います。

第2章

自分の身体を知る

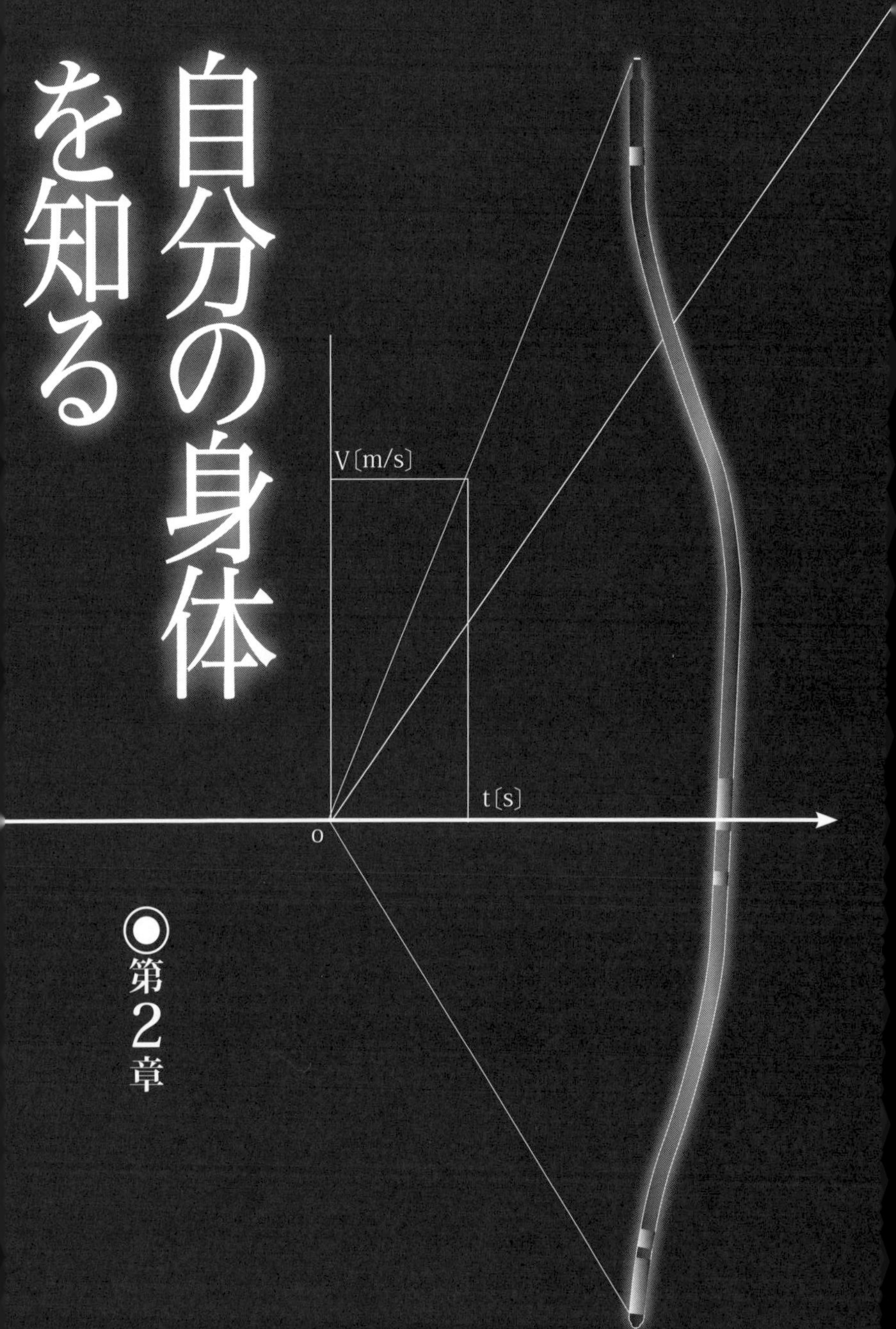

1 関節、骨、筋肉の基礎の基礎

この先出てくる内容で、一般的に言われる身体の構成要素の中から必要なものを簡単に提示したいと思います。習熟度合に合わせてイメージをより具体的なものにする必要があります。他にも理解するべきことはたくさんありますが、まずは理解できる範囲で頭に入れましょう。

レベルごとに意識したいイメージを分けました。

① 初級　射法八節の基礎的な動きを習得した人が持ちたいイメージ
② 中級　アスリートとしてものを考えるなら欲しいイメージ
③ 上級　マニアックに突き詰めたい人が、より細かく考えるための一例

ただし、第3章以降は中級用がメインで、理解しづらい部分は初級用の図などを加えて説明します。

知識だけ詰め込んで理屈っぽくなると、周囲から面倒な人として扱われますので注意しましょう。

◉関節

関節

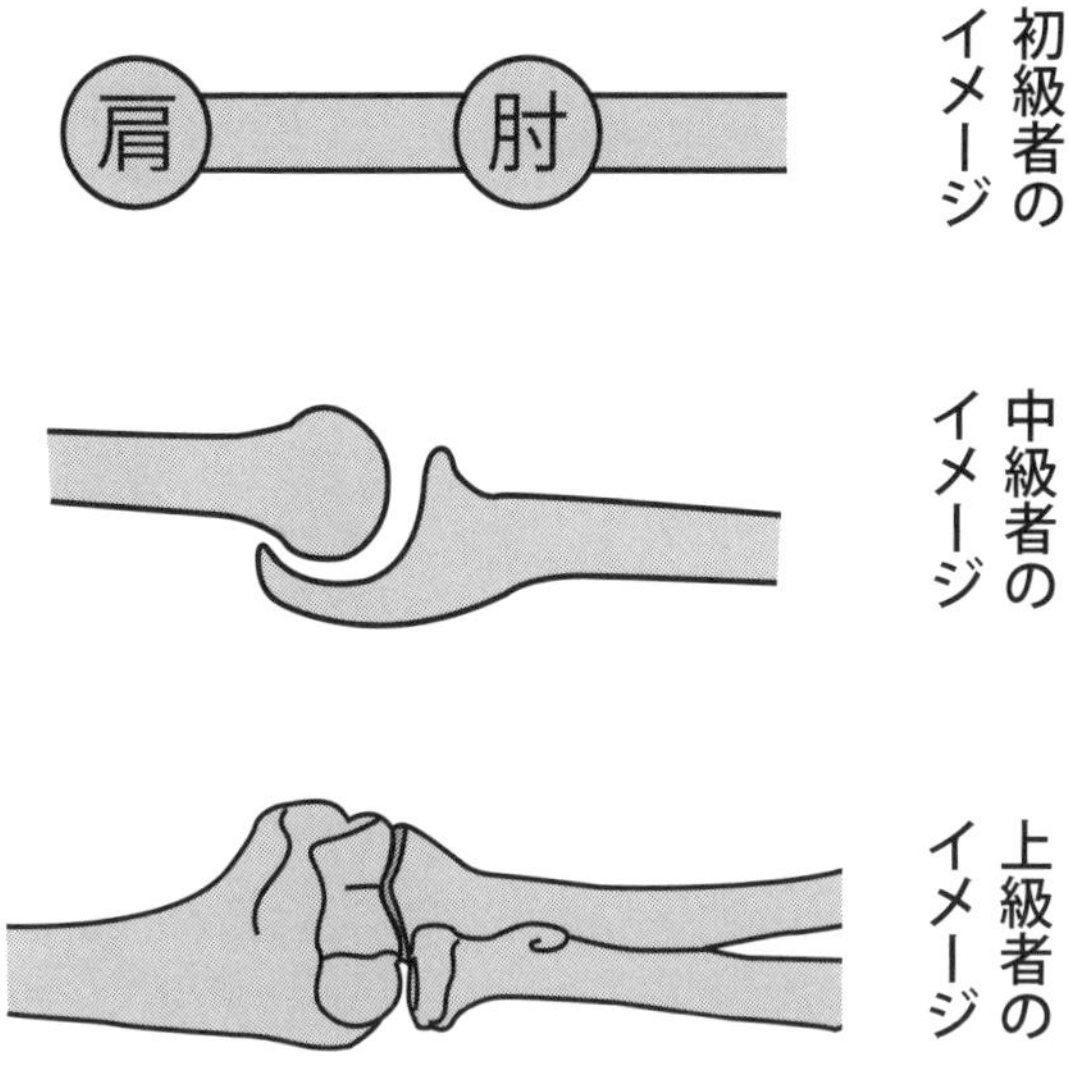

骨、腱、筋肉などから構成されるものでいわゆるつなぎ目と言われる部分。標準の可動域があって、身体の硬い緩い（柔らかいではない）※を比較する基準で出てくるもの

※硬い緩い（柔らかいではない）とは?

緩いと柔らかいというのは明確に違います。

・柔らかい→しなやかで機能的に働く状態：競技をする上で安定する力が入れやすくケガをしにくい

・緩い→安定させることが困難な状態：物を持つと肩が抜ける、力が入らない、肘が入りすぎるなど

骨

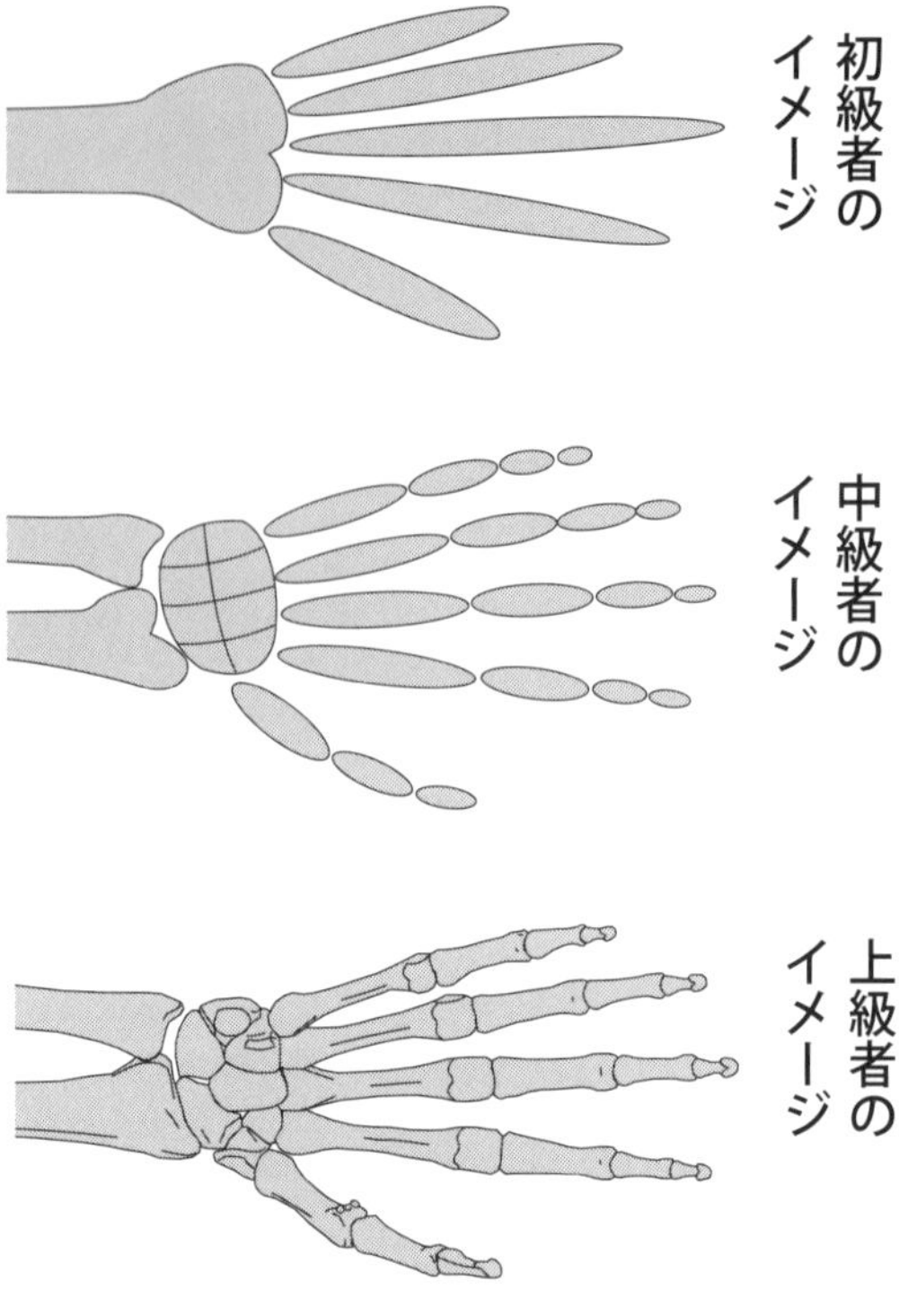

◉骨

身体を構成する基本。いわゆる骨格と言われるもの。単体では動かない。幼少期は柔らかいが強度が無く、強い支えにはならない。成長と共に硬くなる。

◉腱、筋肉

骨と骨をつないで関節を動かすもの。筋肉の繊維の両端が腱となって骨につながる。動作の不具合や障害の原因となる可能性が最も高い。

腱・筋肉

初級者のイメージ

中級者のイメージ

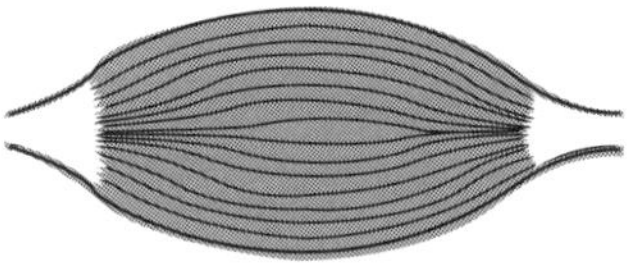

上級者のイメージ

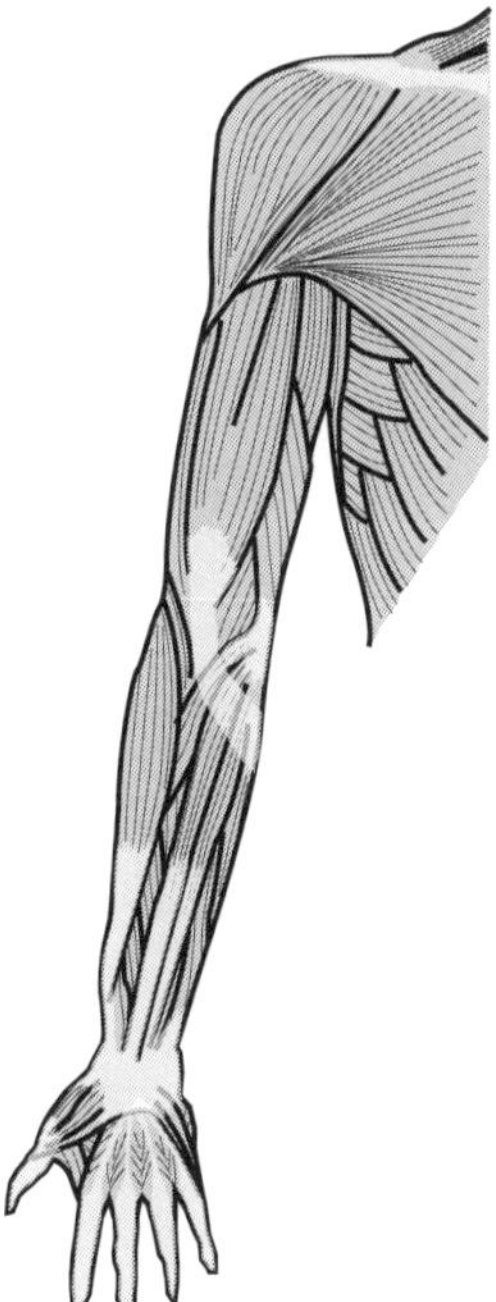

2 身体を構成しているもの

◉身体《しんたい》組成《そせい》

身体の成分組成のことで、体脂肪と骨と除脂肪軟組織の三要素に分類され、体組成とも呼ばれます。

身体は「水分・たんぱく質・脂質・ミネラル」4つの主要成分で組成されていて、「脂肪・骨・除脂肪軟組織」の3要素に分類できます。

人間の身体を構成しているものは、細かいことを言えば髪の先から足の爪まで様々なものがありますが、ここで皆さんが求めるものはそこまで細かいものではなく、弓を引く際に関連する部分であると思います。

これから説明するのは骨、関節、筋肉、腱など日ごろ弓を引く上で何となく意識していたりいなかったり、よく分からないまま何となく納得した気になっている部分についてです。

最低限の知識を得ると、無理のある動きや必要な力の入れ方がある程度理解できるようになり、ケガに対する興味やそれを踏まえた上での実力向上の道筋を自分自身で考えるようになる基となります。

3 男女の違い

知能などに関しては男女の違いは全くありません。多少女性の方が早熟で男性の方が子供っぽいなどの違いはありますが、弓を引く上での支障はありません。

考えないといけないのは、身体における男女の違いです。弓道教本第一巻には、射法八節の図が巻末に添付されていますがモデルは男性です。

図としてはかなり分かりやすく洗練されているとは思いますが、女性の身体はそこまで筋肉質ではない人がほとんどです。

成長期の子どもを除いて、平成28年あたりの平均身長で見ても男性がおよそ１７０cm、女性がおよそ１５８cmで、10cm以上の差があります。

体重でみても男女で平均10kgぐらいは違いがあり、筋肉量は男性が多く、脂肪は女性が多く、これは性差であってどうにもならない部分でもあります。

現代弓道講座第5巻（雄山閣）には女性に関する記述もあり、またトレーニングに関するものも現在まで通用するようなものがあります。

そのような中で、教本は基本的な動きを示すために、男性の身体を話の出発点として考えて作

男女の身体の違い

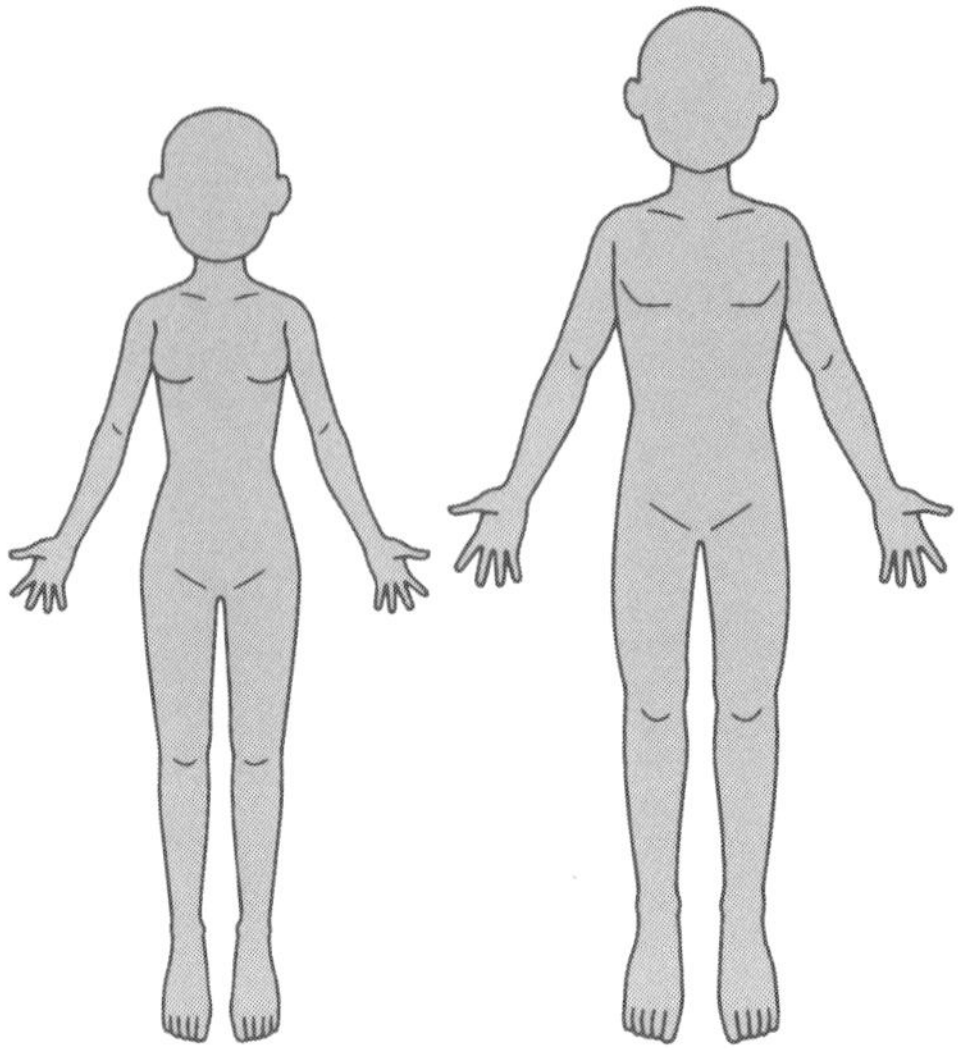

成されているものだと理解しましょう。

さて、出発点をはっきりさせたところでさらに考えないといけないのは実際の運用ですが、ひとまずここでは男性の場合には教本の八節図が基準で問題ありませんが、女性の場合はそれを柔軟に運用しないと、ケガをするリスクが高まるということを念頭に置いてください。

例えば１５０cmあるかないかの女性が１７５cmぐらいの男性から指導を受ける場合、女性からしたらかなり高めに打起こしたつもりでも、上から見ている男性からするとそれほど高く打起こしていないように見えてしまいます。

ところが上から見ている男性に合わせ

女性

外側にやや傾く鎖骨

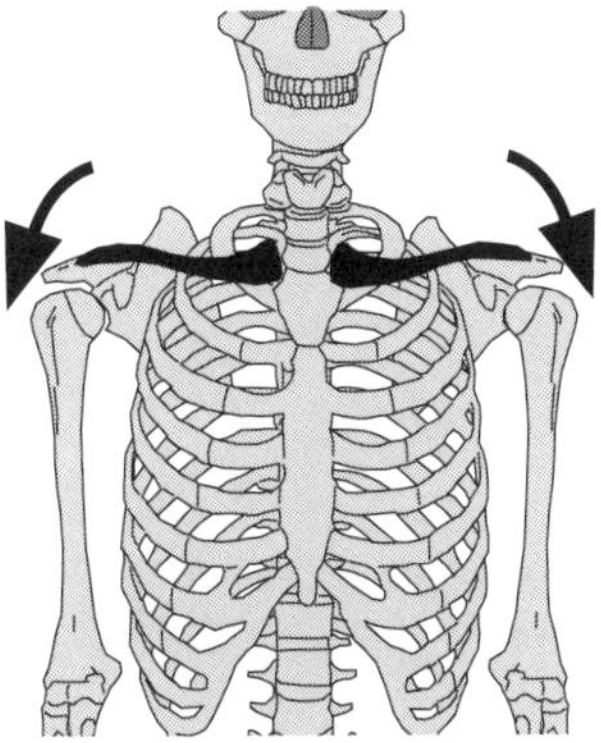

なで肩になりやすい

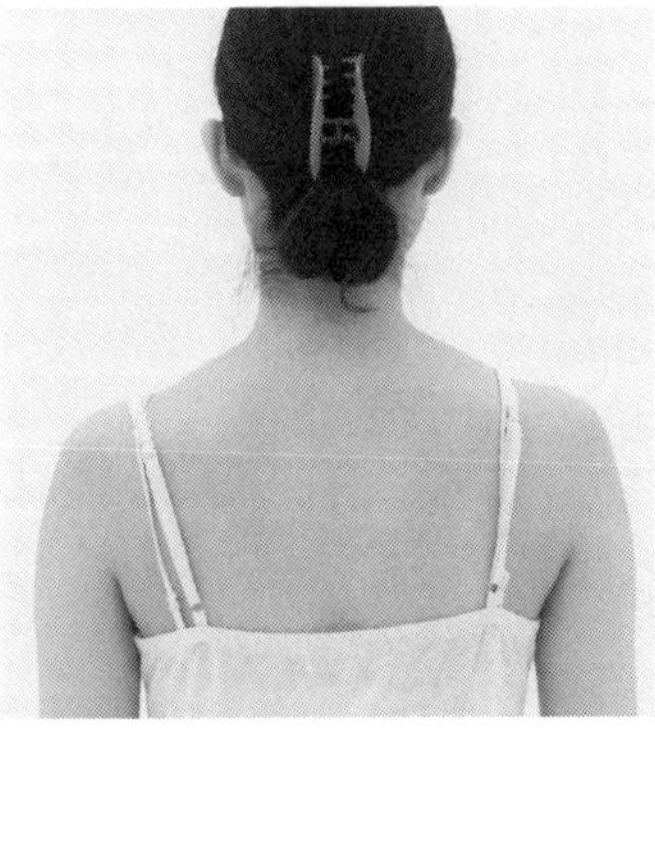

男性

鎖骨は逆ハの字

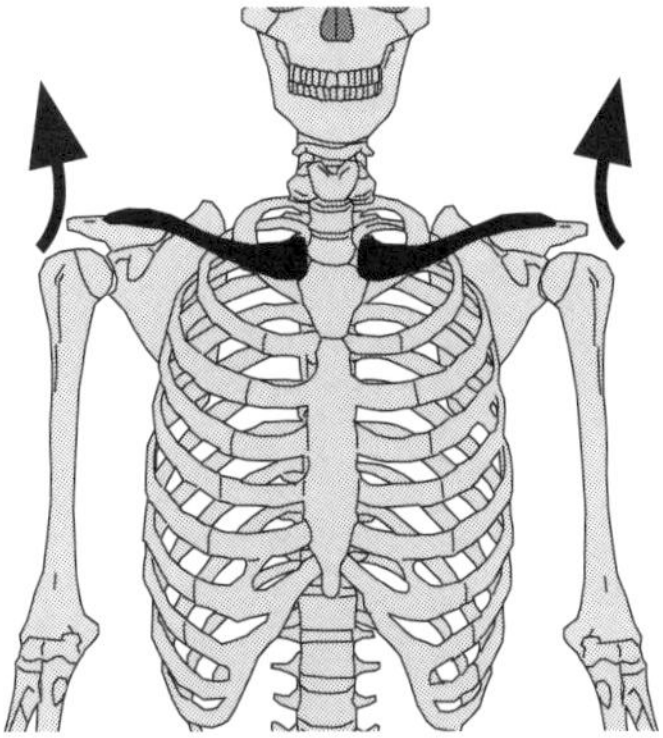

いかり肩になりやすい

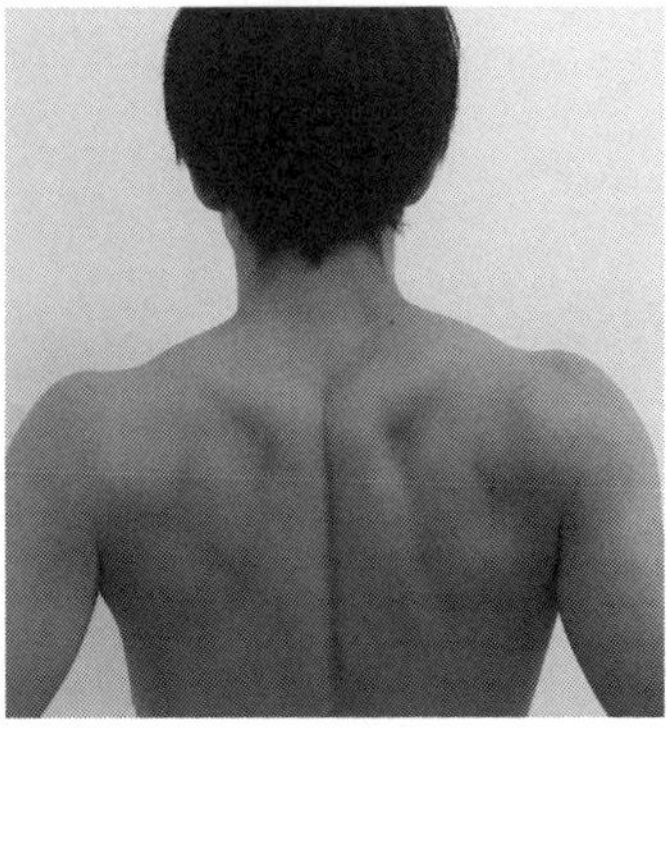

同じ人物の同じ打起しが、見る側の背の高さによって、違って見えている。

背の高い人から見た打起し

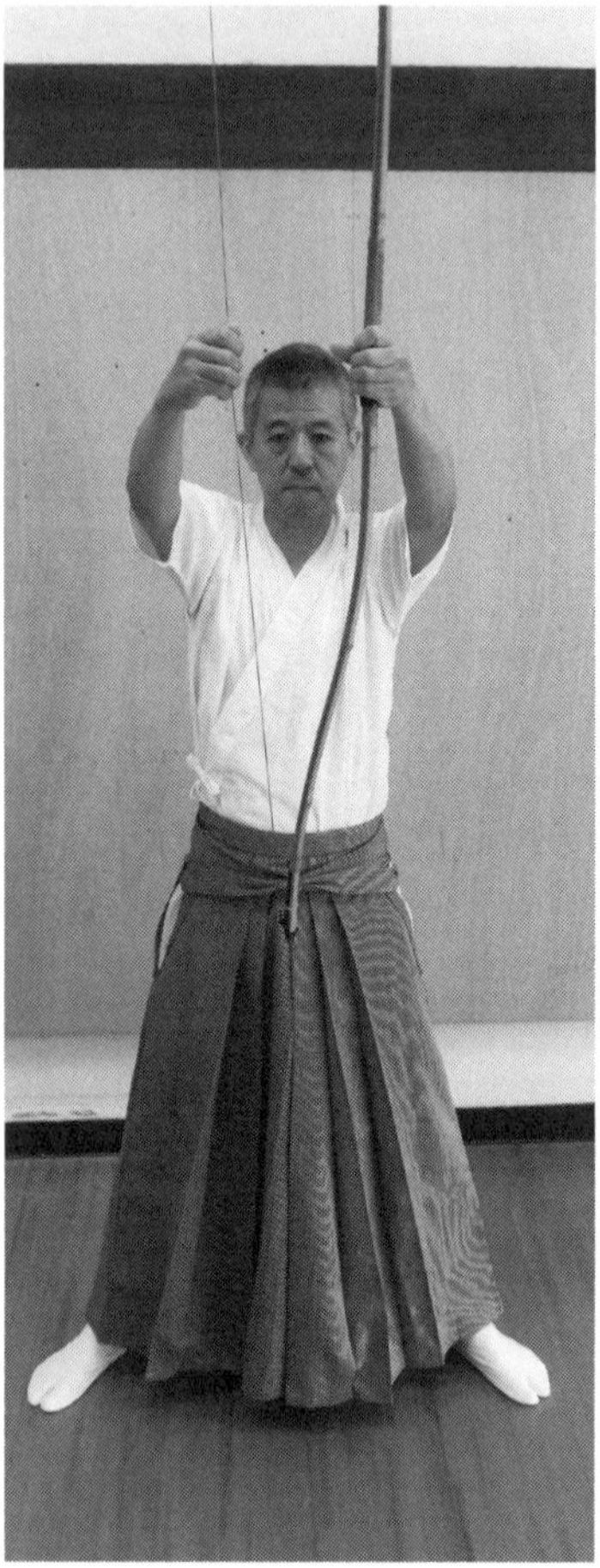

背の低い人から見た打起し

ると、今度は肩の関節が亜脱臼するほど高く打起こすことになり、引き分けることそのものが困難になることや、結果的に肩関節に強い負荷がかかって腱板損傷などの競技生活の死活問題となるような障害を生じさせてしまうこともあります。

従って人を指導する際には性差というのは十分に注意する必要があります。

4 年齢による違い

弓道は生涯スポーツと言われますが、生涯ということは骨格の定まらない程度の子どもから、90代ぐらいの高齢者までほぼ全年代が含まれます。

子どもであれば身体はグニャグニャで、安定させることがそもそも大変ですが、逆に高齢者は動かしたいと思うところまで身体が動かなくなって、動きが硬くなり大きな動きができなくなります。

また年齢と共に動作は緩慢になるので、子どものような素早い動きはできなくなります。

教本を基準に考えれば対象は成人男子が中心であって、それとまったく同じにはならないので、幅を持って考えることが大切です。（注：射法八節そのものは変わりません）

例えば「大きく引け！」という言葉一つとっても、高齢者であれば自然と自分が動かせる最大

高齢者		若年者	
緩慢	⟷	俊敏	**動作**
遅い	⟷	早い	**反応**
硬い	⟷	緩い	**感覚**
豊富	⟷	未熟	**経験**

参考：『現代弓道講座』

領域となりますが、中学生や高校生であれば自由自在に動くために具体的に「○○を××あたりまで」というのを指示してあげないと、指導する立場の者が求める動作にはならなくなります。

そして言葉の理解と使い方が相手にきちんと伝わる形で行われないと、選手を潰してしまうほどのケガを誘発することにつながります。特に女性では関節炎や腱炎。若いと男女関係なく痛くても無理がきくので、ひどいと腱断裂や関節損傷などになるまで無理

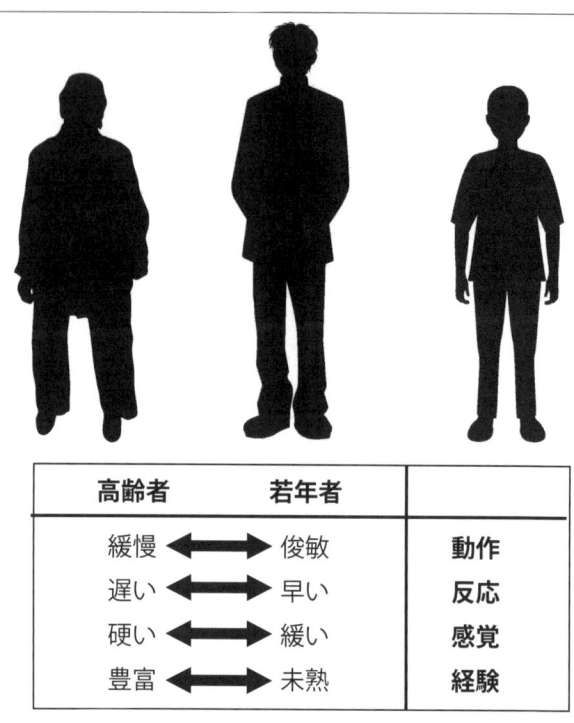

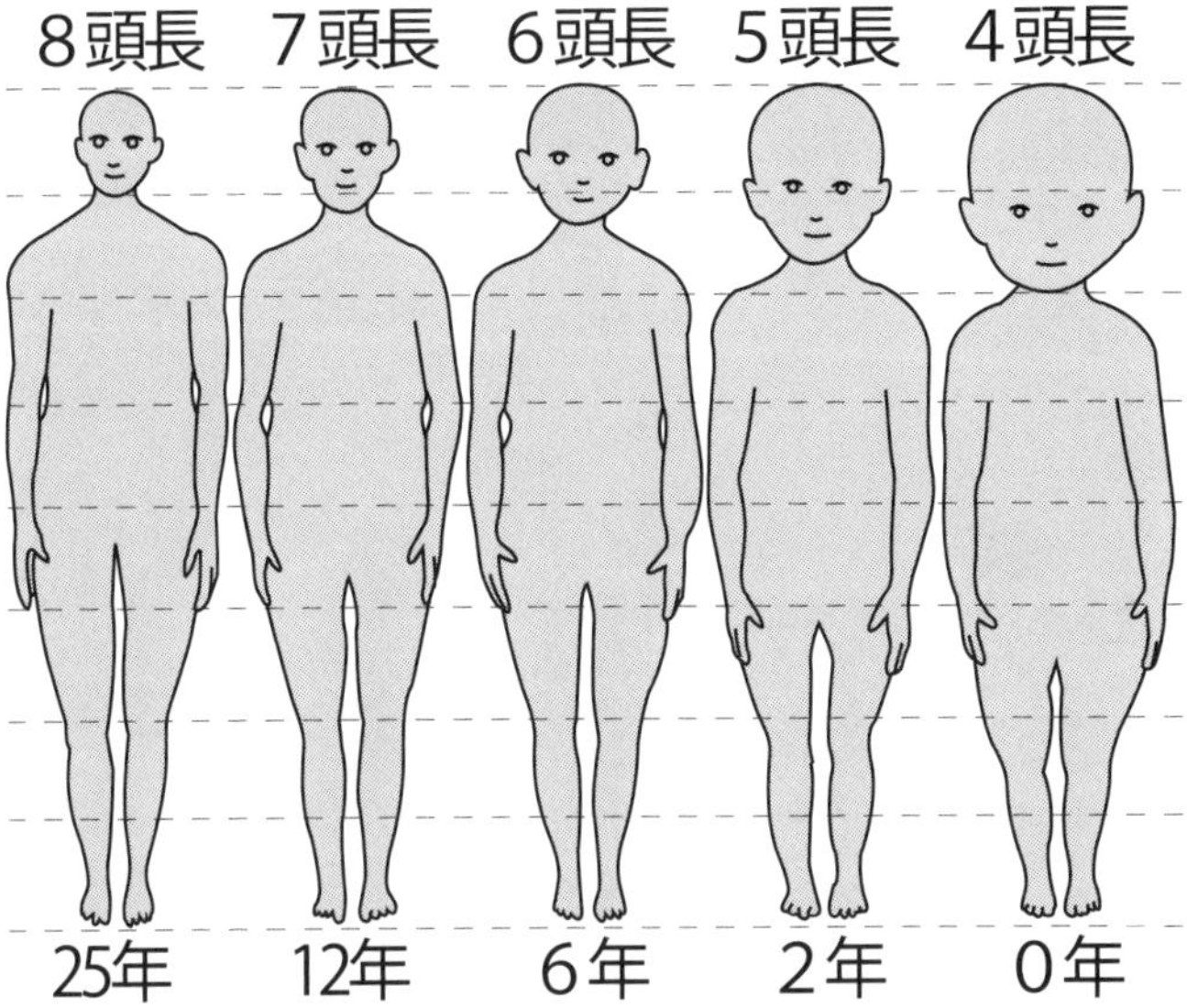

をして選手生命を奪うことにもなりかねません。

ひとまず比較しやすいので男性だけで違いをみてみると、発育状況にもよりますが、高校生ぐらいまでは特に関節が柔らかく、骨端線（骨の成長する部分）が閉じる頃にはその人が本来持っている関節の硬さ（≒可動域）におよそ固定されます。

年齢による違いを改めて比較してみましょう。あくまでも一般的な例です。

東大式関節弛緩性テスト

これらが該当する部分は基準より緩い。

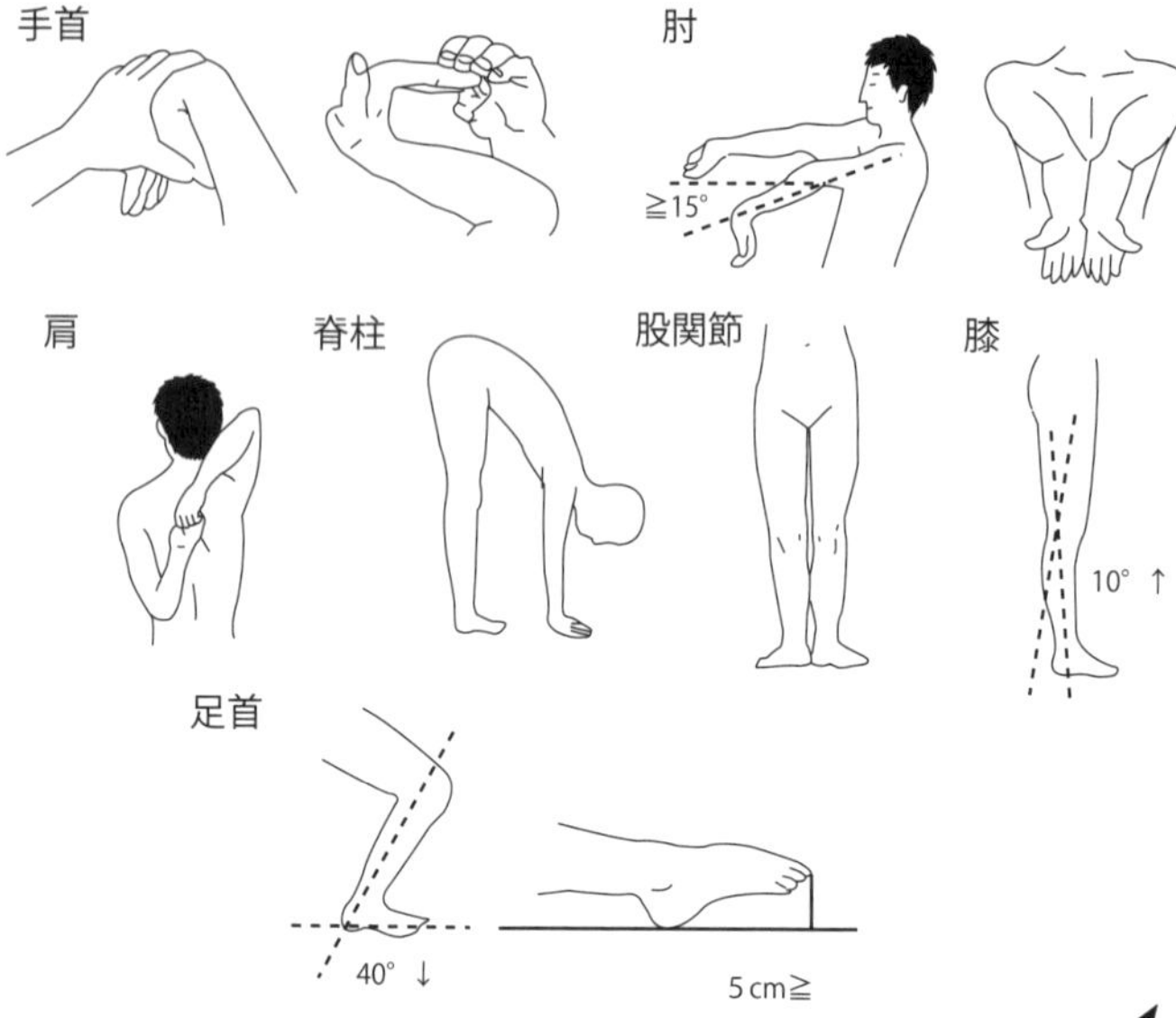

5 骨格・体型による違い

骨格・体型は特に個人差が大きく、中学生・高校生ぐらいだと成長の個人差も大きいため、現場でそれぞれに合った指導が必要な場合もあり、こまめな見直しが必要な場合も多くあります。

性別が同じで、年齢が一緒、全く同じ身長・体重であっても、なで肩だったり首の長さが違ったり、手足の長さが違ったりします。手の大きさと指の長さを見ても、隣の人と比べれば全く違います。これも遺伝による違いが大いにあります。

また、過去の病歴（ケガによるもの、病気によるもの、遺伝によるもの）によっては、腕の変形や可動域制限が出ることもあります。

6 関節弛緩性による違い

弓を引く場合は一般に男性の方が、関節が強固で強い力を生み出しやすく、女性の方が柔軟でしなやかさを出しやすいのですが、裏を返せば男性はしなやかさを出しにくく、女性は力強さを出しにくい訳です。

また弛緩性は個人差が非常に大きく、これを理解していないと自分の骨格体型に合った引き方からは、大きく遠のくことにもなります。

◉まっすぐとは？

弓道では「骨法に従いまっすぐ弓を引く」ことが大切ですが、ではその骨法というものは何を指すのか、まっすぐというのは何を基準にまっすぐなのでしょうか？

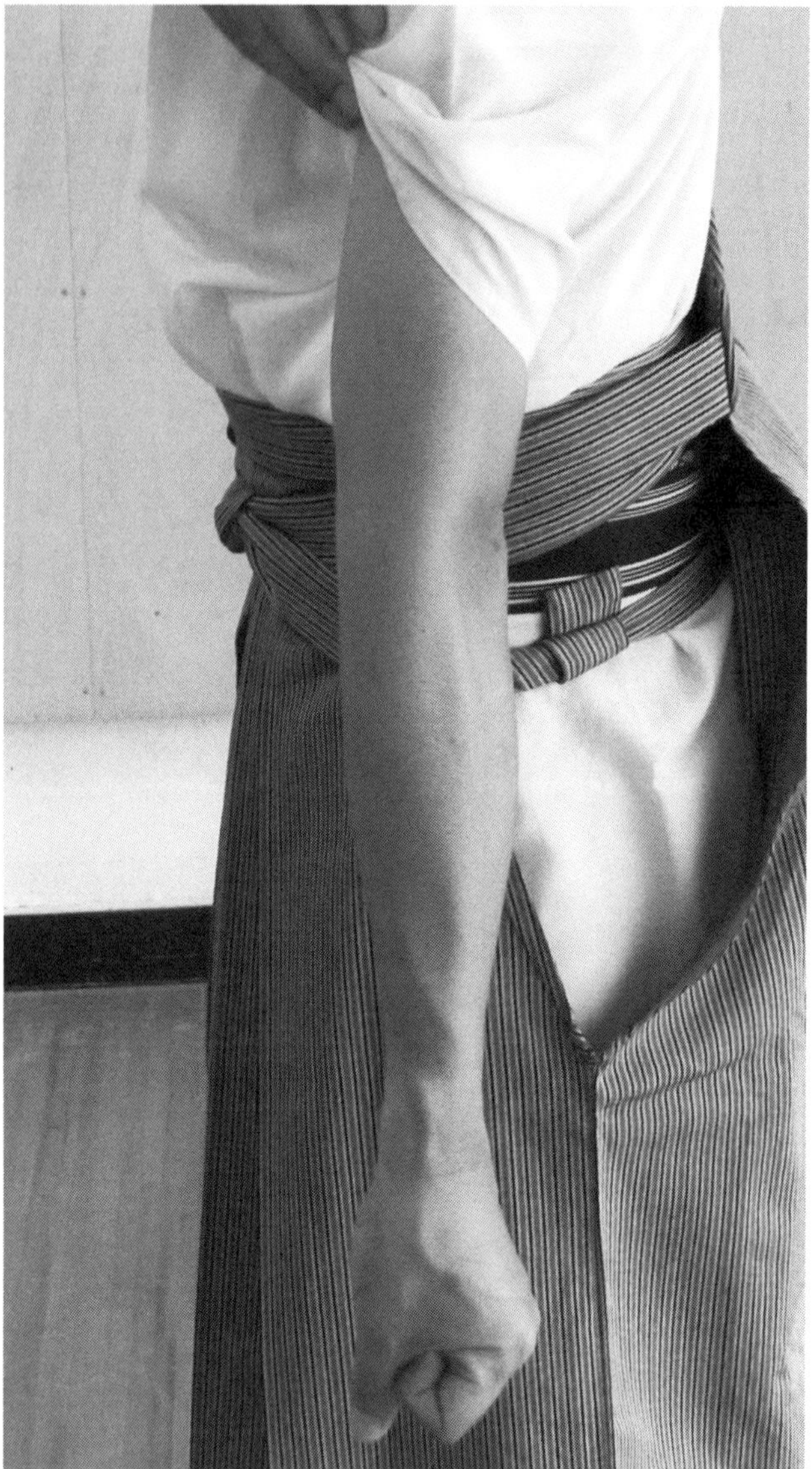

写真の肘が〝まっすぐ〟の状態。肘関節が緩い人は自分の感覚で〝まっすぐ〟を作ろうとすると肘が入り過ぎてしまったりするので注意。

ちょっと内容は外れますが例を出してみると、

例：肥満で減量が必要な人が「そんなに食べていません！」という話はよく聞きますが、具体的に食事量を聞いてみると、明らかにカロリーの過剰摂取、ごはんはほんの少ししか食べないのに、空腹で間食のお菓子を食べるために痩せずに体重が増える人がいるのは、皆さんの身近にもあることだと思います。

また、高齢者などに夏に熱中症の危険を避けるために水分摂取をうながしても「水を飲んでいます！」と言うので、よくよく聞いたら一日でペットボトル半分も飲まないとか、お茶やコーヒーで飲んでいる人（カフェインが多い飲料は補給水分としてはカウントしない：むしろ利尿作用で余計に脱水する）などもあります。

結局自分基準になりがちです。栄養学の基準で考えればどう考えても外れていることであっても、自身の生きてきた中での基準があって世の中の基準に合わないことはたくさんあります。

だいぶ話が逸れました…。話を元に戻してまっすぐはどこなのか？

自分の感覚でまっすぐはダメです！もちろん身体感覚を極めた達人であれば素晴らしい基準の一つとなりえるでしょうが、上達の道半ばの人々がそれで何とかしようとおもっても、客観的に見たまっすぐとはなりません。

「師範席から見てまっすぐ」と、いうのが一つの基準ではないでしょうか。もう一つ、「力学（運動学）的にみて無理のない形」という、この2点が骨法の基準と言うべきであって、それに対して自分の身体の感覚を合わせていくことではないかと思います。

二つを合わせて「力学（運動学）的に無理がなく、師範席から見てまっすぐに見える」ことがまっすぐの一つの基準として成り立つのではないでしょうか？

まっすぐの一例として、いま出てきた関節弛緩性テスト図にあるように肘が過剰に緩かったとします。人から「まっすぐ伸ばせ！」と言われて目一杯伸ばしたら会に入って肘は痛い、離れで肘や顔を盛大に払う、押している感覚も出ないから矢も飛ばない、という状況に陥ります。

こういった状態が見た目と現実が合わない自分の感覚でいうまっすぐで、現実にはまっすぐとは呼べないものです。他にもこういった状況はいくつもありますが、それはおいおい説明します。

今実例も一つ出しましたが、これ以外にも当然規格から外れる人はたくさんいます。

今言った外から見た基準に合わせようという努力が、バランス的に見て整った形に近づかせる道ではないかと思います。

言い換えると「自分の感覚を疑え」という話にもなります。指導する際に動画を併用して、説

手首が緩い人が陥りやすい現象

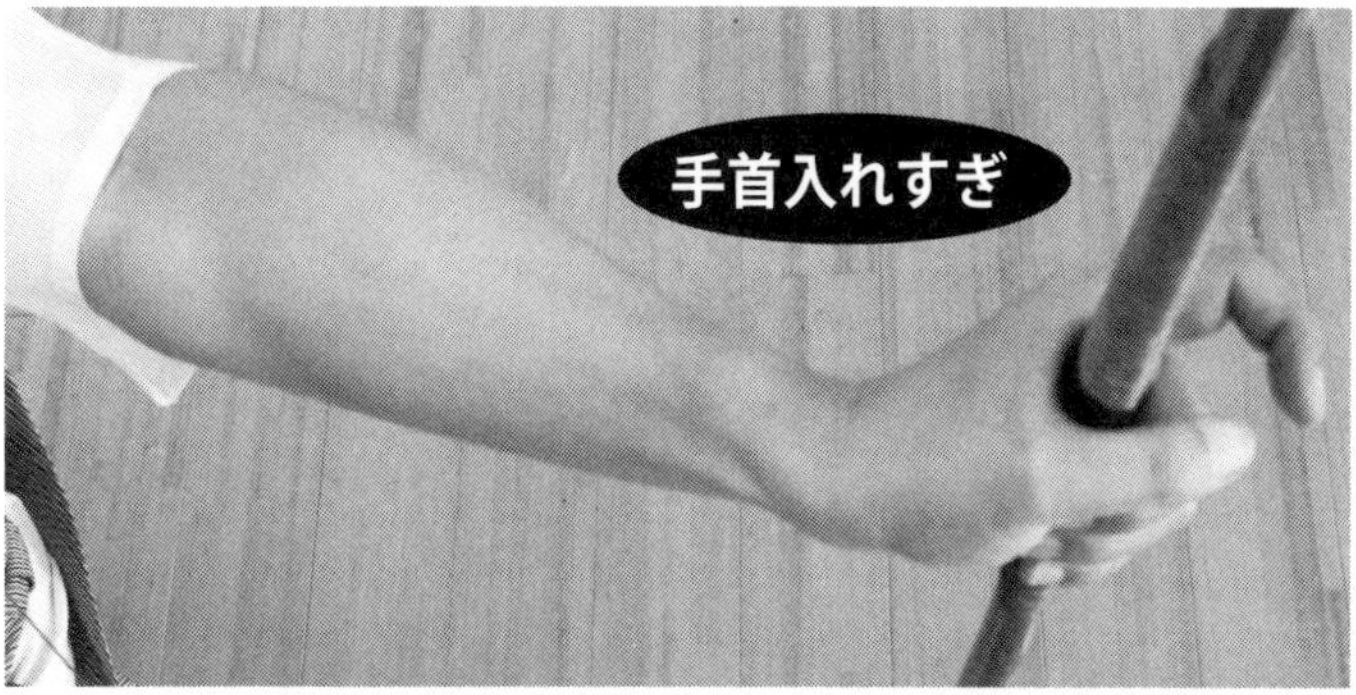

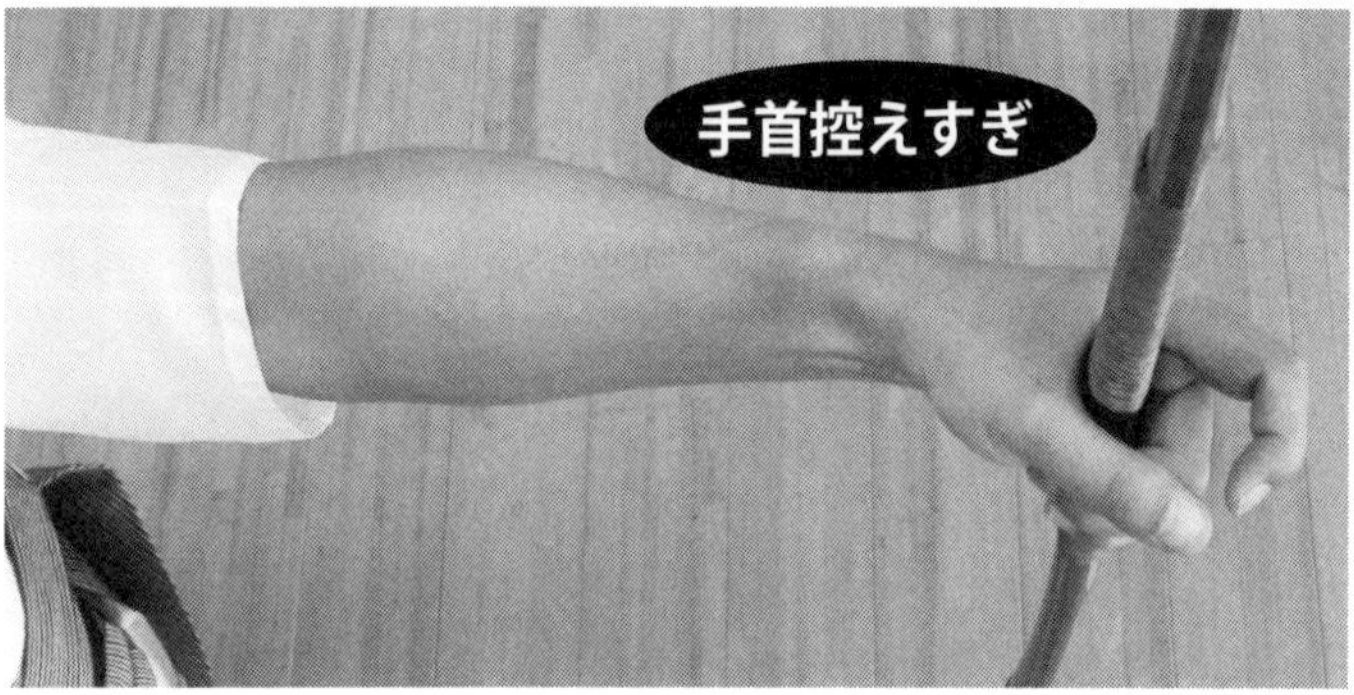

通常の適正な弓手の一例

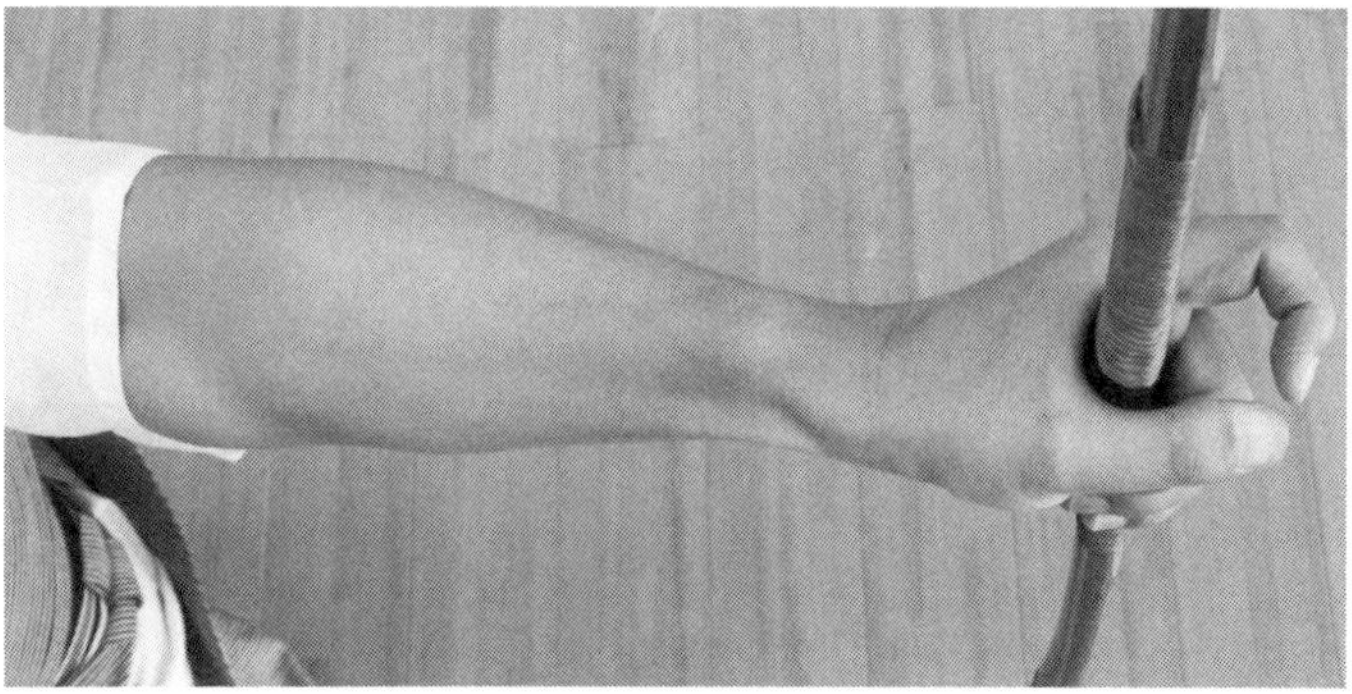

膝が適正状態かのチェック

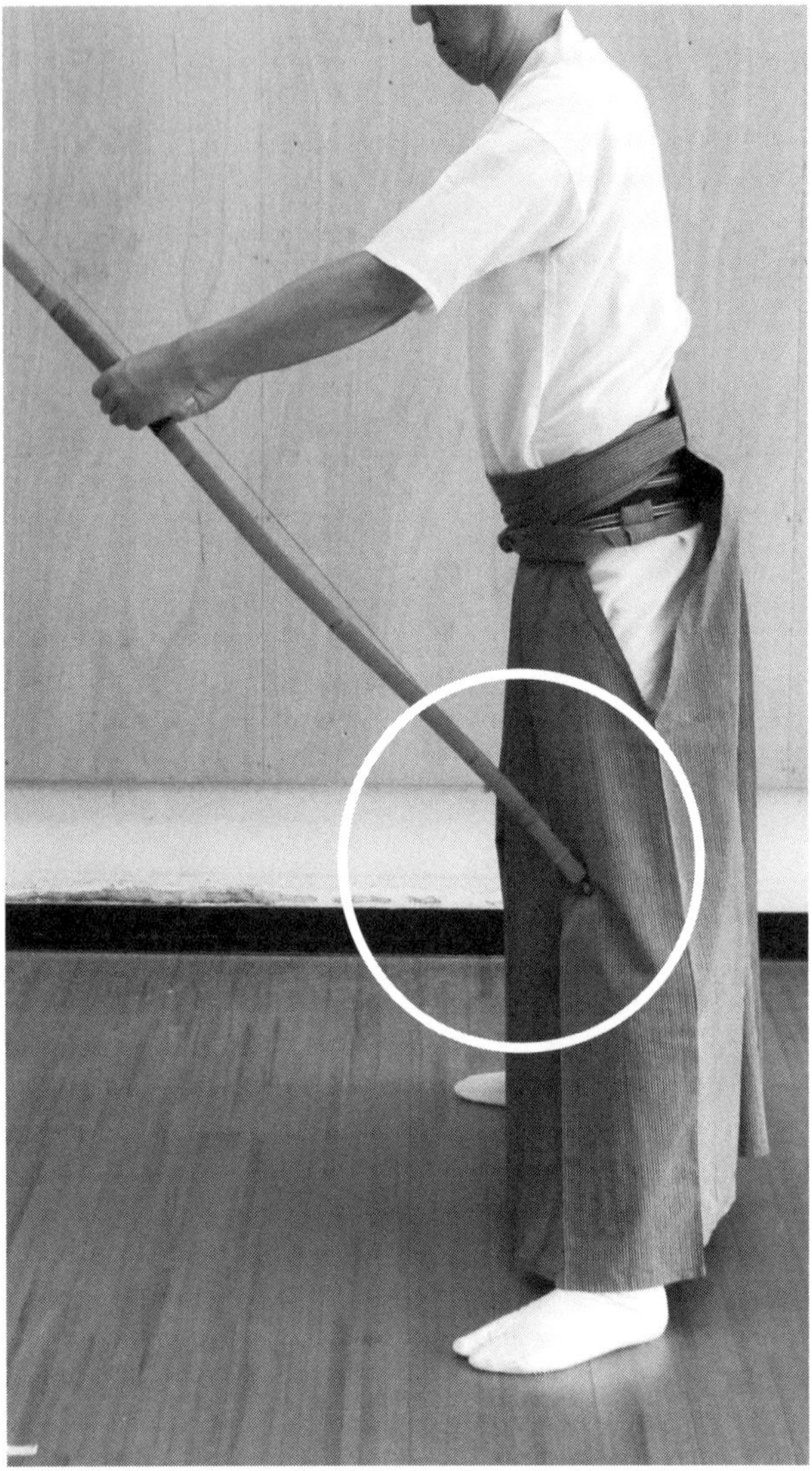

腿前に力が入っていないかどうかの目安が、「胴造り」における、膝上に弓を乗せる操作。膝が反っていると弓が乗らない。

肩が緩い人が陥りやすい現象（肩が浮く）

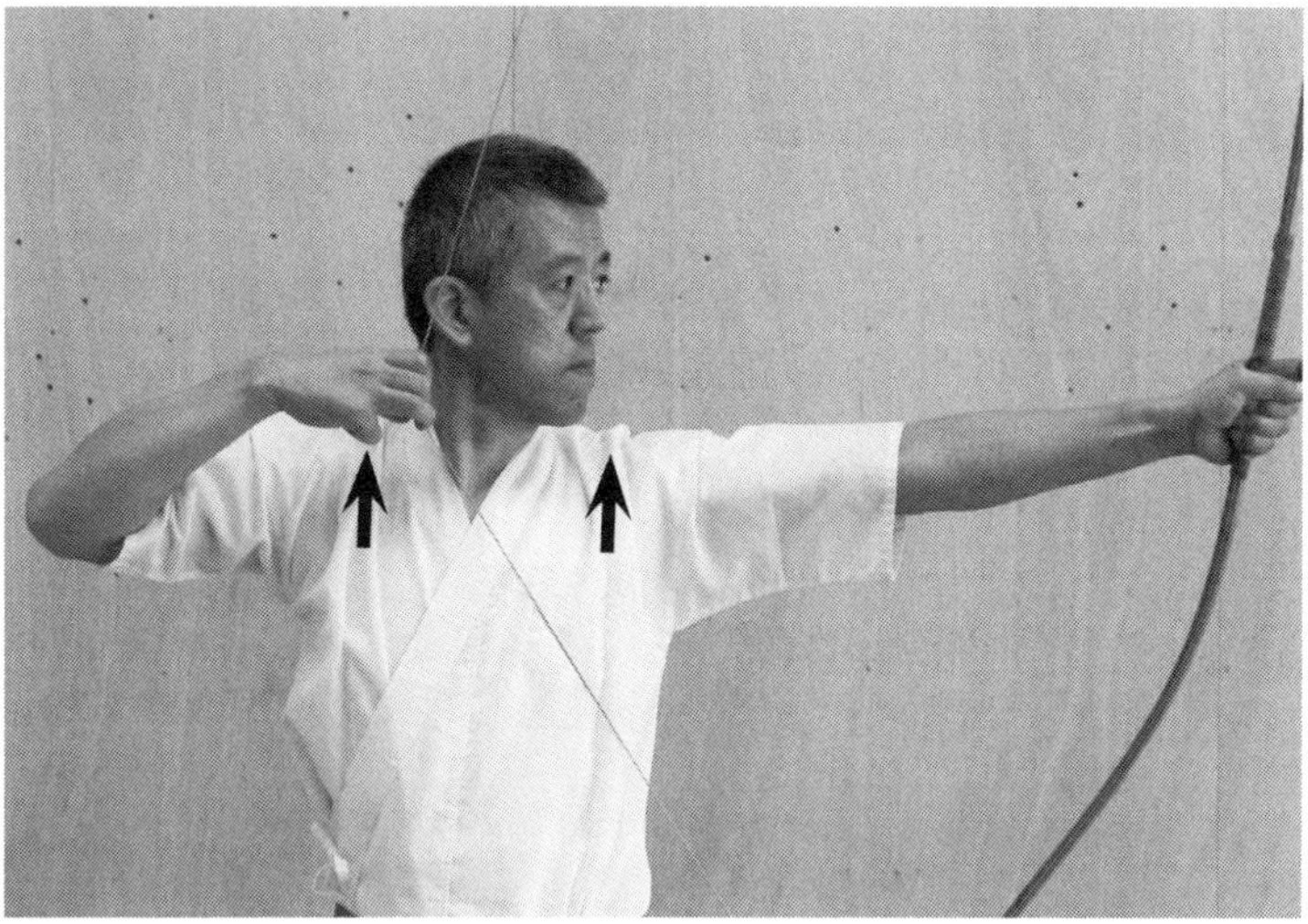

肩を沈めた状態

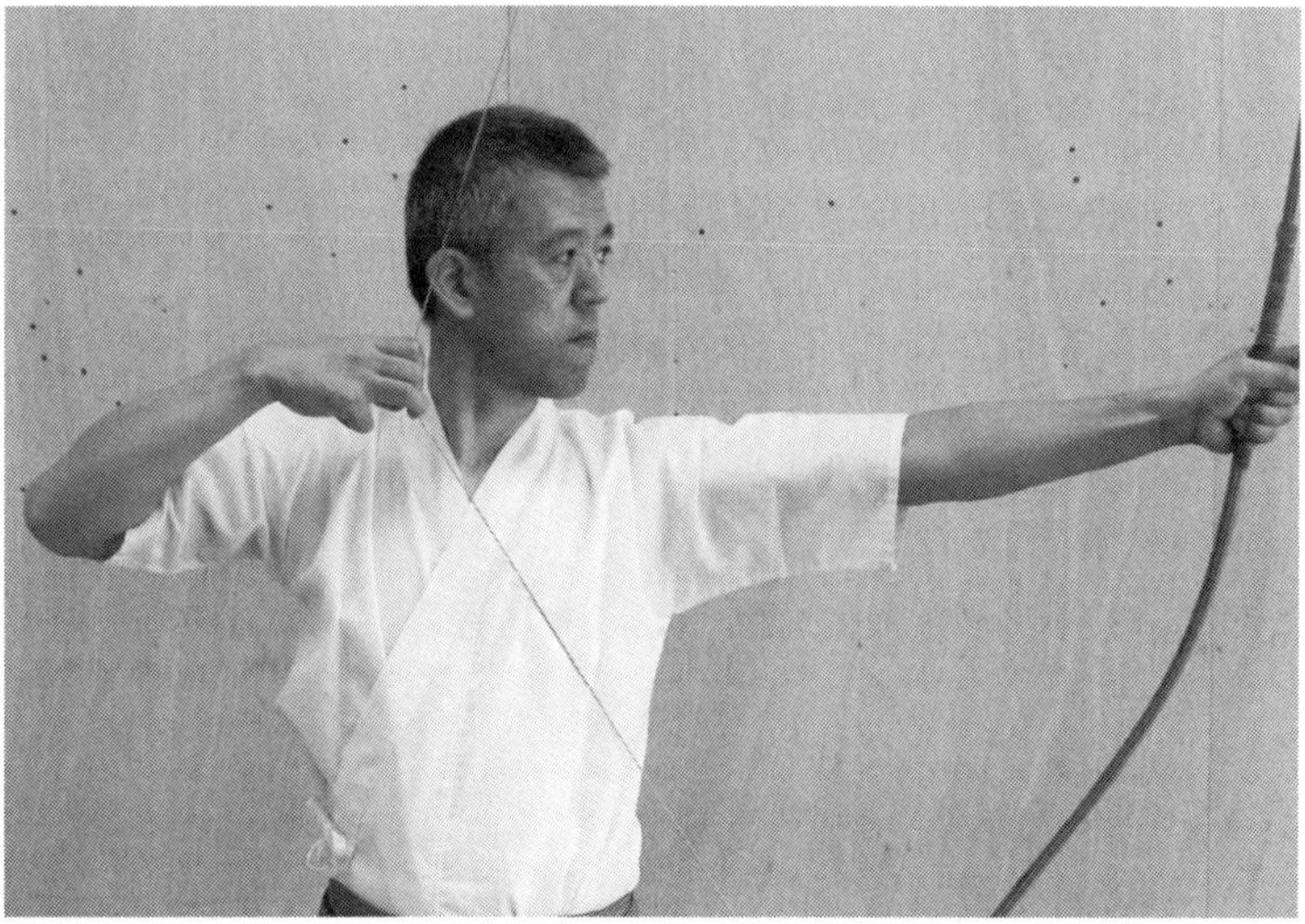

※なで肩の人は元からかなり下がっているのでわかりにくい。

明しながら撮影すると、指導対象者が自身で見返して「え!?」というほどやろうとしていることと現実が違っている場面にはよく遭遇します。

7 自分の身体を実際に見てみる

◉六大関節とは？

六大関節とは、上肢の三大関節（肩、肘、手首）と下肢の三大関節（股関節、膝、足首）の総称で、弓道だけでなく日常生活も含めて動作に大きな影響の出る部分です。

いわゆる六大関節が自分でどうなっているのかを確認して、まとめてみましょう。

先ほど5で出てきた関節弛緩性テストで調べてみると、各個人での特性が分かりやすくなります。

① 手首・足首が緩い人が陥りやすい現象

手首入れすぎまたは控えすぎ、立位不安定

② 肘・膝が緩い人が陥りやすい現象

肘が入りすぎ、反張膝（更に出尻鳩胸）

③ 肩・股関節が緩い人が陥りやすい現象

亜脱臼、肩の浮き（特に見分けづらい）、出尻などがあります。

更にこれらの問題によって引き起こされやすい症状があります。（緩くなくても頻回な癖症状で似たような症状を引き起こすことがあります）

・手首

腱鞘炎

・肘

テニス肘、過伸展によるロッキング、関節炎

・肩

関節唇損傷、亜脱臼、腱板損傷、腱板断裂、関節周囲炎（二頭筋長頭、短頭）

・足首

足関節捻挫

・膝

靭帯損傷（内側、前十字、後十字）、オスグッド、O脚、変形性膝関節症

・**股関節**

単純性股関節炎

などなど…。

後の項目で具体的な話は出していきますが、やり方ひとつでかなり大きな違いが出てきます。

ここまでの話は、全て頭に入れる必要はありません。あくまでもご自身で当てはまる部分だけ頭に入れて、この先の項目に繋げていきましょう。

射法八節と身体の動き

◎第3章

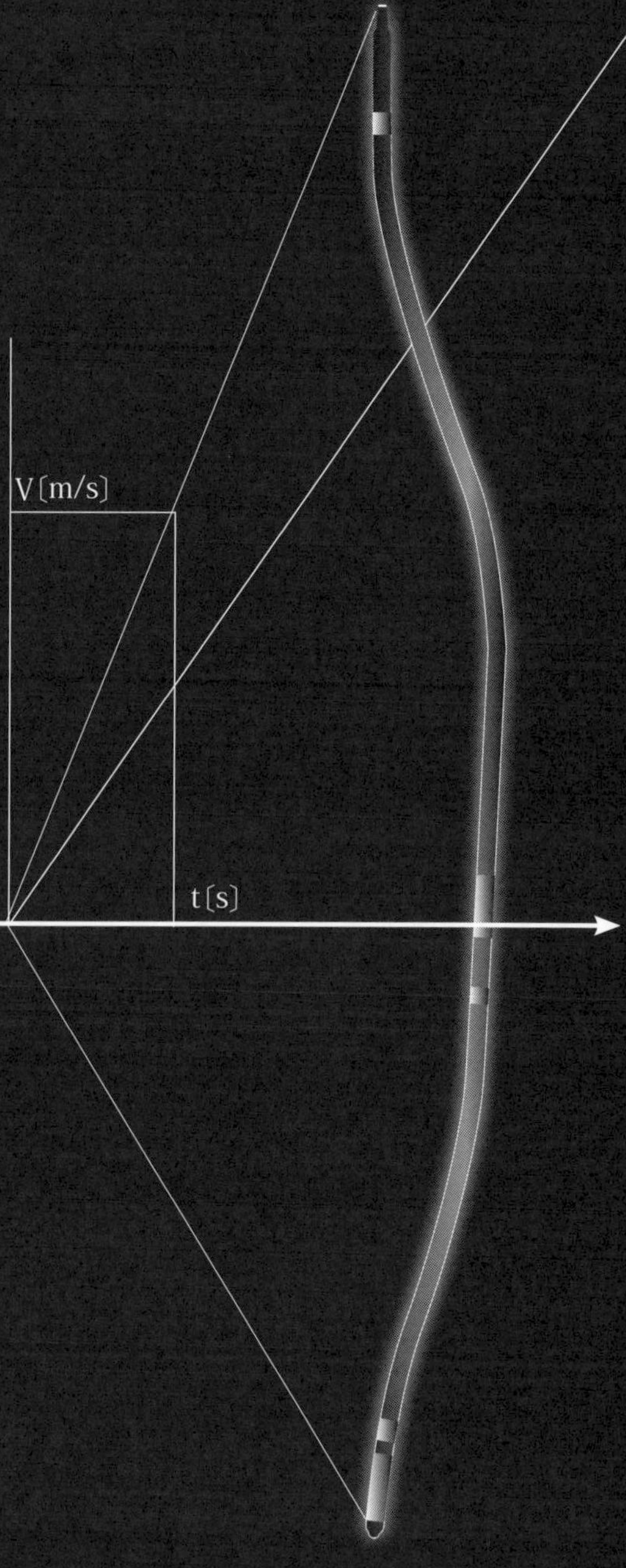

射法八節とは、㊀**足踏み**、㊁**胴造り**、㊂**弓構え**、㊃**打起し**、㊄**引分け**、㊅**会**、㊆**離れ**、㊇**残身（心）**ですが、戦前は本多流などを中心に五味七道《ごみしちどう》と言われ、七道は残身を加えない、もしくは離れと残身は一つとしてみなされて7つでした。小笠原流ではまた名称が違いますし、日置流では更に違う表現も多く、流派全般それぞれの違いもありますが割愛します。

また教本上では斜面打起しは一定の記載はあるものの、ほとんどの内容は正面打起しを基準としていると思われますので、正面打起しを基準に話をしていきます。

1 自分の身体に合った八節とは？

自分に合った八節というのは、自分が理想とするものとは違う場合があります。例えば弓聖と謳われる阿波研造の射であっても、身長１５０cmにも満たない華奢な女性がただそれを真似してもうまくいきません。

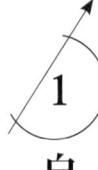

あくまでも自分に合った引き方を、先生の力を借りて自分自身で構築していくことが大切です。

型にはめるというのは非常に悪い意味で使われますが、要は相手が身動き取れないように制約をすることで、誰もが陥りやすい事象でもあります。「八節の図の通り！」という言葉と強すぎる思い込みが一番危険です。（※求めていることは射法八節図解の通りですが…）

◉弓道において型にはめるとはどういうことか？

前提条件として、初心者が射法八節の図解や数値を頭に入れて動作を覚えるというのは、型にはめるのとは全く違います。最低限の動きもできない人を助けてくれるのが型の最大の利点です。初心者においては、上手な動作をしている人を見習い教本通りにコピーする。これが最短の上達法です。

また射礼や審査において、立ちとして動作が調和することは大切です。講習会などでも一次審査の間合いや一つ的射礼、持ち的射礼などは様々な人と繰り返し間合いを合わせて稽古することが上達へとつながります。これは調和の美であってはめるではありません。

射技において少し掘り下げて考えてみましょう。弓道教本第一巻は「第一巻（補正表、教本の読み解き方」の巻末に五段以上の指導者のために纏めたものであると記してあります。これは五段以上の指導者が、五段までの人たちに指導することを想定したものです。（機関誌弓道：昭和54年1月号掲載、令和5年5、6月合併号に再掲された「弓道教本ができるまで」参照）と、いうことは五段を前後するあたりから、教本に提示された内容を基準として自己表現のために考え

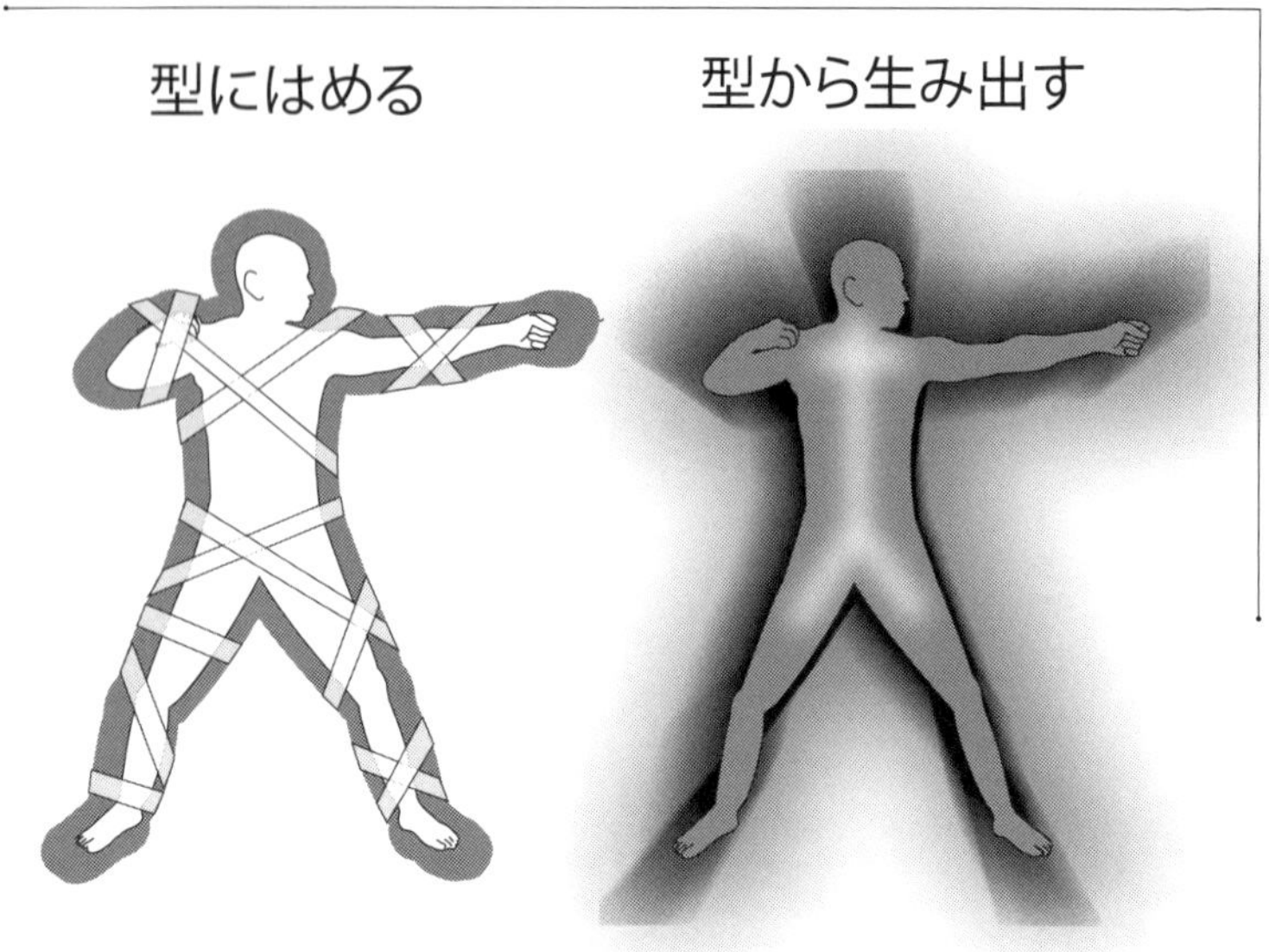

を一段深くしなければならないということです。

これは個人の表現の場であって、余り細かく制限しすぎてはいけません。射法八節は初心を脱したら誰でも当然頭に入っていてこなす訳だから、打ち起こす高さから引き分けるテンポ、離れの大きさ（大離れであっても違いはある）などは個性の発現として考える必要があります。これを全て一定の決まったリズムでやれ！とか、ここは45度でここは60度、会での矧《は》ぎ糸はここになるように引いてくる…という骨格や体形などを無視して教科書的に当てはめて強制的にやること（やらせること）が「型にはめる」です。

初心の頃に動作を覚えてもらうために詳細に説明することと、習熟に合わせてそれを脱して

上級者のイメージ
「大木から枝葉」

しっかりとした幹をベースに枝葉を広げる。枝葉の広がり方には個人差がある。型の“その先”。

中級者のイメージ
「添え木取り替え」

添え木を大きいものに交換したり、はずしたりできる時期。教本の目的から考えるとおよそ五段まで。
↑ここで分岐となる。とくに型にはまりやすい。

初心者のイメージ
「苗木に添え木」

苗木のうちは、添え木に助けてもらう依存率が高い。

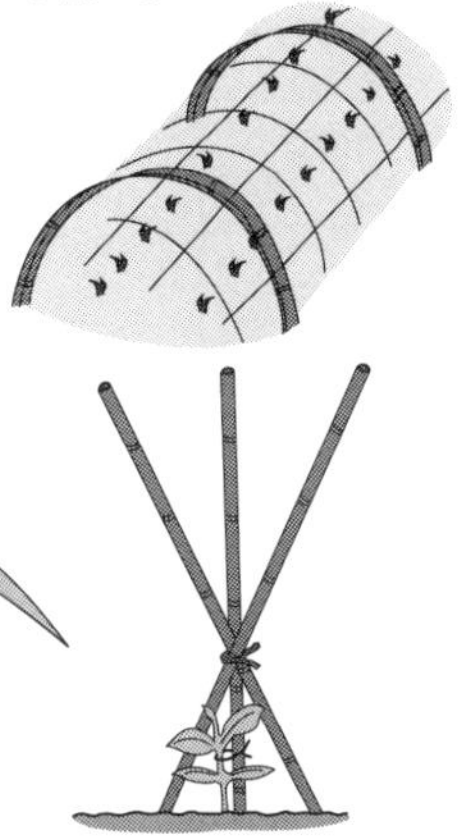

運用していく場面で説明も運用も変わるのは当たり前です。

イメージ（前ページの図）を見ると分かると思いますが、八節は根幹にあって人の動きを助けてくれるものであって、徐々に成長してきた人を型にはめ込むのは個性を消してその人の人格を消してしまう、避けるべき行為です。

◉型にはめる人の言動

悪意のあるなしに関わらず、他人を型にはめる人が一定数います。以下言動の例です（状況によって必要で使われることがある言葉もあるので、よく

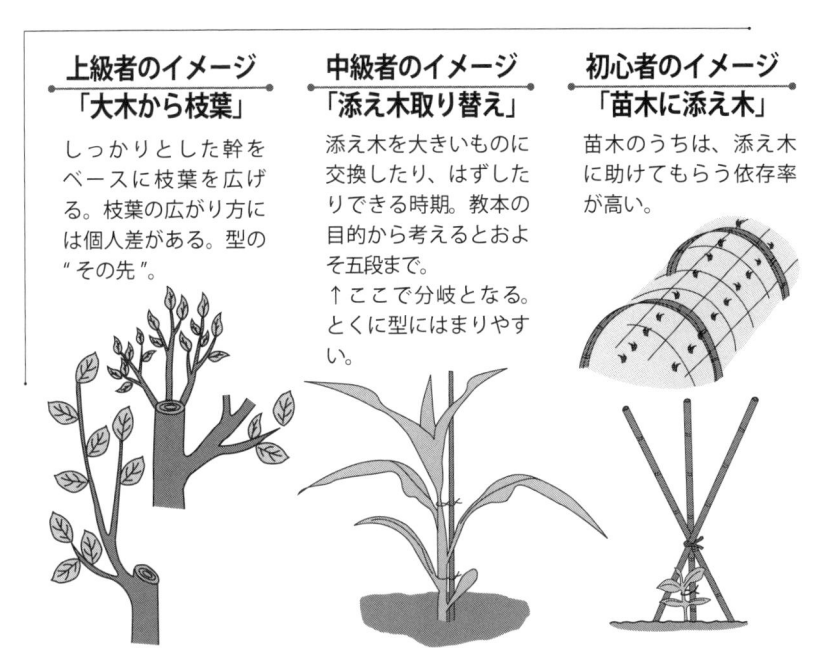

よく聞いて相手の意図を理解することが大切です）

・発言：八節の図解通りに！（そもそもそうしたいと思ってやっているのに……）
・発言：教本通りに！（言われなくてもそうしたい……）
・発言：このやり方でないとダメだ！（言われた通りやると矢が飛ばない……）
・発言：○○が出来ていないよ！（それは分かるから直し方を教えて欲しい……）
・行動：補助をされると体が痛くなる（壊される!?）
・行動：内容の詳細を聞こうとすると機嫌が悪くなる（ハイとしか言えない……）
・行動：自分より低段者に対して上から物を言う（威圧的……）
・行動：自分以外の人に意見を聞いていると機嫌が悪くなる（そもそも師弟関係ではないのに……）↓師弟関係を結んでいる場合は別です。
・行動：指導対象をベタベタ触る（男女関係なく完全にハラスメントです！）

枚挙にいとまがありませんが、指導をするにしても受けるにしても良いものではありません。自分がこういった人物にならないように注意し、実際に出会ったら距離を置きましょう。

2 動きを生み出すとはどういうことか？

初心者の頃は人の動作を見て肌で感じてすごいと思っても、そもそも何がすごいのかよく分かりません。習熟するに従い徐々に見えるようになります。年数を重ねて自分より経験が無い人を見ると、出来ていない部分が良くわかり、日々の修練の積み重ねで段々とにじみ出てくるものです。

ここまでは、本を読むか先生に聞くと似たような話が出てきて分かった気になりますが、これだけだと具体的な話は分かりません。

凄い人の射をただ「すごい！」と言うのは誰にでもできることで、それを見てどうすごいのかを理論立てて理解しきれて、それが少しずつ身につける糸口となります。

実際に身につけるためにやることは、

①信頼のおける先生に実演・解説してもらい、学んで実践してみる
②感覚で身につける
③動きをバラして、徹底して一つ一つをモノにする↓組み上げる

①は置かれている環境次第なので、運と言える部分も大きいものです。その運に恵まれたなら最大限活用して上達しましょう。常に師を求め道を照らしてもらうことは、上達するための近道

です。②は、感覚で全て身につけられるだけの才能に恵まれた人が、この一つだけに頼る事が多いので注意が必要です。しかし身体の感覚というのはとても大切なものなので、常に意識しておきたい部分でもあります。

③の動きをバラすという点については、もう少し詳しく説明します。一例として挙げるとしたら、多分皆さん手の内が気になると思いますので手の内を例とします。

会〜離れで緩みなく鋭く離れて、矢飛びも的中も良い弓も全く落ちずにピタッと止まる綺麗な手の内をしている人を見つけたとします。

会〜離れだけ何度見ても観賞用にはなりますが、余り意味はありません。

【あくまでも一例です！】

1　弓構えでどのように持っているか？
2　打ち起こした時の手の内はどうなっているのか？
3　受け渡し動作の時にどう動かしているのか？
4　引分け時の力のかかり方はどうなっているのか？
5　会での力配分はどうなっているのか？
6　離れを出す時に何をしているのか？

などを、まずは手の内だけ見て真似してみます。一旦他の部分を見るのは置いておきましょう。そうすると、全然思ったようにいきません。これではバラし方が足りないのです。今の1〜6を別の角度から同じように見てみましょう。何か一つでも今までと違いが見つかれば、それが新たな知見です。自分でもやってみて比較してみましょう。

ただ、まだ全然足りません。また角度を変え、そもそも6項目ぐらいでは全然どうにもならない事に気づきます。糸口を探そうとして弓道関係の本を読んでみます。初心者用の本を読んでも良いアイデアは見つからず、人から聞いた良いと言われる本は絶版で入手ができない。

ビデオに収められる相手であれば、ぜひ許可を得た上で撮影して自分と比較しましょう。まだ何かが違います。こうなのか?ああなのか?と、現場でもビデオでも穴が開くほど見るのが見取り稽古です。真似をして上手くいかない、八方ふさがりになった。「恐れながら…」と本人に感覚を聞いてみる。ありがたいことに「〇〇な感じでやっている」と、教えてもらえたのは良いものの、言っている意味がよく分からない。【自分なりに言葉を置き換えてみて】動きを変えてみる。ここからがようやく創意工夫の入り口であって、一人だけを見てもわからないから他の人の射も見てみる。電車の手すりで手の内を作りながら思案に暮れる。五里霧中……雨の中ぼんやり傘を持っていて風に飛ばされそうになった傘をしっかり持つ「……!?」これか?と、また道場に戻って工夫してみる。

しかし、良いと思ったものを組み合わせて自分の自己の確立（オリジナル）だ！と思って引いてみたら全く合わない。むしろ以前よりも下手になっているかも!?

こういったことの繰り返しで、はじめて自分なりに上手くいく形がうっすらと見えてきます。

射法八節を全体の流れで考える場合、あの離れはどんな会から生じるのか、どう引き分けたらあの会はできるのか、どう打ち起こしたら毎回スムーズな引分けになるのか？逆算するのも良いと思います。現代は動画も簡単に録画できるし逆再生もできるので、考える幅と深さは無限大です。

こういったことが自身の修練であって創意工夫です。創意工夫をはじめると、今度は自分の身体と他人の身体が違うということに目が行きます。

こうなってくると底なし沼とも言えますが、身長・体重・骨格……気づくと自分の肩はいかり肩なのか？なで肩なのか？前腕と上腕の長さの比率が人によって全て違う。腕の向きも違えば身体が動く範囲も違う。これは大量生産の既製品のようなことは出来ないと理解でき、自分の骨格に似た人と部分を探して考察します。

会の形一つとってみても、全然同じになりません。自分なりの組み合わせ（カスタマイズ）が始まります。

それらの組み合わせを何度も重ねて初めて「自分なりの動きが生み出される」可能性が高まります。それですぐ何でも出てくる訳ではありません。気が遠くなるほど見取り稽古と試行錯誤を繰り返し、見てきた様々なものを自分なりの感覚を自分なりの言語に置き換え形にして、何年も経って気づいたら出てくるものがはじめて【動きを生み出す射法八節】になると言えます。

①～③は全部合わせて必要なことですが、日常的に武道（弓道）をたしなむ人がやらなければいけないのは、まずは③ということになります。①の悪い例として、講習会に行くことそのものは良いことなのに、言われたことが出来ないままに考えもしないでまたすぐ次の講習会に行く人がいます。ただ行くだけなら時間の無駄です（厳密には、その場に居たという満足感ぐらいはあるかも知れませんが）。現実には、話を聞いたら上手くなった気になる人が多いのが実情で、数日したら何を言われたのか覚えていないし、結局元に戻ってしまったといった事象も稀なことではありません。

こういった人は自分で考えるという事が致命的に足りない、自分から型にはまりに行く人達です。自力で打開する意識が乏しいので、どこかで頭打ちになって悶々と過ごすことになります。

質問の仕方一つでも、心構えは伝わるし教える側の態度は変わります。

A「わからないから教えてください」

B「自分なりにこういった形で試してみましたが、この○○動作がどうにも上手くいきません。よろしければ何かヒントはいただけませんか？」

教える側に立てば、AよりBに対してより親身に教えようとしたくなるのは自明の理です。Aのタイプでしか考えられない場合、生きた動きを生み出すようなことはできません。

何のために人に聞くのか、どうして時間をかけてそこに行くのか、先生の時間を潰してまで聞くほどの内容なのか？決意と覚悟をもって聞きにいける人は動きを生み出す弓を引ける可能性がある人と言えると思います。

3 失敗とは？　どういうものがケガの原因となるのか？

これは弓道であっても身体運動を扱う、いわゆるスポーツ（sport：sportsではない※）の範囲にあたるので、基本的に関節や筋肉などの損傷は他のものと違いありません。

コンタクトスポーツ（対戦相手と直接の接触がある）競技では無いので、いわゆる外傷と言われるものはほとんどありませんが、身体操法である以上は使い方を間違えば当然痛めます。

この項目ではそれぞれの状況下でどこを使っているのか、またどこを使うと失敗（ここではケガ）するのかを中心に説明していきます。

※世間ではsが付くと複数形だから全体を表現する場合はsを付けるという説明もありますが、sportという表現が運動全般を表し標準です。現に全日本弓道連盟の親団体にあたる日本スポーツ協会はJapan Sport Associationです。

㈠足踏み

㈠の1　足踏みの前に…立つとはどういうこと？

「立つ」ということは、抗重力筋（地球の重力に対して姿勢を保持するために働く筋肉）と言われる部分を使用します。下腿・大腿・腹部・胸部・首の各部の前後に張り巡らされ、前後互いに伸び縮みをしながらバランスを取っています（厚生労働省ヘルスネットより）。

そのような中で、介護などの話でも重要となる立位を維持するために必要で中心となる部分は、背中（背筋）、お尻（殿筋）、下肢（ふともも裏、ふくらはぎ）です。

なぜこんな生活上で基本と言われる部分を挙げたかと言えば、弓道で実際に足踏み〜残身に至るまでも、この基本から大きくはズレないと言えるからです。

出てくる部分はほとんどが身体の後ろ側ばかりです。人間は前側に神経が多く分布して見えや

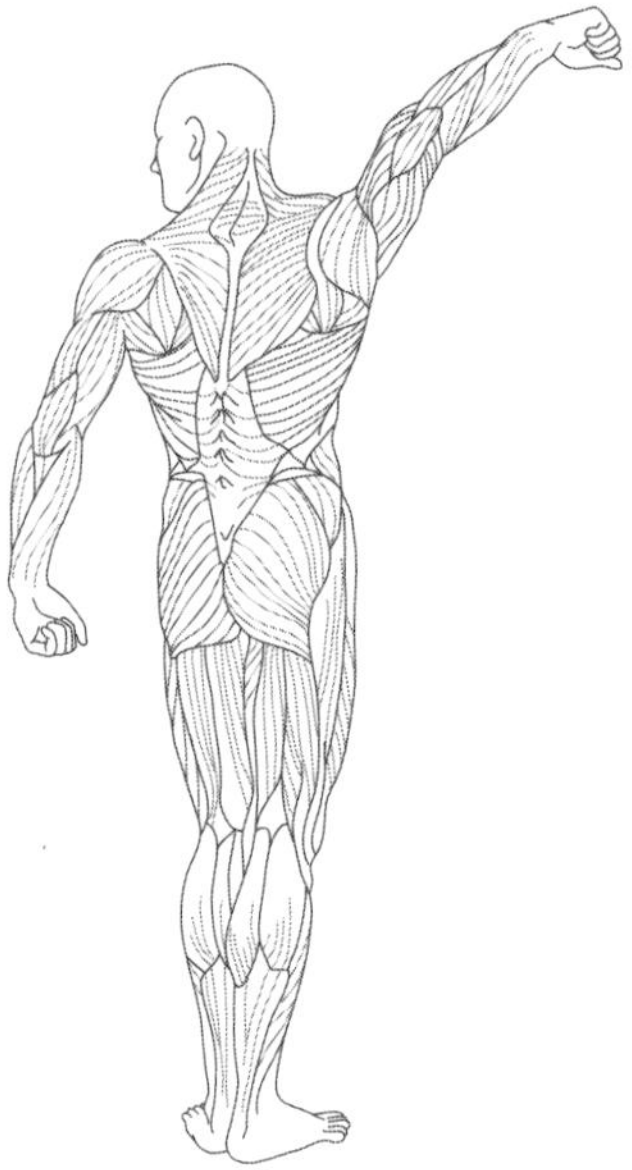

すく意識もしやすいのですが、見えない後ろ側をしっかりと使えることによって解決できる問題がたくさんあります。

そしてただ立っているだけではなく、弓を引くという動作が入ってくるので後ろ側以外、他にも使う部分は全身くまなくありますが、細かい所に意識がいきすぎると全体の動きは硬くなりかえって不自由になるので、意識して使う必要があると思われる点についてこれから説明していきます。

㊀足踏み

㊀の2　問題が起こりやすい動作を考えながら

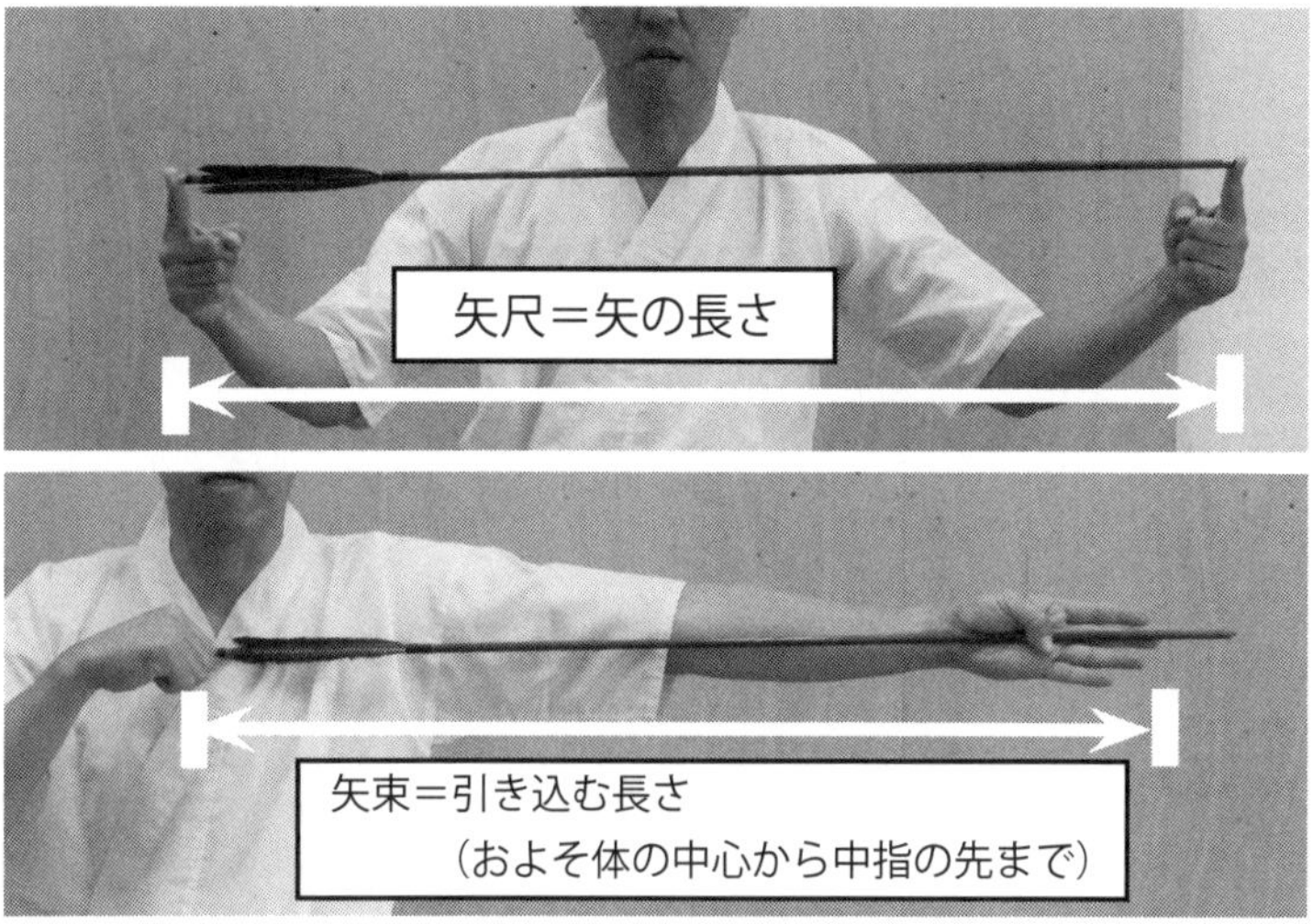

①　足踏みの広さ

教本にも足踏み―足がまえ―と書かれていて、とても大切です。

足踏みは教本上自身のおよそ矢束に踏むとなっていますが、この「矢束」という言葉が誤解を生じやすく、行射する上で支障をきたす可能性があります。

そもそも気を付けないといけないのは、「矢束《やづか》」と「矢尺《やじゃく》」は別物だということです。

矢尺：矢の長さそのもの
矢束：実際に自分が引き込む長さ

これを混同している人は経験年数が浅いほど多いですが、一定年数の修練を積んだと思われる人でも間違っている場合があります。また近年は矢尺がどんどん長くなる傾向なので、更に足踏みの考え方がおかしくなる傾向にあります。

矢が短くて引き込むと危険なのは誰でも想像がつく問題ですが、長すぎると重量と箆張り、バランスの問題が生じてとても不利です。矢束は足踏みの広さの問題と直結するのでしっかり把握して欲しいですが、矢尺のことまで細かく説明すると話の軸がズレますので、この本では詳細を割愛します。

矢尺は矢そのものの長さなので、ひとまず矢束の基準だけで言うと「およそ体の中心から中指の先まで」です。実際には上腕と前腕の長さの違い、指の長さなどでも更に違うのですが、余り細かくすると理解しにくくなってしまうので、これを基準に考えましょう。

㈠足踏み

㈠の3　角度を考える

教本第一巻には角度は約60度と書いてあります。骨格体形、股関節の形状や下肢のねじれ角度などによって多少の前後があります。基本で覚えるために言う60度はもちろん正しいのですが、実際に行射する際に60度以外は一切ダメという訳ではありません。

これは広さとも関連しますが、狭い時には少しつま先を開いた方が安定（60度より広く）し、

足踏みの角度

適正とされる60度

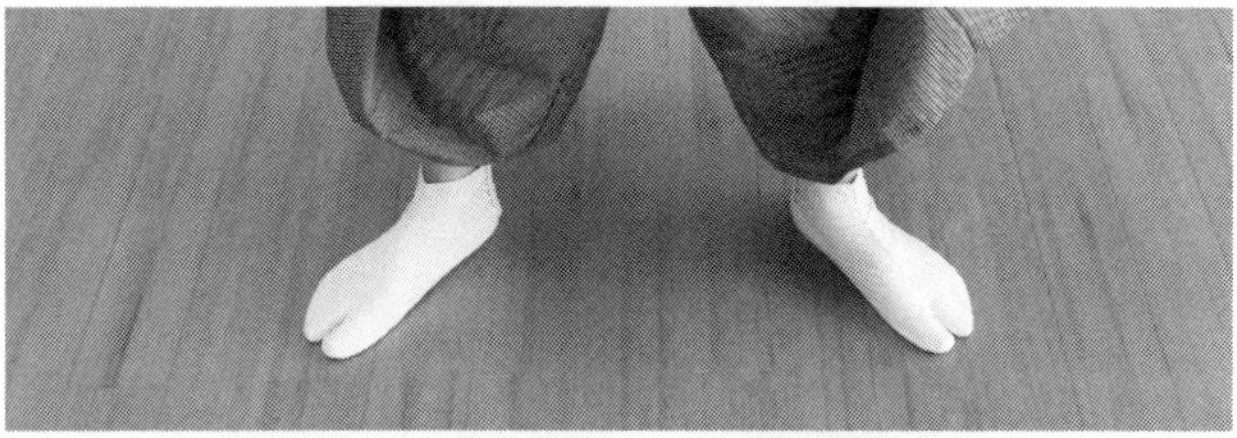
狭めの時は開き気味の方が安定する

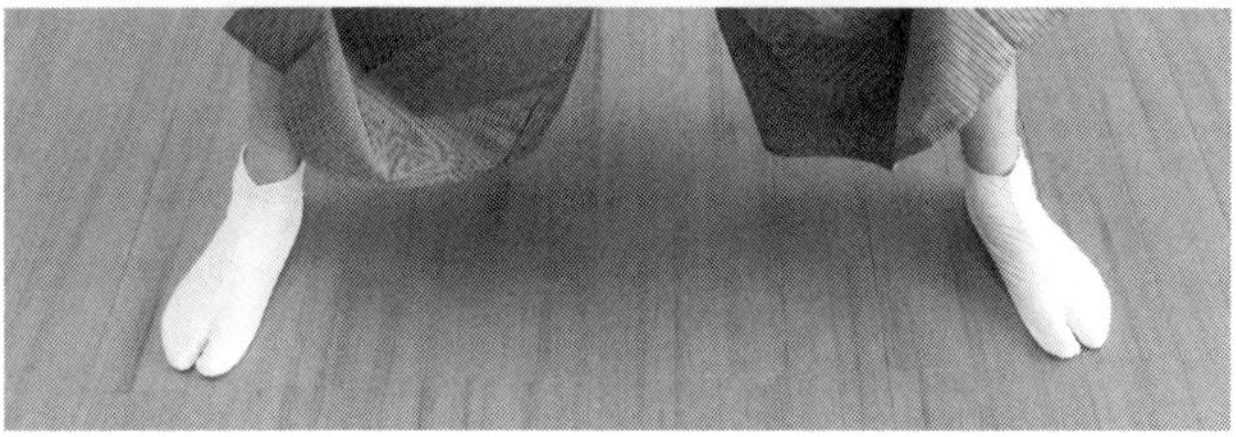
広めの時は閉じ気味の方が安定する

広い時にはつま先を開くと不安定なので少し閉じ気味にして対応します。

原理原則論からは外れるかも知れませんが、例えば高齢者などは矢束通りに開くと立っていること自体が大きな負担になるので狭くせざるを得ず、結果として60度ではなくても全体のバランスとして必要な対応となります。

また中学生・高校生ぐらいまでは、足踏みが狭すぎると上半身が優位となって動いてしまうため、常に気を配って矢束いっぱいに踏むことを覚える必要があります。

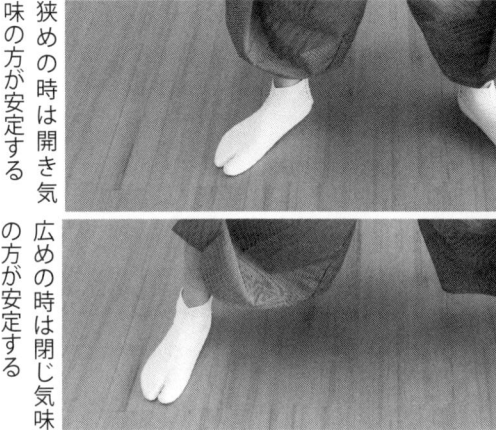

㊀足踏み

㊀の4　陥りやすい失敗

開き方ですが、一足（礼射系）と二足（武射系）で違いはありますが、どちらも最も支障をきたすのは右足を開く瞬間です。多くの人は左足を開いた後、開く右足に意識がいきすぎて左の足（もも裏、ふくらはぎ等）の力が抜けて足先が動いてしまう例が数多く見られます。

特に左足を開く際に膝をピン！と伸ばして踏むと最悪です。しっかり踏むためには後ろ側の意識が大切です。左足を的に向かって開くということは、土台を定める最初の動きです。短距離走で言えばスタートの瞬間です。

これを起点に全体に活力を与える動作なので、どっしりと踏むことが大切です。イメージとしては、力士が土俵入りで四股を踏む時の軸足程度の意識が必要です。

また、つま先は上げてはいけません。足裏が緊張して接地面が小さくなり重心が動く原因ともなります。

㊀足踏み

㊀の5　足の開き方（一例）

※教本上の動作の説明はなるべく省略しますが、あくまでも教本が基準です。
息合いで動くのも当然ではありますが、ここでは除外して考えます。

立射（手を腰に置いて開く）と座射（弓と矢を捧げ持った状態で開く）でバランスや出てくる問題が違いますが、ここでは教本通りに立って開く（立ち座りを考えない）ための方法について説明します。

① 右殿部で支える

左足を出すためにわずかながらに浮かせる必要があります。そのためにまずは右のおしり（殿部）と右膝窩（右のひかがみ：ひざ裏）、右足裏に力を入れて体を支えましょう。この時、上半身は右にずれてはいけません。力の支点となるのはおしり（殿部）です。

② 左足を開く

①で殿部に力が入って浮かせたら、左のおしり（殿部）に力を入れて左足を開きましょう。この時に前後にブレるようだと、1での力の入り具合に無理があって重心の位置がずれています。

③ 左殿部で支える

左足の位置がしっかりした場所に出たら、今度は左のおしり（殿部）、左膝窩（左ひかがみ・ひざ裏）、左足裏（土踏まず）で支えます。位置が合っていると力は入れやすくなっています。この先足踏みが完成するまで左下肢全体の意識は切らしてはいけません。

④（一足）１ 右足を寄せる（一足で開く場合）

ここでしっかり立った左足に右足を寄せます。先ほどの1とは動きの幅が違うので、左のおしり（殿部）は特に強く働きます。この際上半身が左側に寄って傾いてしまう事が多いので、特に注意が必要です。

④（一足）２ 右足を開く

寄せた所から大きく開くのでズレやすく難しいです。④1で左足に右足を寄せた際につま先も的方向に少し向いているので、そのまま踵から開きましょう。右のおしり(殿部)、右ひざ裏(膝窩)、右土踏まず（足底）を使って隙なく開きます。教本上では扇型に開くとあって実際の動きはその通りなのですが、扇型の意識が強すぎてつま先を開こうとすると重心が動いて、右のつま先を必要以上に開きすぎて失敗します。重心が動くと本能的に足先からさぐってつま先は大体八文字に開くので、むしろ踵に意識を置いた方が動きの無理が無くなります。動きが染みついている人からすればまさに教本通りでも、身体が整っていない場合にはなかなか身につかないので、習熟度に合わせて考え方に工夫が必要です。

④（二足）2'　右足を開く（二足で開く場合）

一足で開く場合に比べると、実際に足元を見ながら踏めるために開くのは容易です。一足の場合より重心はなるべく中心から動かないよう（最小範囲での動き）に注意して、右踵から開きます。右のおしり（殿部）、右ひざ裏（膝窩）、右土踏まず（足底）を使って隙なく開きます。見えるからといって形だけ追うのは立ち方が甘くなるので注意が必要です。

⑤　両足への力の入り具合の確認

見た目におよそ60度というのは基準ですが、それだけでは意味がありません。両足ジャンプして一度に開いている訳ではなく、左右違う動きを混ぜながら開いているので左右に力の偏りが無いかどうかを確認してようやく足踏みのひとまずの完成と言えます。

足踏みの開き方

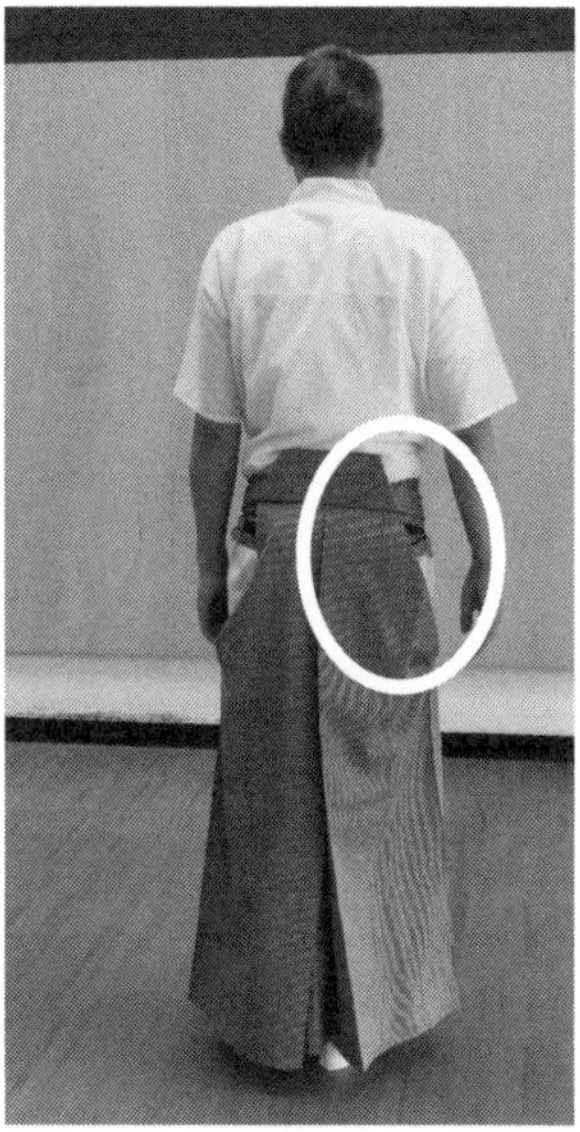

① 右殿部で支える

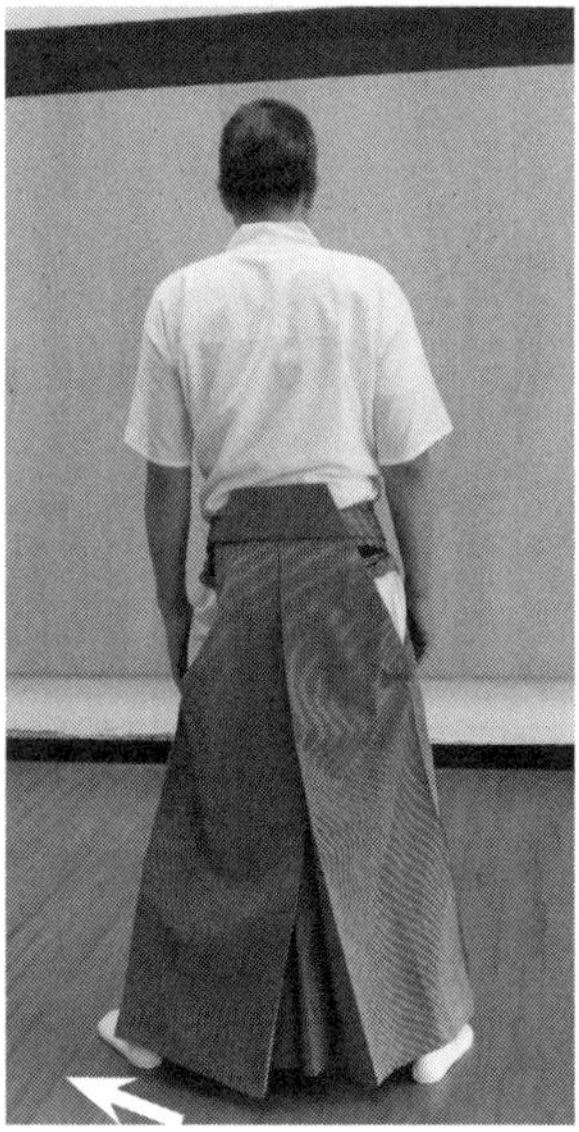

② 左足を開く

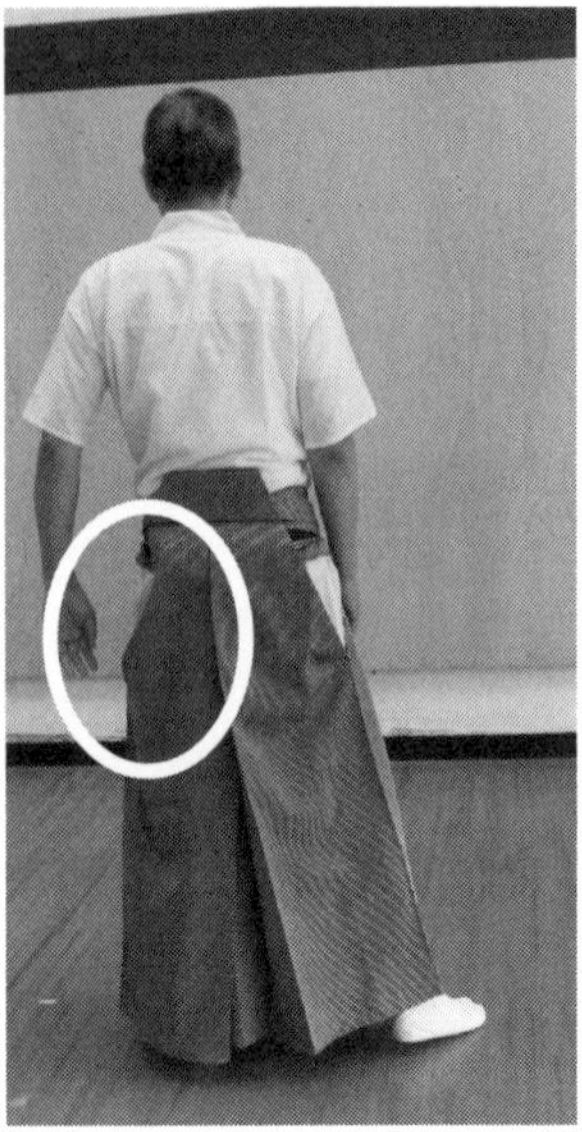

③ 左殿部で支える

(一足で開く場合)
④ー1ー1　右足を寄せる

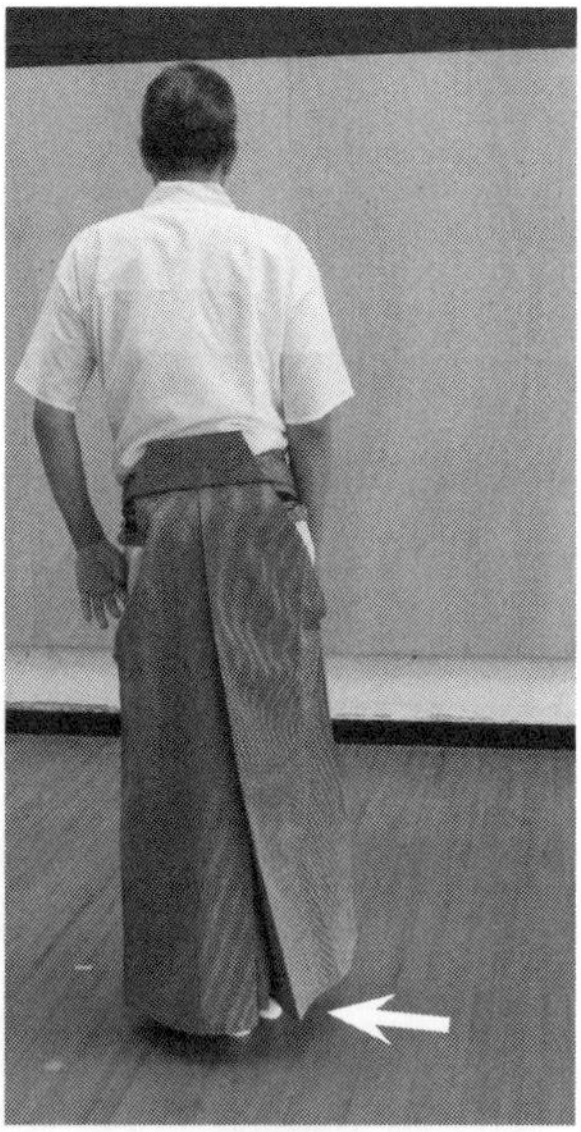

④ー1ー2　右足を開く

④ー2　右足を開く
(二足で開く場合)

一足の場合より、重心はなるべく中心から動かさないように注意して、右踵から開く。

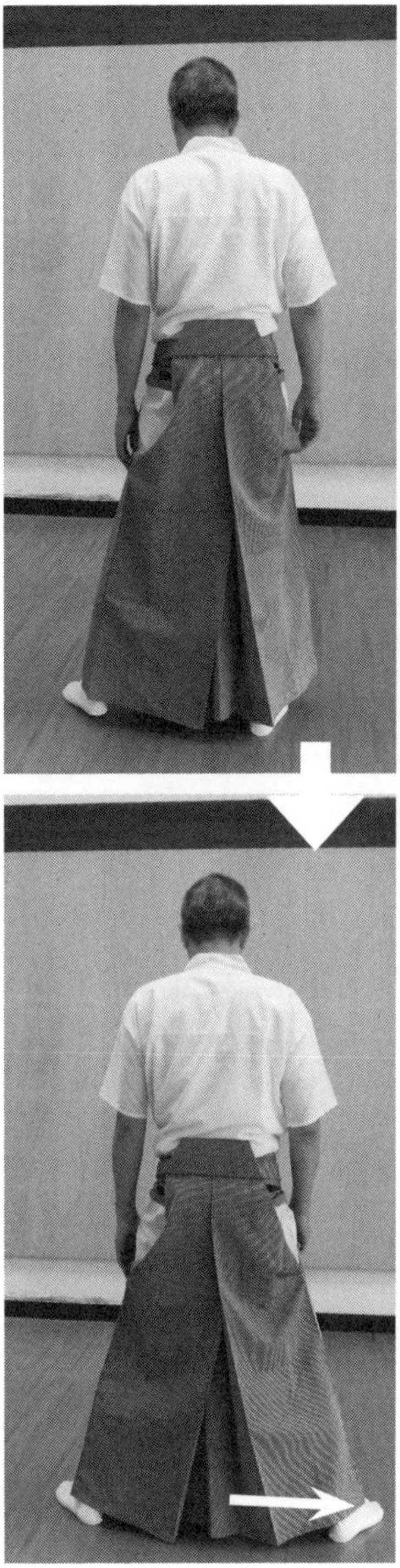

足踏みの評価

そのまま屈伸（ハーフスクワット）をして身体がぐらつかなければ最低限できていると評価できる。

㊀足踏み
㊀の6　足踏みの評価

実際にできているかどうかは、外から見てもらわないとなかなか分からない部分ではありますが、正面（背面）からと側面（妻手側）から動画で撮影して上半身のぐらつきの確認をしましょう。また射場でなく自宅などでは、そのまま屈伸（ハーフスクワット）をして身体がぐらつかないようであれば最低限はできていると言えます。（※的前で練習中にやってはいけません。）

㊀足踏み
㊀の7　足踏みに関わる筋肉（補足）

要点となる部分で言えば殿筋群、大腿後面（ハムストリングス）、下腿後面（下腿三頭筋）です。前面は意識から外してください（理由は胴造りの項目で説明します）。

開き方は④の通りですが、意識する部分を実際に働かせるのは筋作用です。通常筋作用まで考える必要はありませんが、動きに違和感を覚えた場合や理解に無理が生じた場合には、筋作用や関節可動域を参照すると解決する問題は割と多く存在します。

足踏みでも厳密には腰から上、上半身も使いますが難しくなりすぎるのでまずは下半身のみ説明します。

注：起始《きし》：筋肉の始まっているところ
　停止《ていし》：筋肉の終わるところ、付着部
　作用《さよう》：実際の動き
※解剖学や運動学の教科書より簡潔に書くようにしています。

◉殿筋群《でんきんぐん》……おしり周りの筋肉総称
（大殿筋《だいでんきん》、中殿筋《ちゅうでんきん》、小殿筋《しょうでんきん》）（主に中殿筋）

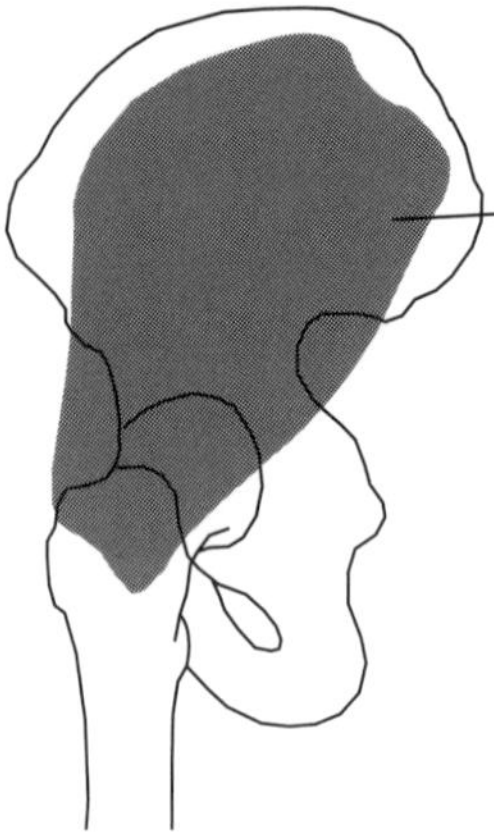

大殿筋も大切ですが強く大きな働き（走るとか飛ぶなど）で動く比率が高く、小殿筋は奥すぎて触れないので中殿筋を意識するのが分かりやすいと思います。

中殿筋《ちゅうでんきん》

起始：骨盤の外側面
停止：大腿骨の外側
作用：股関節を外に向かって開く（外転）　片足立ちの際軸足側の股関節を安定させる

〈ポイント〉

これによって、足踏みの際のぐらつきや矢束いっぱいに毎回同じように踏むための起点となる

◉大腿後面（ハムストリングス：3つの筋肉の総称）

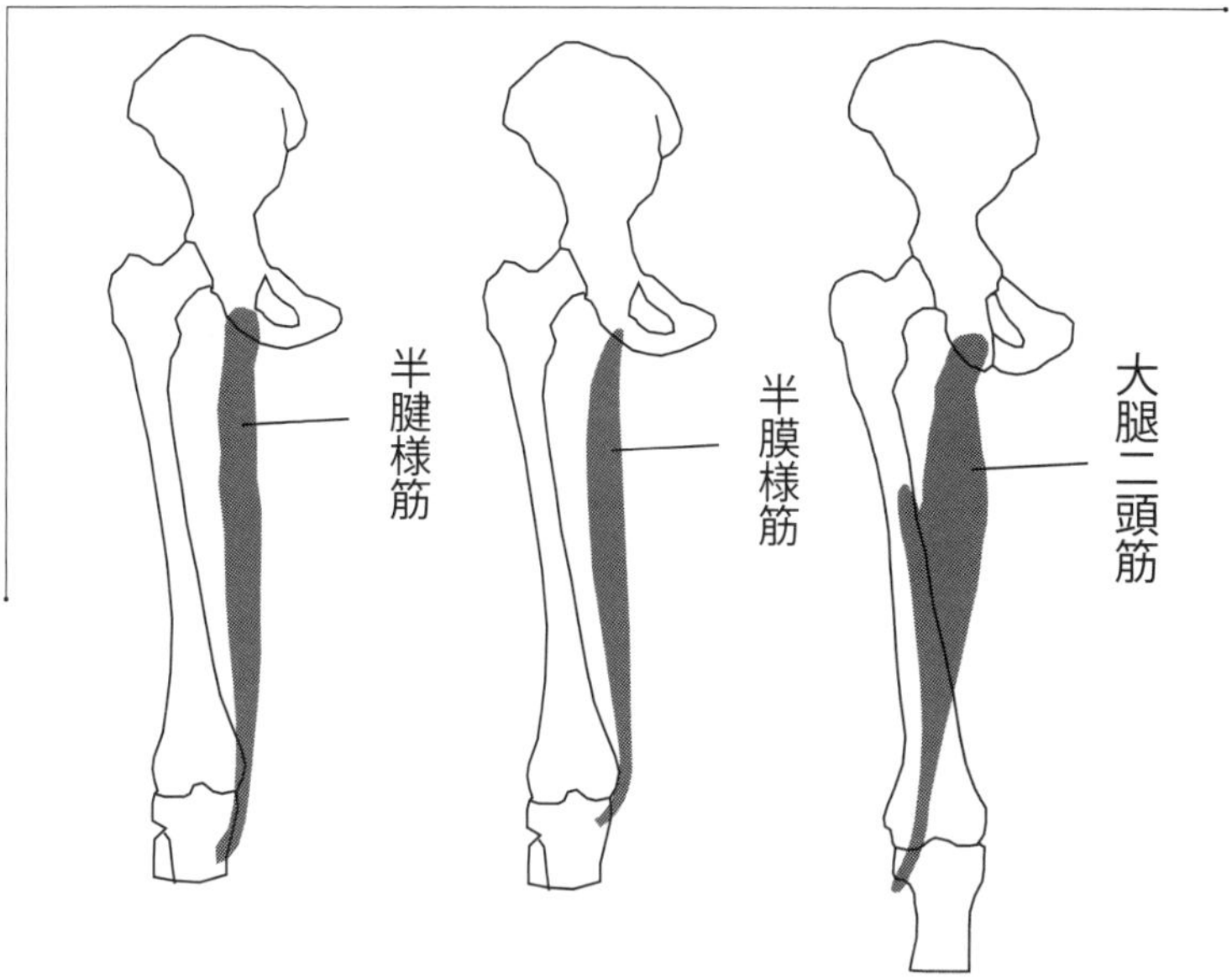

（大腿二頭筋《だいたいにとうきん》、半腱様筋《はんけんようきん》、半膜様筋《はんまくようきん》）

起始：坐骨結節（お尻の下の中の方）、（大腿部後面（大腿二頭筋短頭のみ））

停止：腓骨頭（大腿二頭筋）、脛骨内側および内後面（半腱、半膜様筋）（ひざ下の後ろ外側）（ひざ下の後ろ内側）

作用：膝関節の屈曲（膝を曲げる）、股関節伸展（骨盤を後ろに傾ける、伸ばす）

◉**下腿後面**

（下腿三頭筋《かたいさんとうきん》、腓腹筋《ひふくきん》、ヒラメ筋）

起始：大腿骨の内側顆、外側顆（ひざ上の後ろの内側と外側）

停止：アキレス腱になって踵

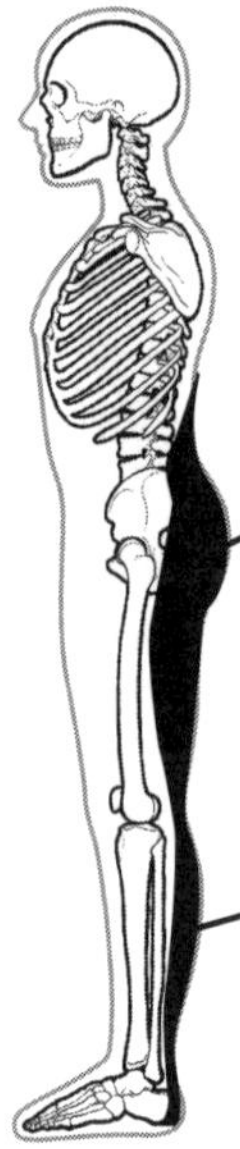

作用：足関節底屈（足首を伸ばす）、膝関節の屈曲（膝を曲げる）

〈ポイント〉

大腿後面、下腿後面の両方をしっかり使うことによって、足踏みの位置ずれや広さを一定にかつブレないように開くことができる。意識としてはひざ裏とした方が両筋共に働かせやすい。

↓特に左は殿部（おしり）、大腿後面（ふともも裏）、下腿後面（ふくらはぎ）を連動させて踏むことによって安定を生む。

若者の場合は開きすぎ、高齢者や筋力が弱い人には狭すぎを防止できる。

昔（戦前）までは草履や下駄で歩きの生活が多く、教本制定時は令和の現代と比べても平均して足腰は強いことを念頭におきましょう。当時は説明する必要の無い話でも、現代では体力の個人差が大きいため、より幅広い人に同じ動きを求める場合には具体的な説明が更に必要となってきます。

この足踏みのための意識するべき後面の筋肉は、今後の介護予防としての要素が強いので、弓道競技人口の高齢化、介護予防の視点からみても積極的に鍛えることが必要です。

㈡胴造り

㈡の1　安定という意味を考えながら

胴造りを考えると、避けて通れないのが五胴です。五胴とは①反る胴、②屈む胴、③懸る胴、④退く胴、⑤中胴の5つですが、目的と場合によって使われる練達者の応用動作と書いてあります。目的と場合によって変わるもの（遠的や射流し、堂射や堅物射貫など）ですが、遠的以外はかなり特殊な状況でそうそう関わらない目的です。基本の動作を考える場合には近的においてのみ考えれば足りますので、基本的に中胴を考えましょう。

では、中胴とはどこでしょうか？

言葉でいうなら真ん中、中心線ということになるのでしょうが、実際にそれを感覚的につかむ

五胴

中胴

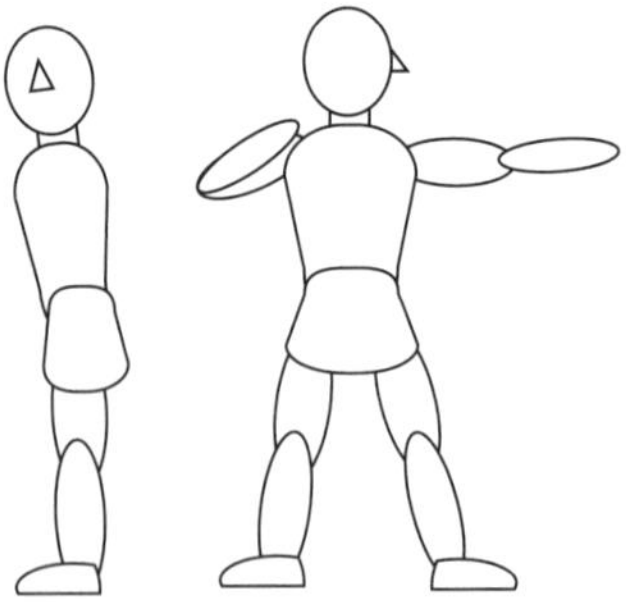

屈む胴

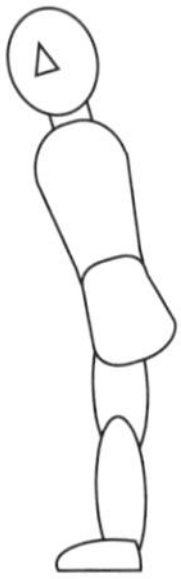

反る胴

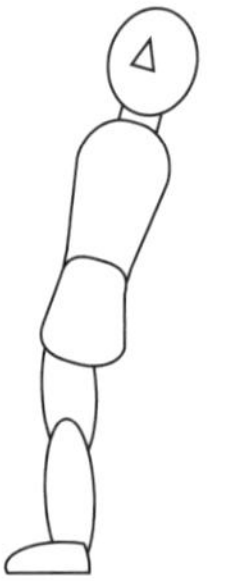

退く胴

懸る胴

のはなかなか大変な問題です。

表現としては「反る胴、屈む胴、懸る胴、退く胴のどれにも当てはまらない（偏らない）もの」が中胴となります。

ズレないように外を固めてしまうと、かえってわずかな力のひずみでどれかに偏ってしまうので、それを回避する必要があります。

また、中胴以外の４つのどれかになりがちである場合、引き方の違いによって生じることはもちろんですが、それ以外にも骨盤まわりの状況（骨格、体形、習慣など）によっても生じることがあります。細かく気にしすぎると、余計気を取られてしまうことが多いのでそこまで神経質にならなくても良いですが、やり方によっては改善する場合もあるのでしっかり考えたい人用に後述します。

もう一点、割と忘れがちなのが弓の本弭《もとはず》を左の膝の上に置くということです。これは毎回再現性のある動作をするためには、適当にするわけにはいかない部分です。

ひざの前に力が入っているとうまく置けませんが、脱力するとひざのお皿の上にくぼみができます。そこに弓の本弭を差し込みましょう。これによって弓手の力も大幅に入れなくて済むようになり安定します。

本弭を左の膝の上に置く

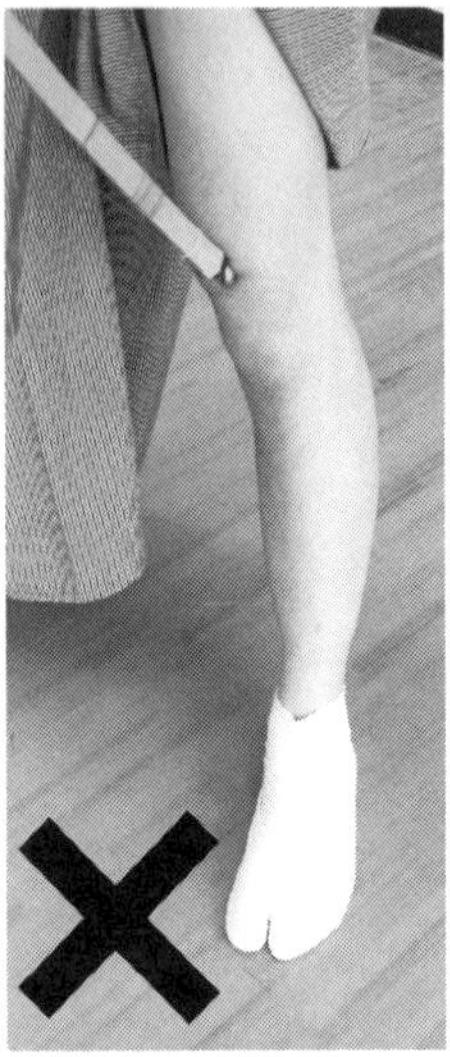

膝の前に力が入っていると、突っ張ってしまって本弭が置けない。

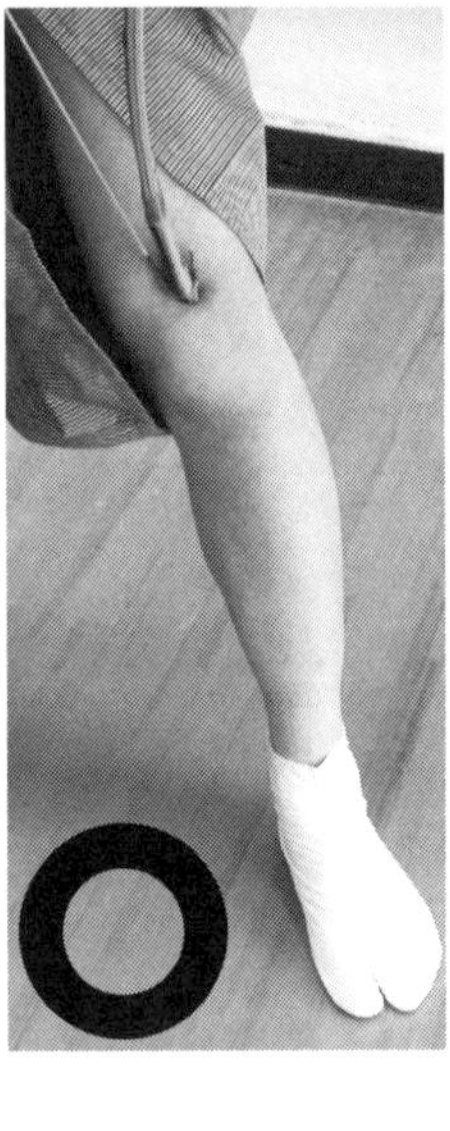

本弭が置けるくらいに緩んでいることが肝要。

教本には「胴造り」は「足踏み」を基礎として両脚の上に上体をおき、腰を据え、左右の肩を沈め、脊柱および項《うなじ》を真直ぐに伸ばし、総体の重心を腰の中央におき、心気を丹田におさめる動作である。

と、あります。足踏みの項目に比べるとかなり具体的な説明です。重心を腰の中央におき、心気を丹田におさめるのは、その前までの動作ができてからの話です。

㈡胴造り

㈡の2　腰を据えるとは？

両脚の上に上体をおくことは、何となくイメージがつきます。二足歩行をしていれば、上半身は確かに脚の上にあるし、ずれると立ちにくいし歩きにくい。腰を据えることというのが、分かりやすいようでいて実は解釈しにくい部分です。物で例えると餅つきの臼でしょうか。安定してどの方向からの力が働いても動かないのが目標です。ところが力を入れる部分を間違えると、自分の中では最大限力を入れても全く安定しない胴造りになります。

まず腰に持ってもらいたいイメージは、水面に浮かぶ笹船です。

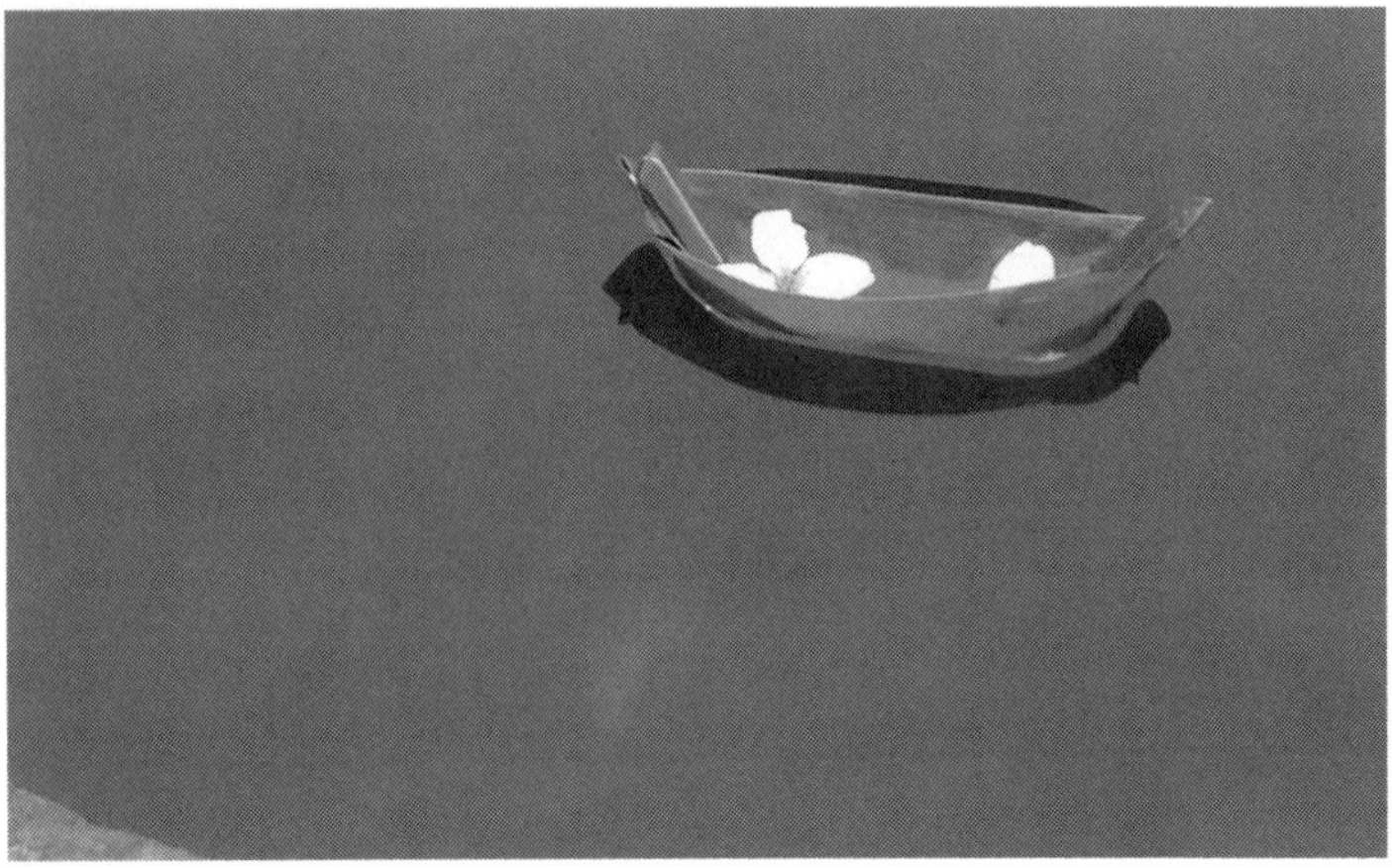

今にも沈みそうに見えても、絶妙な浮力によって偏らずに同じ形のままあり続けます。教本にも、やわらかい且つ隙の無い体の構えと書いてあり、しっかりした胴造りのイメージとやわらかいという言葉がなかなか一致しませんが、単純に力みがあるだけだとダメだということだけは理解しましょう。

笹船から船の錨を下した状態が胴造りです。そのためには、腰から骨盤の中を使わないといけません。やり方としては、骨盤を起こす（下腹を前に出す）のが一番近い動きです。これは足踏みの項目で説明した、下肢の後ろ側がきちんと使えていないと全く形にならず、単にだらしない立ち方にしかなりません。

だらしない立ち方を避けるためには、絶対に力を入れてはいけない所があります。それがもも前（大腿部前面）です。

もも前に力が入ると、膝がロックして膕《ひかがみ》が使えず更に

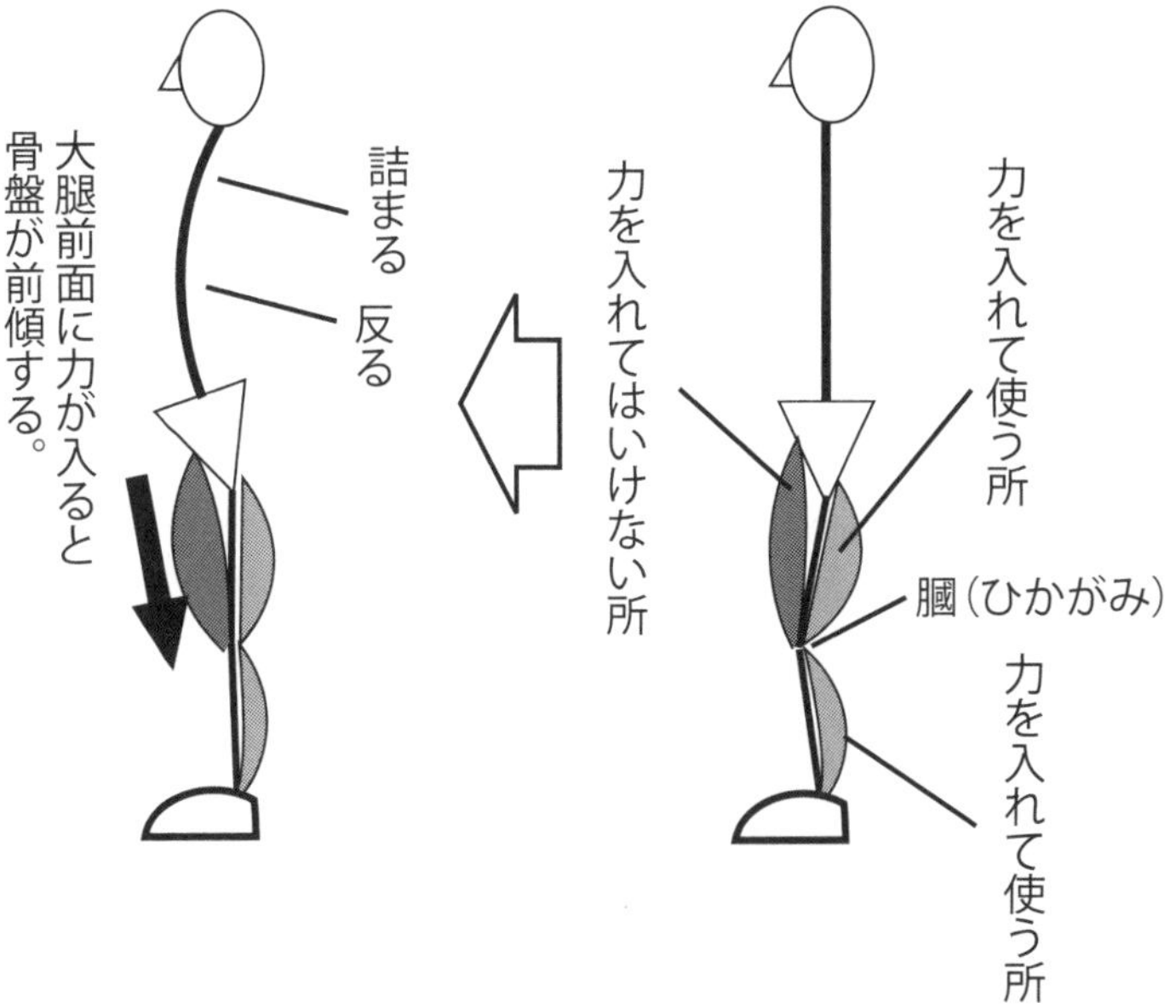

骨盤が前傾します。会の状態で問題と言われる出尻鳩胸の作用を引き起こします。そのため前はほとんど使わないようにしなければいけません。足は前と後ろを両面共に力を入れればより強いと考える人もいると思いますが、そうすると単純に固めるだけの動作になります。結果としてやじろべえのようなことになり、指一本の外力でぐらつきます。

㈡胴造り

㈡の3　膕《ひかがみ》は張るのか伸ばすのか？

膕とは何か？と言われれば要はひざ裏です。

教本の八節図解では胴造りの項目で膕

膝裏筋肉のつき方

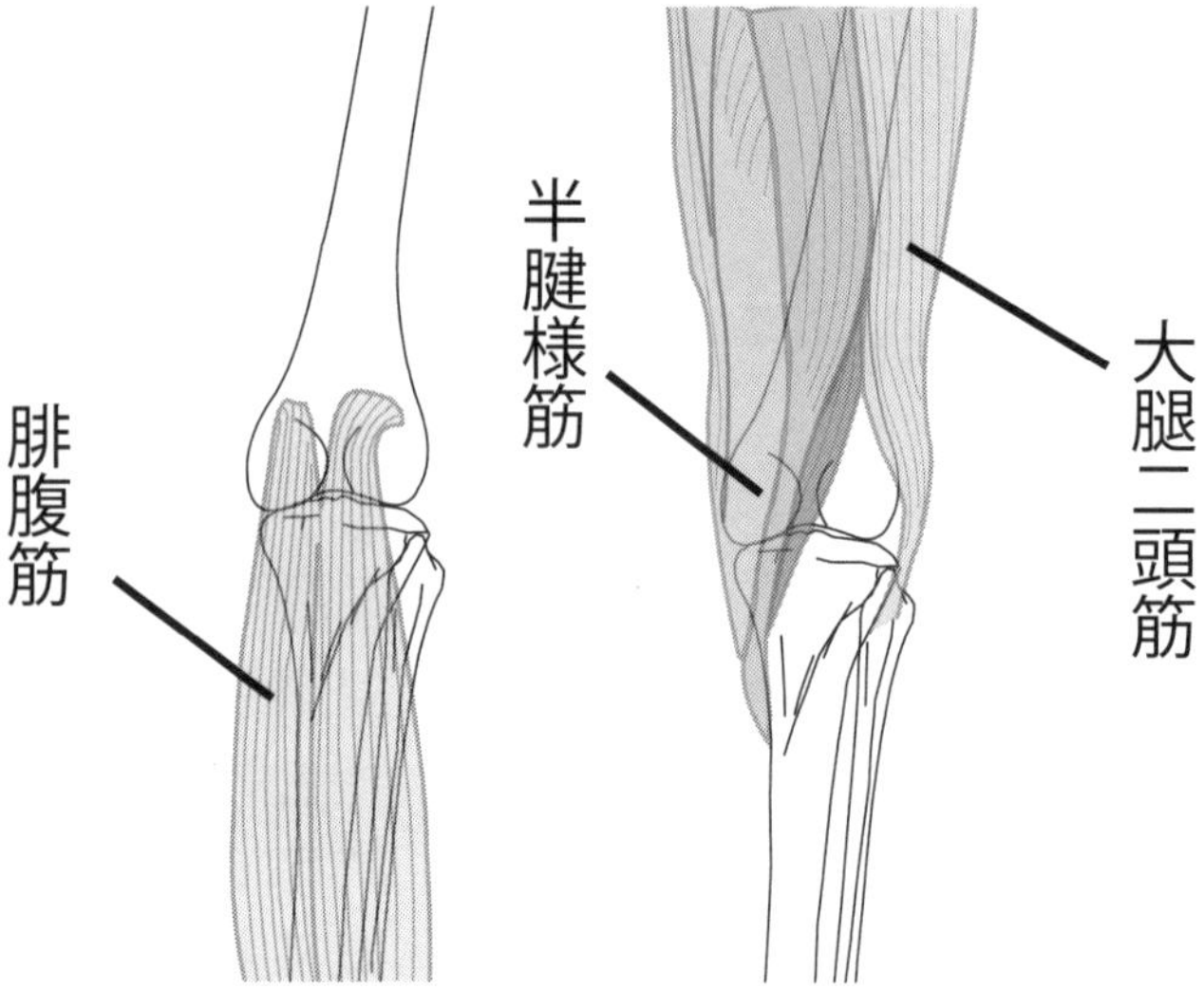

を伸ばすと書いてあり、本文では会の項目で、膝膕の働きが大切と書いてあります。そこでは伸ばすではなく張ると書いてあります。どちらも重要であることを表現している点では間違いないのですが、表現の仕方ひとつでイメージが変わり、使い方にも支障が出るので注意が必要です。

では、実際にはどちらなのか？と聞かれれば私は迷わず「張る」と答えます。高齢者で膝が伸ばしきれない人に対して伸ばすということはあり得ますが、関節が緩くて過伸展してしまう人、また一般的な骨格をしている人に「伸ばす」という表現を使うと誤解が生じやすく、膝の関節がロックして棒立ちになります。

伸ばすとぐらついて、前述の出尻鳩胸状況を生み出してしまいます。

ひざ裏を張るのは、足踏みの時点から既に意識していないといけません。足踏みで先に挙げた部分をしっかりと使い、それの確認をするというのが胴造りにおける「膕を張る」だと言えます。

ひざは完全進展するとともも裏、ふくらはぎの筋肉が使えなくなります。言語化すると、ひざを伸ばした状態からわずかに曲がる方向に、しっかり力を入れるというのが近いと思います。

ひざ裏を生かして働かせるには、図にあるような部分を使う意識と実際にどう使うかを実践しながら自分のものにする必要があります。

㈡胴造り

㈡の4　左右の肩を沈める？

肩を下げるではなく「沈める」です。胴造りでは弓手は伸ばし妻手は腰に取るという左右非対称な状態が生まれます。どちらの肩も沈めるとなると、肩だけに意識を置くと無理やり上から押さえつけるような下げ方になります。そうではなく、身体を働かせて沈めるという使い方になります。

肩は「下げる」ではなく「沈める」

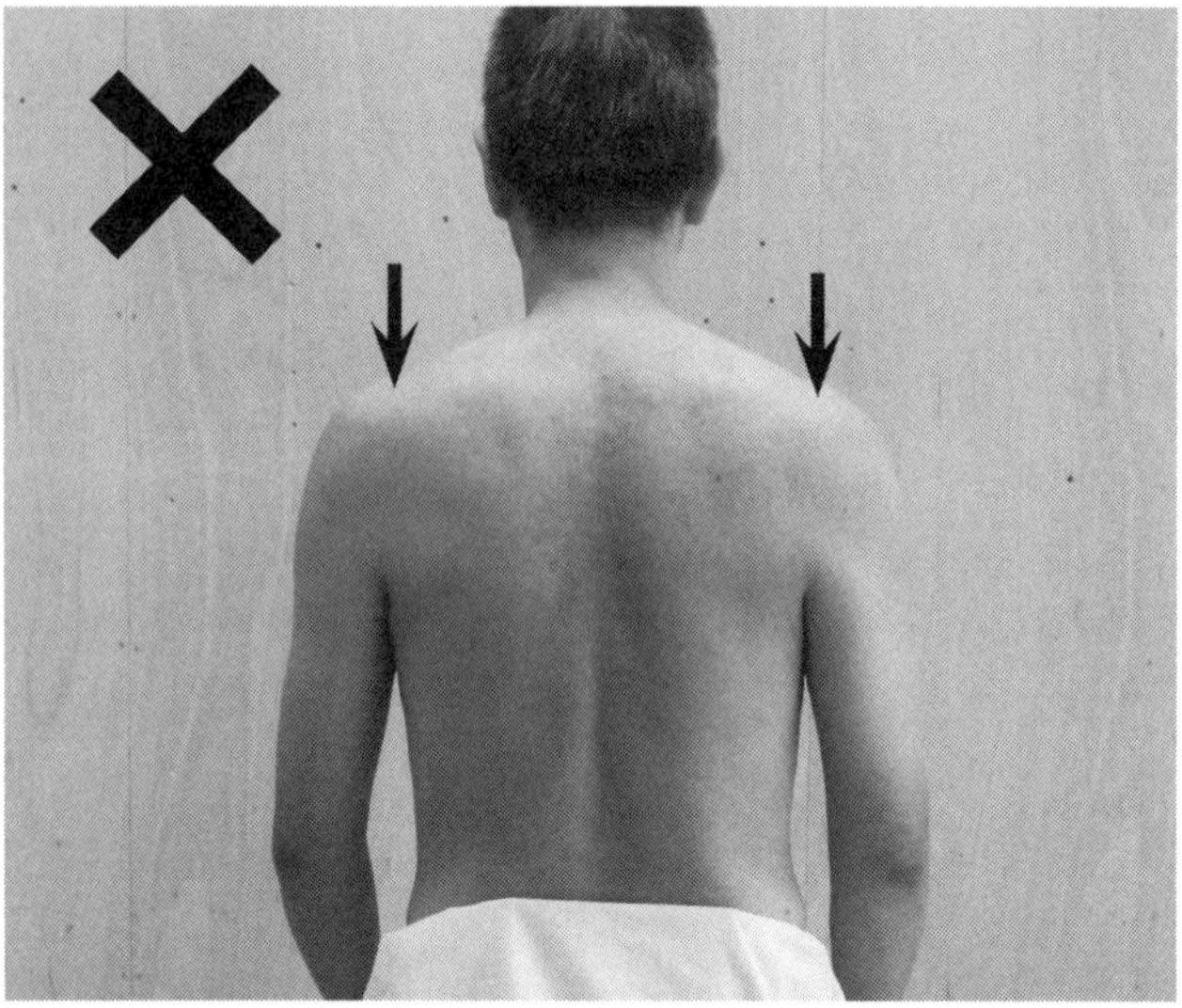

肩だけに意識を置くと無理やり上から押さえつけるような下げ方になる。

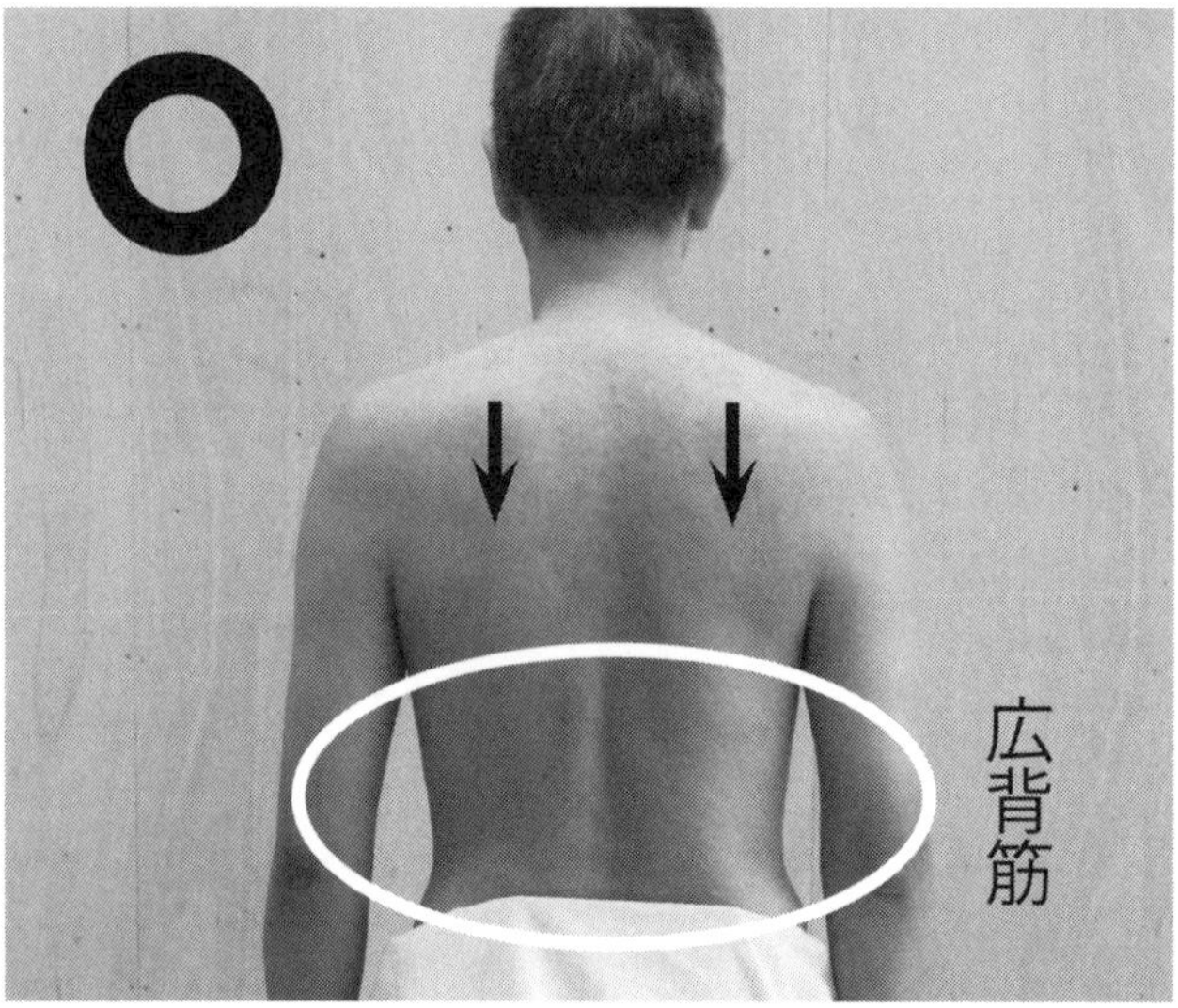

肩は「下げる」のでなく「沈める」。沈めるためには、広背筋を意識するとよい。

肩を沈めるためには、背中を意識することが必要です。イメージでいうと肩甲骨の下あたりから腰までを使って腕の付け根を引っ張って下げる。そうすると手先の無駄な力が入りにくくなり、左右の腕の位置が違ってもそれなりの力が均等に近い形で入れられるようになり、安定した胴造りでの肩の形になります。筋肉でいうと広背筋ですが、細かい部分が気になる方は補足の項目を見てください。

㈡胴造り

㈡の5　脊柱および項《うなじ》を真直ぐに伸ばす

ここまでの㈡の2〜4がしっかりとできると、その流れで身体の方が脊柱と項《うなじ》を伸ばしたくなります。自然と顎が引けて脊柱が伸びてくるのですが、それだけだと説明になりませんのでもう少し詳しく説明します。

背骨には生理的彎曲というのがあります。前後に対してS字状で衝撃吸収の役割もありますが、余り細かいことを言いすぎても話が脱線するので、そういうものだと認識してください。そのS字状の背骨をI字状に近くなるようにもっていく動作が、脊柱を真直ぐ伸ばすというものです。

人によっては上から吊り下げられた状態という表現や、一本柱を通すという表現を使うことも

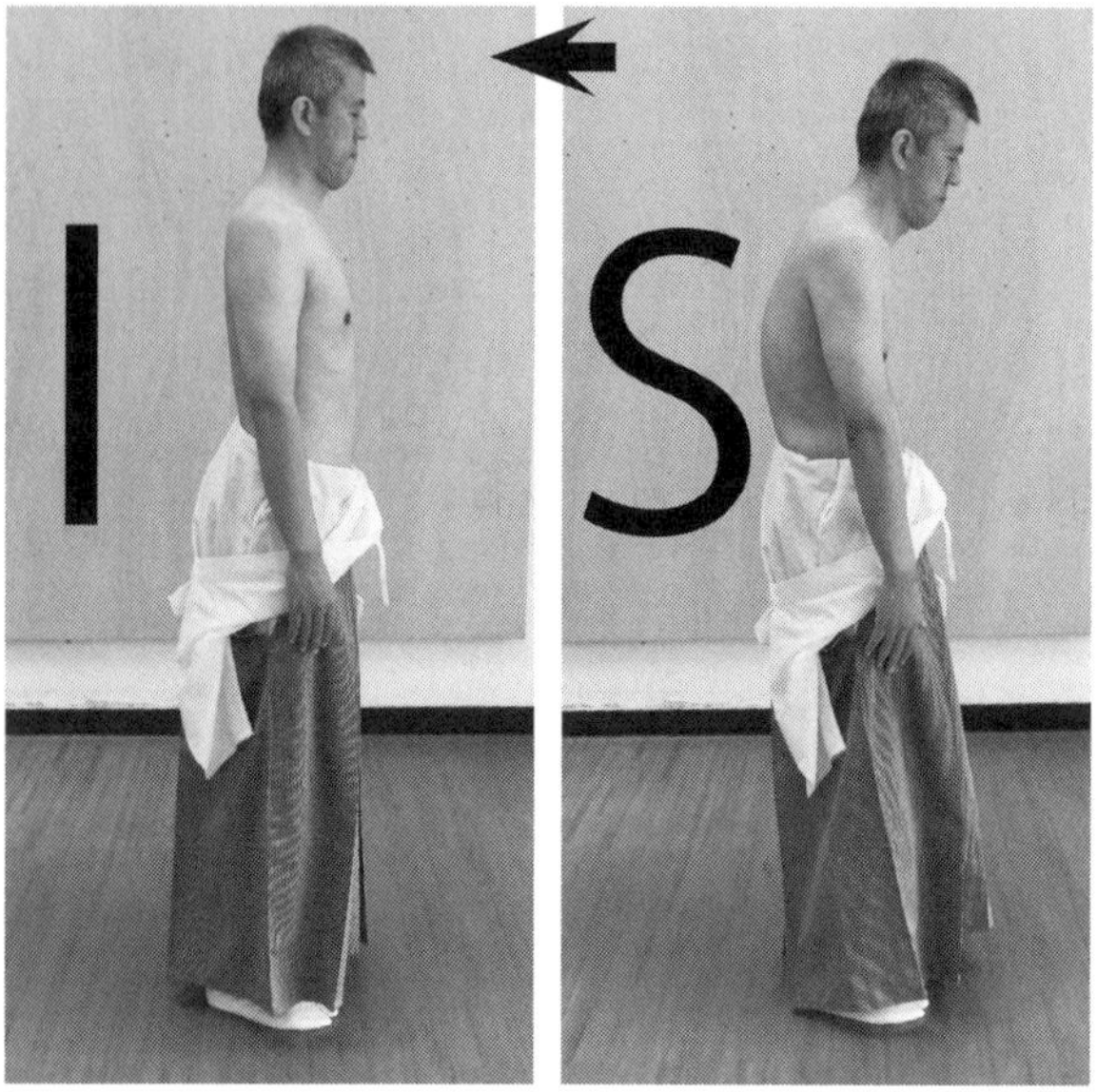

ありますが、S↓Iという表現も視点を変えるという意味と、固めてしまわない流動性を持たせた使い方という意味で考えてみてください。

㈡胴造り

㈡の6　総体の重心を腰の中心に置き、心気を丹田におさめる動作

㈡の5までの動作をすると、全般に背中側の意識ばかりです。ところがこれでは油断をすると後ろ重心です。そこで改めて重心を腰の中央におくと念を入れて言われています。へそを下に向けるとか立ったところから少し前と言われますが、へそを下に向けようとすると、誤解した場合には腰を

曲げてもも前に力が入ってしまう可能性があります。これは特に下半身が固定されてしまうため、一見安定した感じは得られますが、上下の働きは繋がらなくなってしまうのでやり方に細心の注意が必要です。また体幹部を単純に前に重心を動かせればそれはそれでありですが、できればへそはそのまま（へそはそもそも体の前面にある）に、そこから錨《いかり》もしくは錘《おもり》を床まで吊り下げるイメージをもってください。

丹田という言葉は武道ではよく使われますが、解剖学上は丹田という部位はありません。臍下丹田《せいかたんでん》：へその下3横指とか三寸とか言われますが、概念的な部分で捉えるしかありません。へその下で、更に奥なので自分でここだと思う場所を探し続ける場所であると思います。およその位置（自分の概念）に意識を置くと、恐らくすべての動きに連動させることが容易になる部分があると思いますので、そこが丹田だと仮定して心気をおさめてみましょう。自分でしっくりくる位置を探し続けるしかありません。

（教本：）以上の動作と配置によって全身の均整を整え、縦は天地に伸び、横は左右に自由に働けるような、やわらかい且つ隙のない体の構えを作るとともに気息をととのえることが肝要である。と、あります。

㈡の6までが整って動作と配置がうまくいくと、教本の言う通りやわらかで且つ隙の無い構えになります。体幹部と肩線、腰、足踏みで重要と言われる三重十文字もぴったりと決まって見える状態になると言えます。三重十文字はとても重要なものではありますが、ここまでのすべてがうまく働くと、自然と揃うものです。無理やりに揃えにいこうとするとかえってひずみが生まれます。

三重十文字は、あえて意識するというよりは、他者から見たときのチェック項目だと捉えましょう。

㈡胴造り

㈡の7　その人なりの中胴（別の角度から胴造りを考えよう）

胴造りに関して、ここまで割と抽象的なものをイメージとして伝えてきましたが、本書ではより身体での実例を挙げた方が分かりやすいと思いますので、いくつか考えてみたいと思います。

胴造りの冒頭でも書いたように骨盤の位置、姿勢は正直かなりの個人差が出ます。それは骨格・体形・体格・年齢によるものだけではなく、生活習慣や癖によってかなり違いがあります。八節図解をイメージすると、万人にただ一つだけの中胴をイメージしてしまいますが、実際はそう簡単ではありません。

その人にとってのただ一つの中胴はあると思います。それでも中胴の究極を目指して進化し続けるものであると考える方が自然です。

立っている事もキツかった人が長時間立てるようになる↓進化（筋力がついた！使えなかったところが使えるようになった！など）です。

腰が曲がっていた人が、ただひたすら努力したら骨盤が立って姿勢が良くなってきた！↓進化です。

実際の感覚というのはとても人には伝わりづらくて、文章として間違いの無い状況を理解してもらうにはかなり注意が必要です。

戦前は中胴と立ち方のアピールのために一本歯の下駄を履いて引いている姿や、丸竹を組み合わせてその上に乗って引く姿などの写真もありますが、現代では安全上の理由から許されませんので、別のもので置き換えて感覚を得る必要があります。

一旦弓から離れてみましょう。他の競技で似た立ち方、私が見てきた中でとても近いと思える競技がいくつかあります。

・なぎなた

日常で見かけることはほとんどありません（無関係の人に弓を見てなぎなたですか？と聞かれることはあります…）が、その構えた立ち方はどの方向にでも動ける自由な立ち方をしています。相手に身体の前面を見せないように、また相手に打ち込む必要もあって隙を見せないその立ち方は、弓道における胴造りにとても参考になります。ぜひ一度時間をかけて体感してみてほしい必須の武道です。

・ゴルフ

静止した状態から物を飛ばす、また目標に向かって真横を向くその立った姿勢も弓道の立ち方と非常に近いものがあります。社会人男性であればゴルフをやったことがある方も多いと思いますが、ボールを置く位置やクラブの選び方も大切で、ただやみくもに立って打ってもきちんと飛びません。スタンスの広さや立った際の力の入れ具合なども影響します。実際初心者であってもゴルフ経験者は、最初から割としっかり立てる場面も多く見られます。

また、手軽にやれる運動として以下のものも体験してみるとかなり参考になります。

・フラフープ

近年はなかなか見かけることもなくなりましたが、子どもの頃にやったことがある人は多いと思います。フープを落ちないように回すと、腰を大きく回す必要があります。そこからフープに力が伝わると段々小さな動きでもフープは落ちないようになり､腰の動きはどんどん小さくなり、ほとんど動かなくても回り続けます。落ちないように最低限の力と全方向に対していつでも対応できるフワッとした感触、この時の感覚は中胴に非常に近い状態と言えます。

・バランスボール

これはイメージとしては伝わりやすいと思いますが、バランスボールに座る（大腿の間に挟んで上体を起こす）姿勢がまさに中胴です。どこにも偏らずにバランスを維持するのはかなり難しく、安易にやると転倒してケガをしますので、広い場所（体育館など）で補助をつけてやってみると分かるかもしれません。

・バランスパッド

バランスボールほどは難しくありませんが、要は足元が不安定な中でもバランスを崩さずに立てるというのは、中心を感じるという意味でもとても大切です。自宅でパッドの上に立って弓を素引きしてみると、想像以上に引きづらいことに気づかされます。パッドの上でもバランスを崩さずに引けるようになると、やわらかさを持った中胴での立ち方ができると思います。

㊁胴造り
㊁の8　胴造りの確認

きちんとした胴造りができているかどうかの確認は、動きが無い分だけ非常に難しいものがあり、レベルによっても感じ取れる感覚がちがうので、自分ひとりでは無理だと思います。今までの項目を自分なりに出来るようになっても、人から見たらズレていることはよくあります。方眼紙のような縦横の線が入った紙などを背後に置いて、動画などで撮影して自分で確認することや、他者から見た印象の合致が見られてはじめて中胴になったと言えます。

人から大丈夫だと言われても、自分の感覚が伴わない場合も完成とは言えません。試行錯誤を続ける覚悟が必要です。

㊁胴造り
㊁の9　胴造りに関わる筋肉（補足）

◉脊柱起立筋（群）

（棘筋、腸肋筋、最長筋）

脊柱起立筋（群）

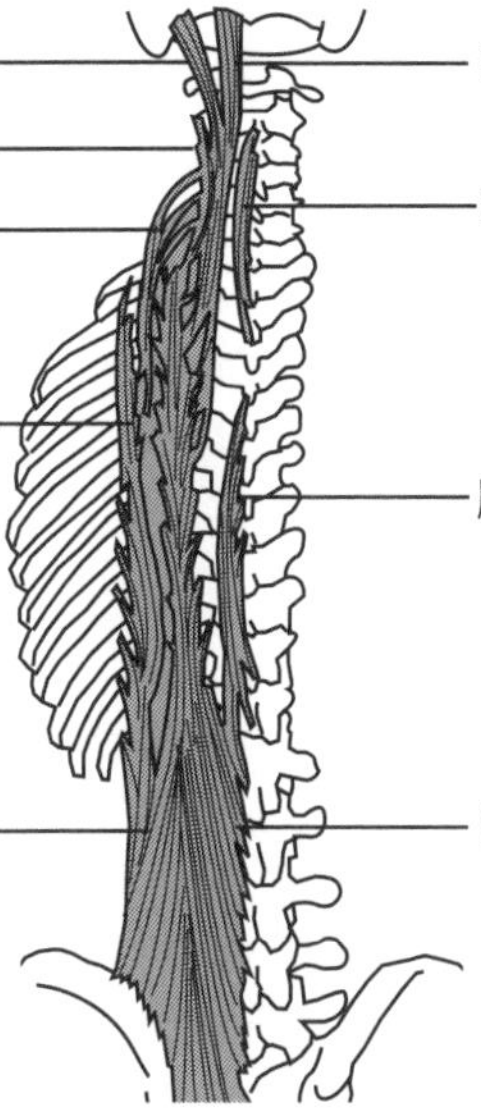

起始：骨盤、肋骨、脊柱（おおまかに）
停止：肋骨、脊柱、頭蓋骨（おおまかに）
作用：脊柱を伸展、側方に屈曲させる

〈ポイント〉

体、背筋を伸ばす筋肉。姿勢を維持している部分ですが、立ったままで意識して使うのは難しい。子どもをおんぶする時などによく使われる。

先に述べた、S→Iに背骨を伸ばす意識で左右均等に使用したい。力が偏ると、背骨も一時的に曲がって見えます。

◉腸腰筋（大腰筋、腸骨筋）

・大腰筋

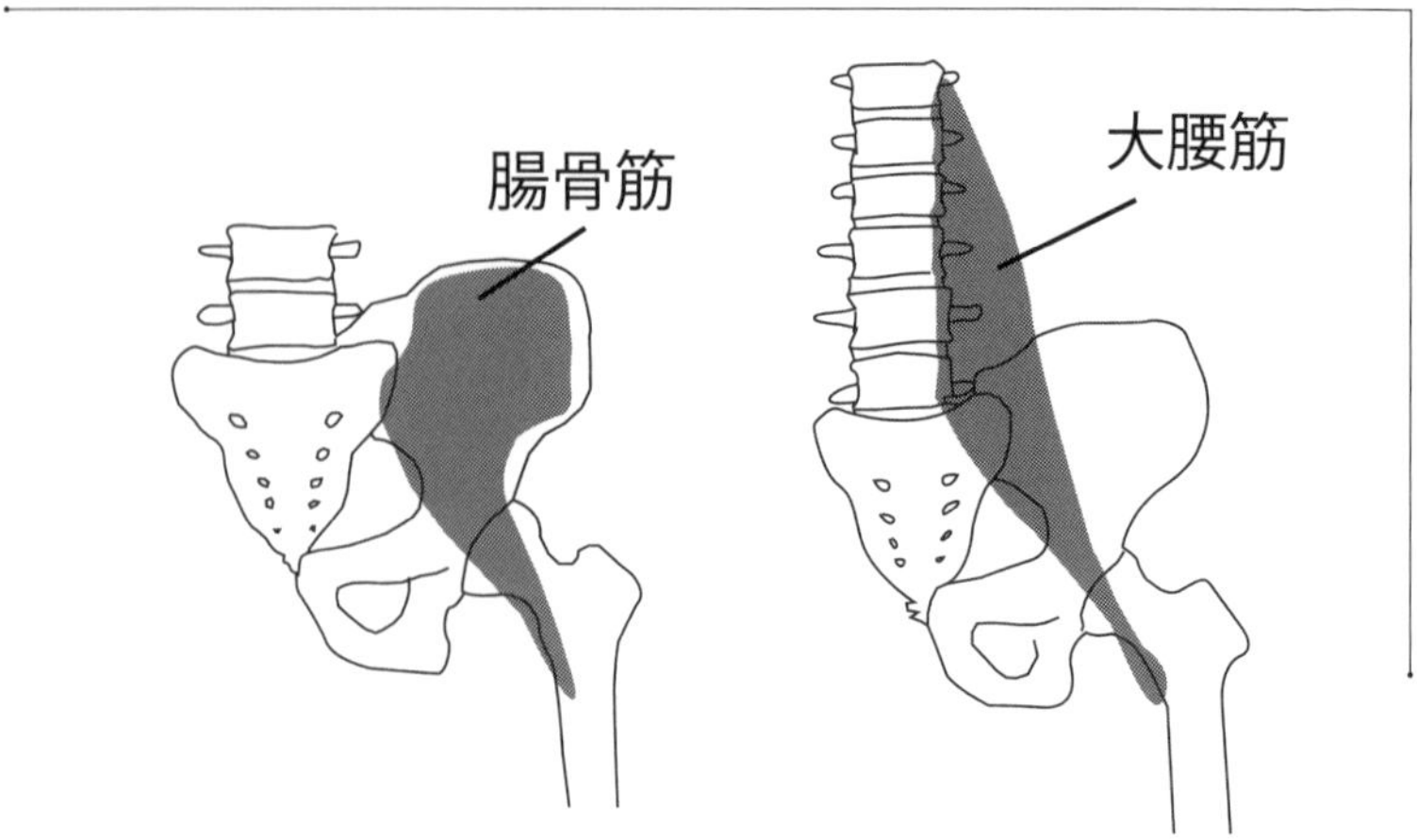

起始：腰椎（1～5）の横突起、椎体、椎間板前面
停止：腸骨筋と共に大腿骨小転子に付着して腸腰筋を形成する
作用：股関節屈曲、下肢を固定した場合骨盤の方に脊柱を屈曲

・腸骨筋

起始：腸骨窩、腸骨稜、腸骨翼等
停止：大腰筋腱、小転子、股関節包、大腿骨
作用：股関節屈曲、下肢を固定した場合骨盤前傾

〈ポイント〉

骨盤の中を貫いて大腿骨まで着いている、いわゆるインナーマッスルと言われる部分。使えることは理想だが、外からは触れられない。前傾姿勢（骨盤が前に倒れる）が強くなると全く使えていない。

おしり歩行、立位で直角から上に足を上げること

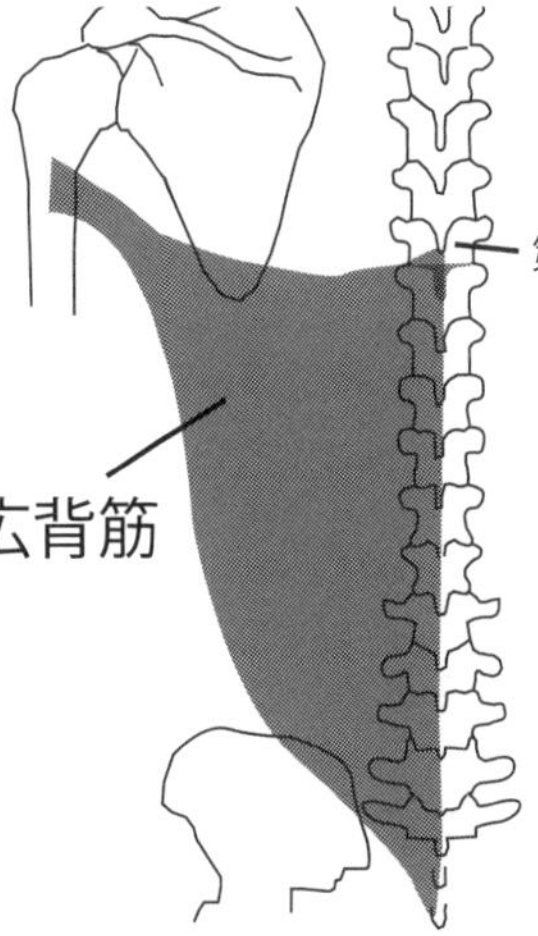

で使った実感が出てくる部分なので、胴造りの状態で意識できるようになるには、相当な鍛錬（自由自在に身体が使えるという意味で）必要です。

◉広背筋

起始：第７胸椎棘突起～骨盤後面、腸骨稜
停止：上腕骨結節間溝の底部
作用：肩関節の内転・伸展・内旋

〈ポイント〉

背中の下から腰全般で、肩（腕）を沈める方向に使う部分。胴造り以降、残身に至るまで油断なく使い続ける必要がある部分。

細かいことを考えずに、肩甲骨の下から腰にかけてを意識し続ける必要があります。ここが使えてくると、引いていて肩が上がりにくくなるメリットがあります。

㊂弓構え〜弓の動き出し

弓構えは「取懸け」「手の内」「物見」の三つの動作です。正面の構えと斜面の構えも当然書いてありますが、当初に示したように斜面に関しては省略します。

これに加えて「羽引き」が大切な動作となりますので合わせて説明します。

構えという言葉の通り、このあとは実際の大きな動きが生じますが、丁寧にやろうとし過ぎると固めてしまうことになりかねないので注意が必要です。それとここまできちんと胴造りができていても、弓構えの時点で手先に意識が行き過ぎると全てぶち壊しになるので、再現性の高い弓構えを身につけておくと後が楽になります。

㊂弓構え

㊂の1　取懸け

取懸けの形状は教本を見ても先生によって様々な形があり、三つ諜と四つ諜によってもかなり

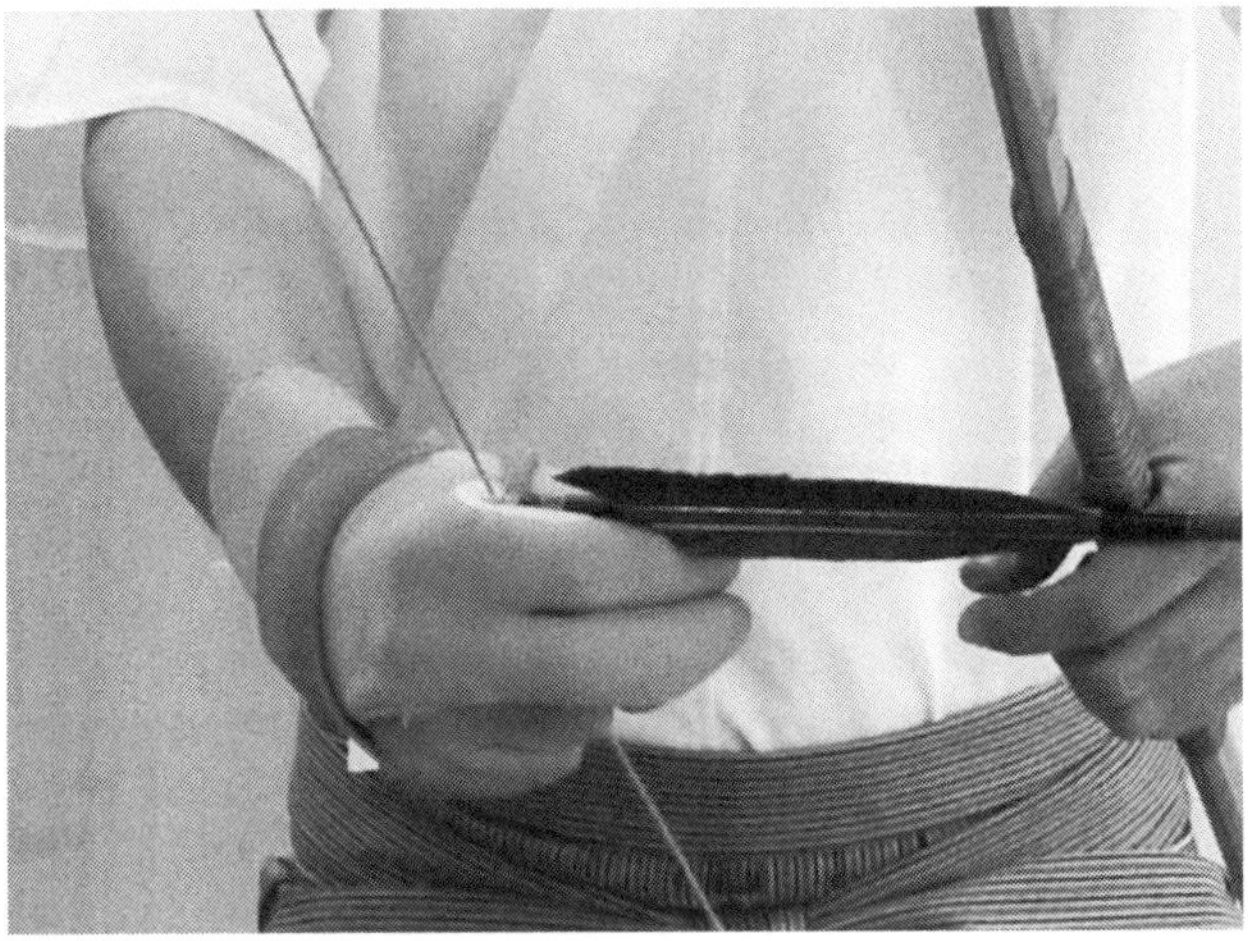

取懸けの妻手は、小指と薬指をしっかり締めることが重要。

考えないといけない点が多くあります。基本となるのは三つ諜なので、ここでは三つ諜（諸諜も基本的には同じ）での取懸けについて説明したいと思います。

まずやらないといけないのは、小指と薬指をしっかりと締めるということです。それも腰から弓に向かって手を出す際にしっかりと締めていないと、実際に弦に弦道をかける時に動きの再現性が下がります。

（支配神経の問題からも、4指・5指を締めて尺骨神経領域を効かせ、橈骨神経領域の2指・3指を抑制してあげないと、つまみ引きの作用となるのでこの動作と意識は必須です）

それと、取懸けをのぞき込まない。視線を動かすと体幹部を含めて崩れるので、のぞき込むほどまで見なくても懸けられることが大事な点です。

「虫様筋握り」……手の掌側にある虫様筋を意識して握る事によって、指先に力みが出にくい。

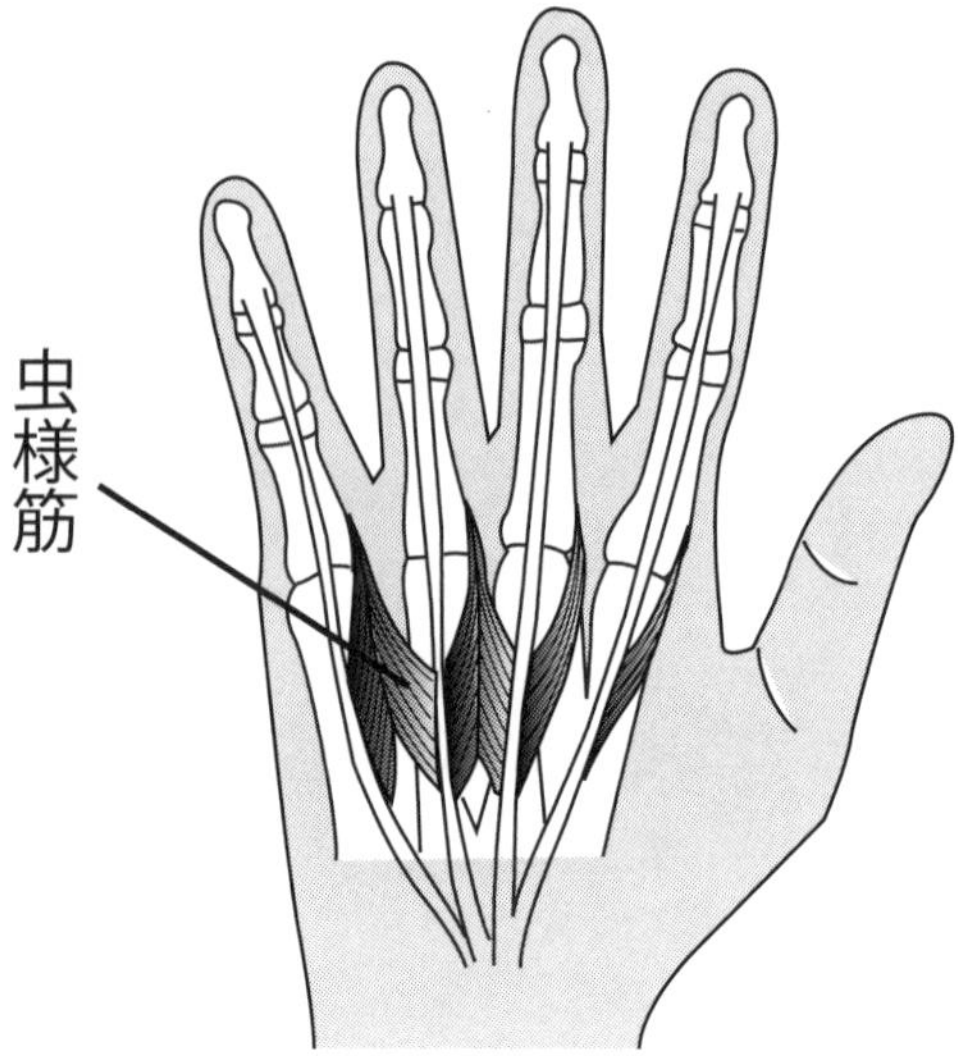

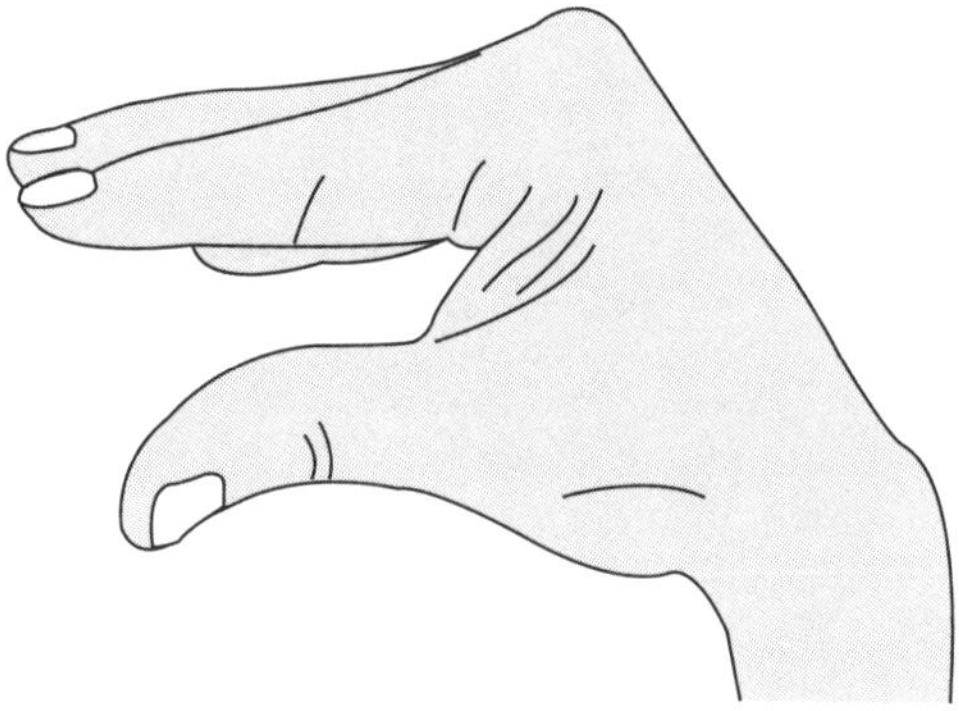

虫様筋握り

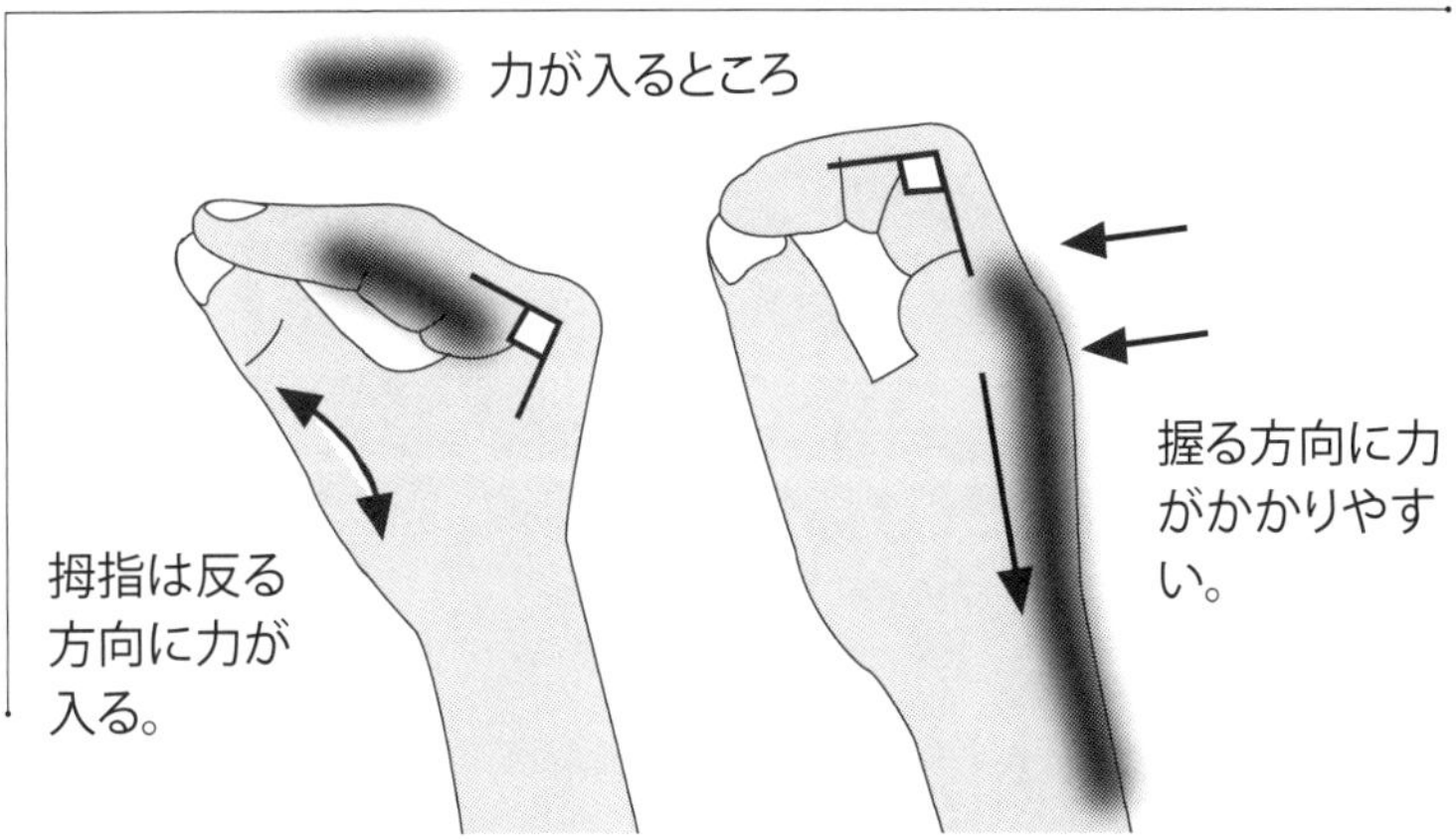
力が入るところ
拇指は反る方向に力が入る。
握る方向に力がかかりやすい。

虫様筋握り

◉虫様筋が働くと指先の力が抜ける。
→手首の力が一定に働き、形が安定する。

鉤の手の内

◉力が抜けるように見えるが、背屈する力が入る。
→手首が自由になりすぎてつまみ、たぐりの原因になることもある。

弦にかけた形で意識したいのは、いわゆる虫様筋握り（Lumbrical Grip）です。実際には骨格筋の方が強く働くようですが、センサーとしての虫様筋は非常に優秀な働きで、これができると手全体の安定感はでるのに指先の力みは出ないで済みます。

また有名な「鉤の手の内」ですが、これは超上級と言えるもので、初級・中級レベルでは全くおすすめしません。使い方を間違うと手首の背屈作用（特に見えづらい）、矢束減少による収まりの悪さが助長される場合があり、早気の原因ともなります。

中途半端に形だけまねしようとすると、手の自由度が高すぎるためのたぐりとなる危険性もあります。

㊂弓構え

㊂の2　手の内

手の内に関しては、取懸け以上に細かく様々な意見があり、教本を見ても混乱してしまうレベルであるといえます。十段レベルの範士が書いた教本4巻でさえ、それぞれですので、私がとやかく言えるレベルでないことは百も承知で説明します。

また、教本でも（第二・三巻参照）と書かれています。

鸞中《らんちゅう》の手の内（∴卵中ではない）昔の書写する際に面倒だから当て字にされたなどの話もありますが、真偽の程は定かではありません。

近年の本ではほとんどが卵中と書かれ、生みたての卵を潰さないように握るという説明をしますが、ここに大きな問題があります。

実際に生卵を潰してみてください（もちろん廃棄しないで済むように調理できる準備をしてから）

「まず割れません！」少なくとも女性の平均的な力では割れるものではありません。男性でも相

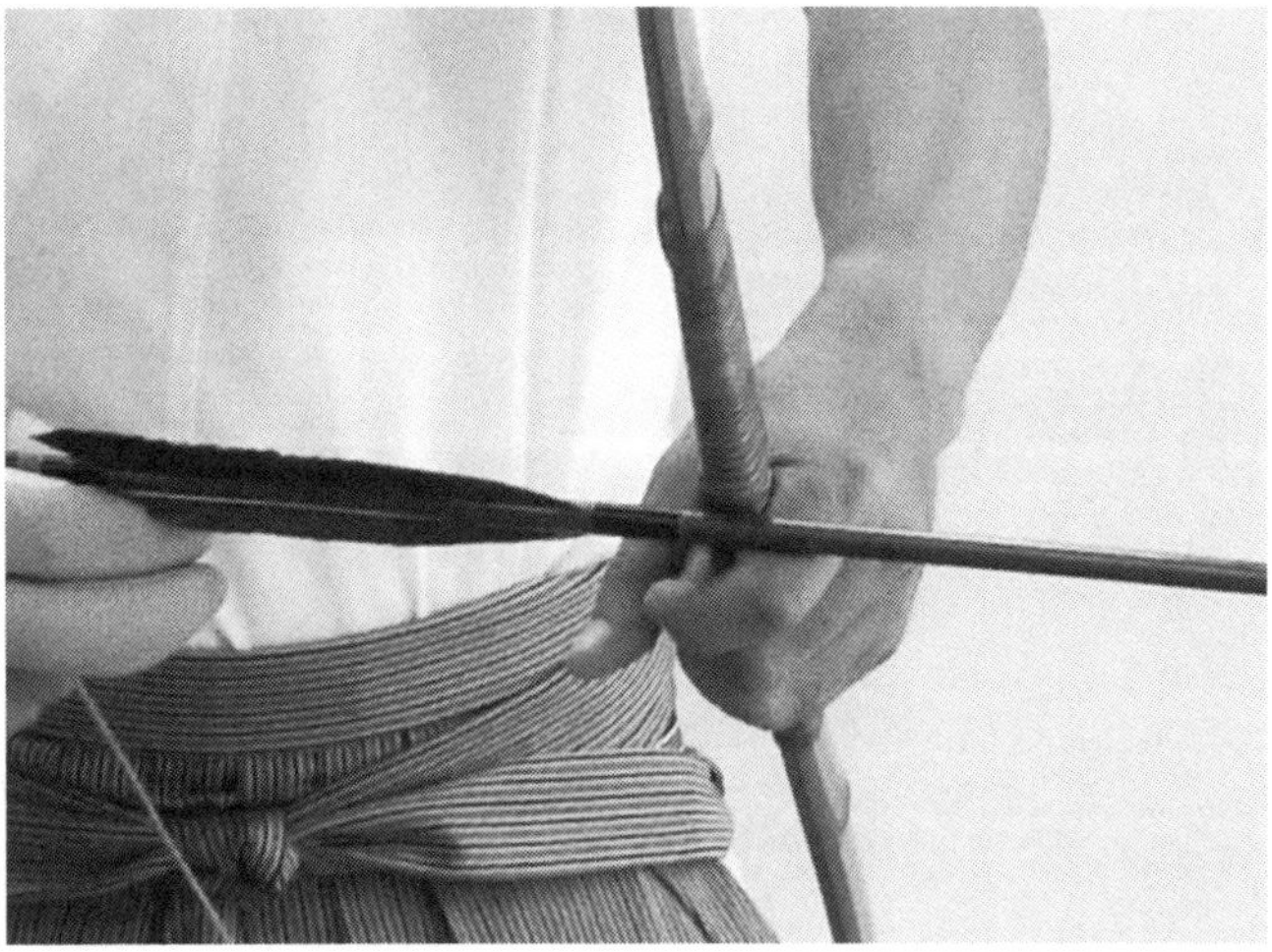
手の内は「国宝級のものを握りつぶさず持ったまま振り回す」イメージ。

当な力を入れないと割れません。指先に局所的な力を加えるなどのズルをしない限りは割れません。

そもそも卵は力を分散して、外からでは割れないようにあの形状をしています。鶏が産卵して生み落としただけで割れてしまわないようになっているのがあの形状なのです。

百歩譲って卵だとして、現代と物の価値が違います。江戸時代以前の鶏卵は高級品です。1つで400円～500円とも言われ、感覚で言うともっと高級な滋養強壮のための素材なので、現代の卵と同じ価値観だと受け取る意味合いが違います。

今で言うなら「国宝級のものを握りつぶさず持ったまま振り回すイメージ」でしょうか。握りすぎると破損するし、緩すぎれば手から飛び出て大破する。それを避けるような握り方です。

そうは言ってもイメージだけでは伝わりにくい上

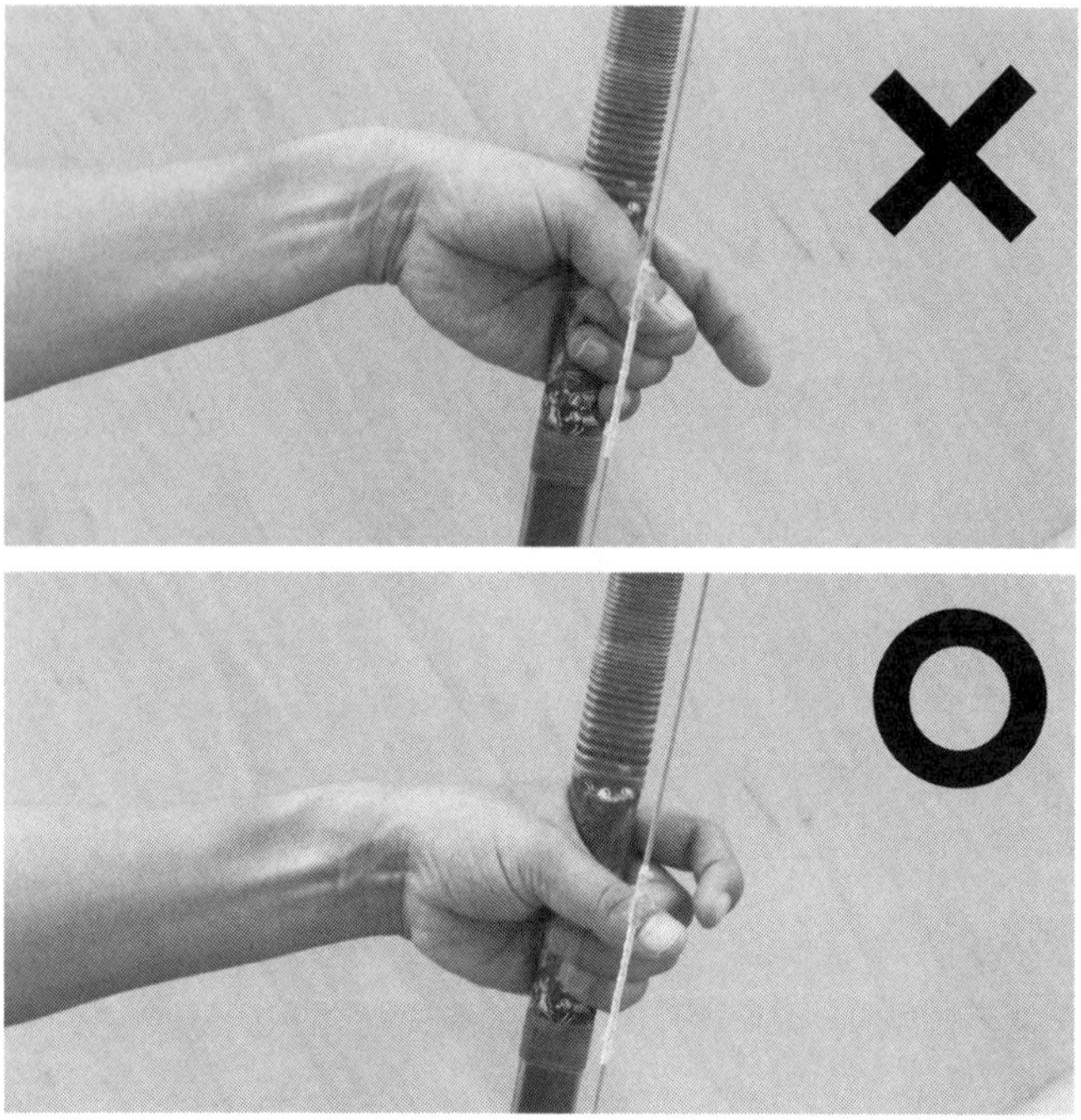
手の内においては、人差し指は下に向けぬように。

に、誤解を生む危険性もあるので、ある程度解剖に沿った形で物を考えながら説明していきたいと思います。

　教本の図解には調え方が出ているので、それを参考に進めたいと思います。

・人差指はまげても伸ばしてもよいが指先を下に向けぬように

↓人差指に力が入ると他の三指に力が入りにくくなるので、フリーにさせておくための表現だと思います。

・中指の先と拇指のはらが離れないこと

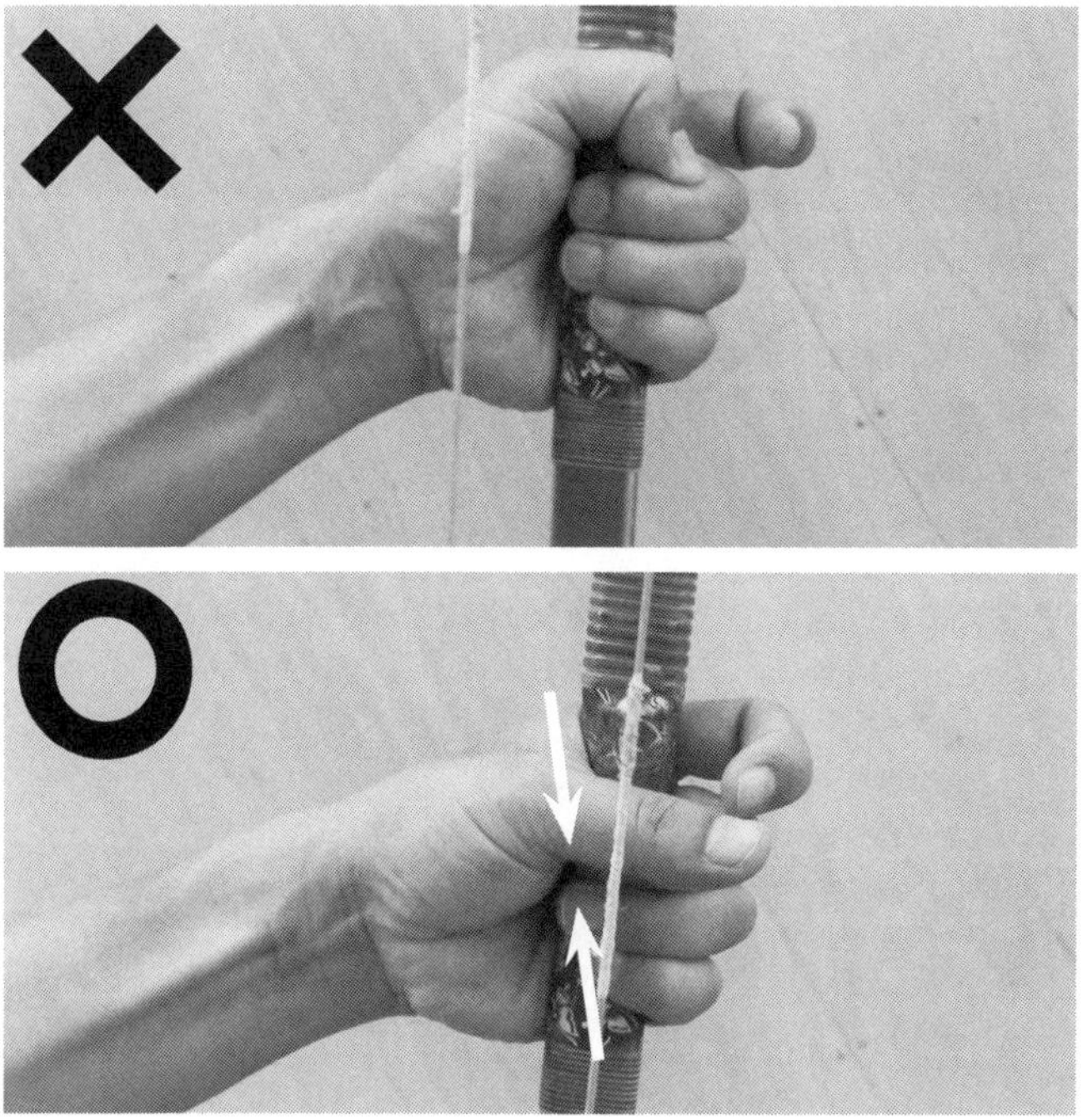

中指の先と親指のはらが離れないように。

↓拇指のはらというのは、通常考えられるのは指紋のある部分です。そこと中指の先が離れないというのは、なかなか理解が難しい部分です。

現在の日本人平均身長と弓の強さ（＋手幅）では教本作成当時とかなり違いがあります。ここで発想の転換が必要です。戦前～戦後すぐぐらいだと、現在より体躯が小さく指も短く、それでも弓は強く男性なら最低でも六分《ろくぶ》（厚みが1.8cm）以上です。刀とか木刀を持つのと余り変わりません。その感覚であればちょうど接する位置が合致しま

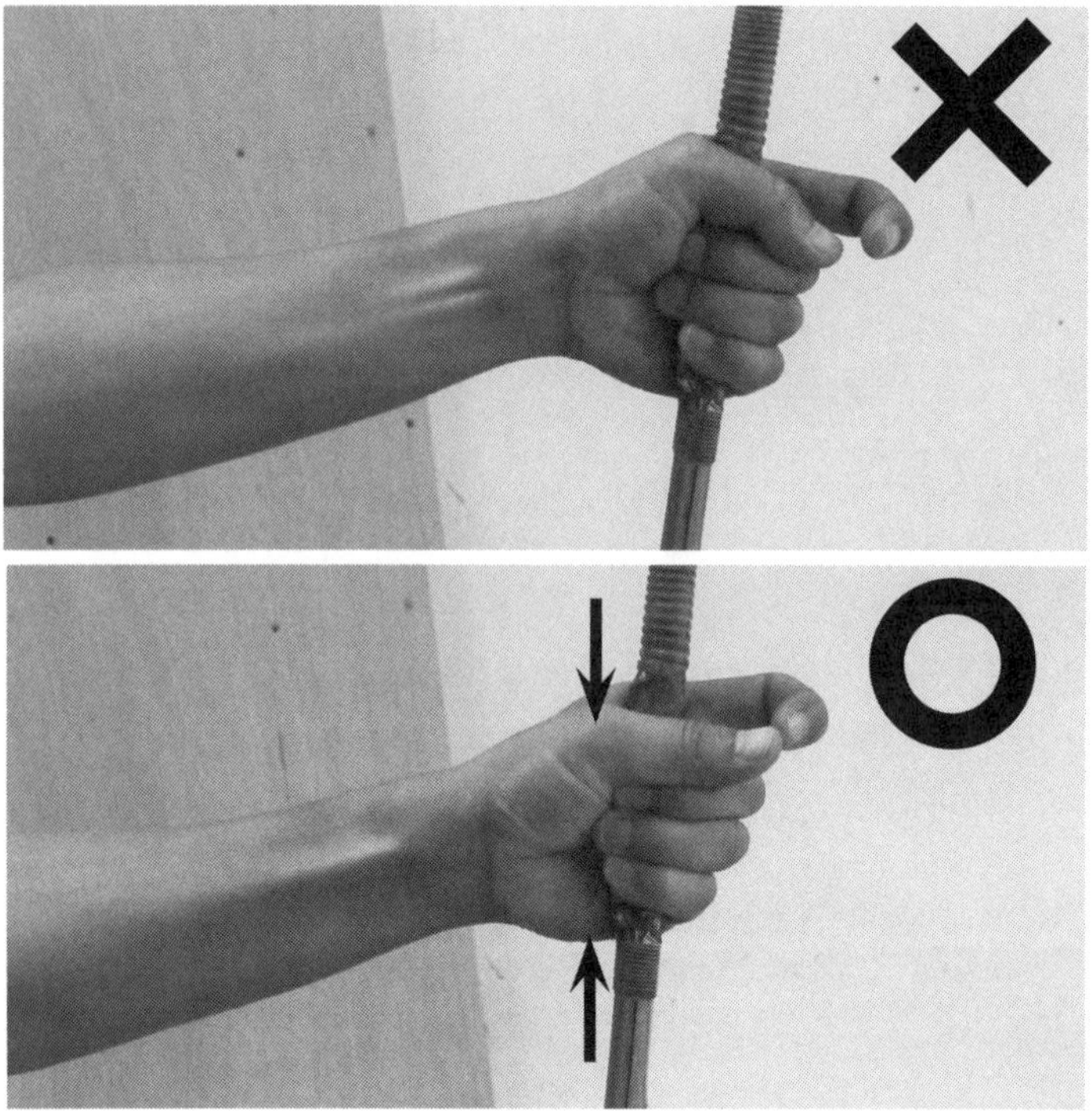

親指の根本と小指の根本は接近させる。

す。

・拇指の根本と小指の根本は接近させること

↓それぞれの指先の対立運動ではないということが大切な点です。動きとしては、取懸けの部分で説明した虫様筋握り（Lumbrical Grip）を手の内（左手）でも意識する必要があります。それによって手のひらの感覚がよりはっきりするし、指先で執拗に握ると打起し以降で崩れやすくなるので、その点を考慮した表現であると思います。

・天紋筋が外竹の左角によくあたること

↓強くて太い弓を支え、打ち起こすことを考えると、天紋筋《てんもんすじ》（手相などでよく表現される）に当ててておかないと安定しないためにこう言われると思われます。

ただし手相は個人差が大きく、実際に当てたいMP関節（中手指節関節）の部分は実はもっと指に近い部分になります。小さい手でやらないといけない場合には、よりシビアな対応が求められます。逆に大きな手で指が長いのに弱く細い弓を用いる場合には、天紋筋よりもかなり指先の方に持たないと、手が余って見た目も働きもなかなか出せない、子どものおもちゃを大人が無理やり持つような動きになります。

・虎口の皮を下から巻き込む

↓弓道の場合には虎口《ここう》、城を守るためのものは虎口《こぐち》（狭い道、狭い口の意味）と読みます。基本的には危険な事柄、場所を指します。

城を守ることと観点が同じだと思われますが、広すぎると守りにくく、狭すぎると使いにくいのが元の意味、弓で言えば働きが直接伝わる部分なので、締めすぎると使い勝手が悪く形が崩れ、広げ過ぎると意味が無くなってしまう部分なので、しっくりくる形にうまく巻き込めるようになるまで試行錯誤を繰り返す必要があります。

㈢弓構え

㈢の3　羽引《はび》き

この項目は、そもそも教本に出てくるものではありません。

羽引きは矢羽を痛めない程度に軽く矢を引き込む動作ですが、実際にはほとんど引き込みません。弓が弱ければ動作によって動きますが、一定以上の弓力ではほぼ動きません。

ここで働きと形状を説明するために弓構えでは円相《えんそう》という指導も聞くことがありますが、円相について詳細は説明されていません。円相とはそもそも仏教用語です。図解には弓懐《ゆみふところ》「左右の肘を軽く張り大木を抱えた気持」と書かれています。

大木とはどれほどの大きさをイメージしますか？

一言でいうのなら「抱えきれない太さのもの」です。自分の手が回るほどのものでは大木とは言われません。従って小さく円（サークル）を作っていれば良いわけではありません。懐は深いほうが人としても良いとされる訳で、弓も懐が浅くて円◯（まる）を作ると見た目が貧相に見えます。抱えきれないほどの大木に抱き着くような形をイメージすると、意図的に作った小さな円の意味がいかに薄いかが理解できると思います。

仏教用語としても、始点終点の無い無限の広がりという意味合いがあるので、見た目には角

両腕で「円」を作ることを意識しすぎると懐が浅くなる。

「円」ではなく「抱えきれないほどの大木」をイメージすると……

張ったところの無い、深みと丸さを併せ持ったスケールの大きな形を形成するための動作が羽引きです。少し円という言葉から離れて懐《ふところ》の言葉を中心に羽引きしたほうが良いと思います。

では実際に使う部分と動作の意味から考えてみたいと思います。

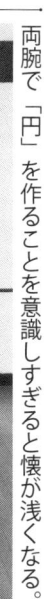

1，肩を沈める2，下筋を使う（張る）3，背中を使う（肩甲骨まわりを張る）これらが主な目的と言えます。実はこれらを全て合わせると一つの大きな筋肉をしっかり使えればかなり問題が解消されます。

ここで使わないといけないのは広背筋です。広背筋は背骨から始まって上腕骨の内側に着きます。そして主な働きは上腕骨の伸展、内転、内旋です。弓構えをして広背筋をしっかり意識して使えると上記の1～3の問題が大体解消されます（もちろん他にも必要部分は色々あります）

羽引きの動作が、そのまま広背筋を中心とした動きにきちんと置き換えられると生きた羽引きになります。形だけの羽引きは早めに解消しましょう。

㊂弓構え

㊂の4　物見

弓道教本第一巻では八節において物見は、頭を正しく的に向けて注視する。これを弓道の術語では「物見を定める」という。と、あります。これは弓道指導の手引きでも同じように書いてあります。

では「正しく的に向けて注視」とは一体どの状態なのでしょうか？

小笠原流の「日本の弓（斎藤直芳著）（昭和42）」（19ページ）には、少し分かりやすく書いてあるので、一部抜粋します。

的と正対するほど首を回そうとするのは回しすぎ。

第七　物見

（前略）物見とは目当物（注：目標物）を見る事であるが要点は頚の形である。

顔を的に向けるので、理屈から言えば顔が的と正対する形がよい。時たま、このように出来る射手も見受けるが、一般に少し右に寄っているのが普通である。

但し、あまり頚のまわりが不足して、目尻（注：目の端？）で的を見るのはよろしくない。出来るだけ頚を左へ廻す努力をして欲しい。

このようにあります。目の端で的を見るほど回らないのは良くないが、完全に的と正対はできないという話です。

これは、参考可動域が首の回旋が左右ともに60°（実際の可動域はもう少し広い）が正常な動きの基準となっていますから、普段弓を引く場合には、首を直角（90°）に近い形で物見を入れるイメージとは、かなりの乖離があります。

障害という観点から気を付けたい点があります。なるべくしっかり左を向くということ自体には何の異論もありませんが、どこに力を入れるかによって様々な支障をきたします。特に入りが悪い場合には、無意識に右の胸鎖乳突筋に強く力が入りますが、これが特に問題となります。弓構えの時点では致命傷にはなりませんが、動作が進むにつれて問題が大きくなります。

左側の胸鎖乳突筋を中心に使うと、「呼ばれた時にふり返る」程度の物見の向きになります。それが右側を強く使うと、顔（頭）をより強く押し込む形になり、頚椎に強度のねじれが加わって首の神経を強く圧迫します。

結果として起こるのが「弓手のゆるみ（押し戻される）や脱力」と「震え」です。それぞれ筋力低下や会の収まりの悪さなどもありえますが、首の神経を圧迫されて生じるのであれば、それは技術的な問題から逸脱した話になります。

単純な肩こりなどからも可動域が減少する場合もありますが、多くは加齢によって徐々に回らなくなるのが通常です。幼少期より弓を引いていればある程度維持できますが、成人してから可動域を広げるのはかなり厳しいです。

物見がしっかり入らない場合、まずは弓を持たずにどこまで首が回るかを確認しましょう。もともと動かない人の首を動かすのは容易なことではありません。

もう一つ気を付けなければいけない問題があります。両肩を均等に下げた状態にすると、首は余計に回らなくなります。会の項目で後述しますが、戦前は右肩を上げて引く傾向が強い事例が多くあります。現代では逆の傾向で左肩が上がっている事例が多く見受けられますが、いずれにしてもどちらかの肩を上げないことには物見はそこまで深くは入りません。

自身の状態をよくよく把握しながら物見を入れることが大切です。

㊂弓構え

㊂の5　弓構えに関わる筋肉（補足）

◉胸鎖乳突筋

起始：胸骨頭（胸骨柄上縁）、鎖骨頭（鎖骨内方1／3）

停止：側頭骨乳様突起、後頭骨上項線

作用：頚椎の屈曲、頚椎の側屈。頚椎の回線

㊃ 打起し

教本では「正面打起し」と「斜面打起し」の二つの方法があると書かれていますが、本書では正面打起しにのみ焦点をあてておりますので、斜面打起しは割愛します。

呼吸に合わせて煙がゆっくり立ちのぼる風情とありますが、決まって問題となるのが「高さは約四十五度を基準とする」というところです。

大切なのは約というところですが、人はとかく基準を求めたがります。数字で書くと特に強くこだわってしまう方がいますが、あえて基準を模索してみたいと思います。

※ゼロポジションとは？

肩甲棘と上腕骨が一直線になるポジション（位置）

1961年にインドの整形外科医 Saha.A.K が発見した、骨折や脱臼などの際に整復するのに最も患者の負担なく、肩周囲の筋収縮力が均等になる位置。

スポーツではバレーボールのスパイクや野球の投球リリースポイント、その他多くの競技でケガを避けるために重要とされる考え方です。

弓道においては、打起しの位置と大三（引分けの途中）で大切な考え方です。

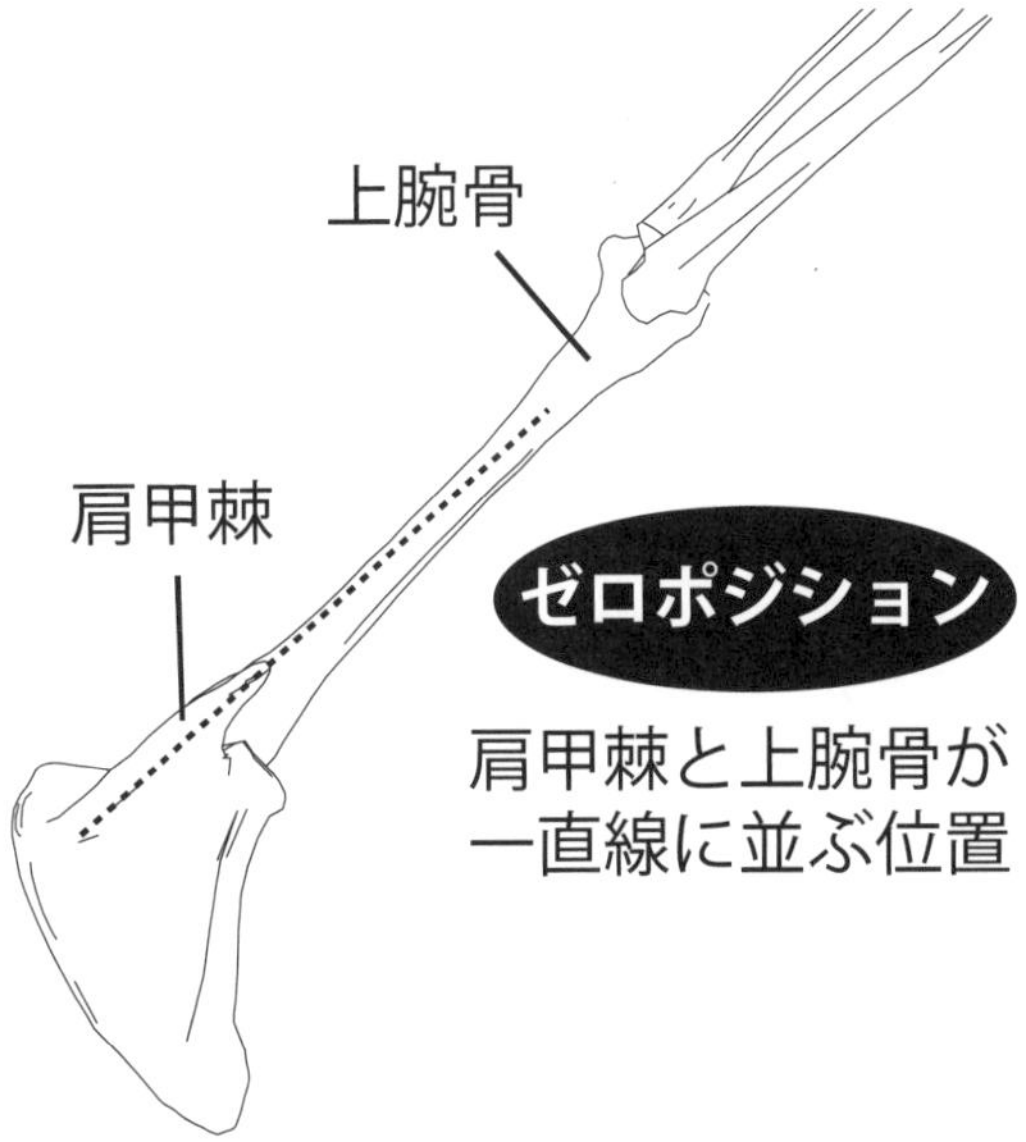

㊃打起し

㊃の1　第1のゼロポジション

打起しの終点は、ちょうどゼロポジションにあたると言えます。ただし、弓と矢を持っている状態なので完全なゼロポジションとはなりません。

大体斜め前方に130度から150度の位置がゼロポジション（本によって違いあり）ですが、スポーツの現場でもこれぐらいのズレがあります。教本で45度と言っている部分と基準にしている線が違うので（ゼロポジションは体幹部が基準、教本は肩（床のライン）から）どちらかの基準線に見かたを合わせるとほぼ一致します。

この角度のズレが生じるのは当たり前です。いかり肩の人となで肩の人の違いです。関節の強さと位置関係が大きく影響するために、なで肩の人は低く130度ぐらい（教本上では40度に近づく）となり、いかり肩の人は150度ぐらい（教本上では50度に近づく）となります。

これでは曖昧なように感じますが、肩をゼロポジションに持っていくという点ではどちらも同じです。肩甲骨と上腕骨の位置関係だけはほぼ不変なので、もっともケガをしない打起しの目標としましょう。

㊃打起し

㊃の2　上げ方

呼吸に合わせて、煙がゆっくり立ちのぼるようにというのは、言葉の通り大切な要件であって、意識をするという点ではそのままです。

呼吸以外の点で大切なのは、どこまで上げたら完了なのかという部分です。低段者の場合によくあるのは、とにかく上げるだけ上げてから息を吐いて両肩を落とす、もしくは肩が上がったまま引分けの方向に持っていくなどの動きが生じがちです。

弓構えまでの動作が前述のところまでしっかりできていたら、気を抜いてここで肩が浮いたら

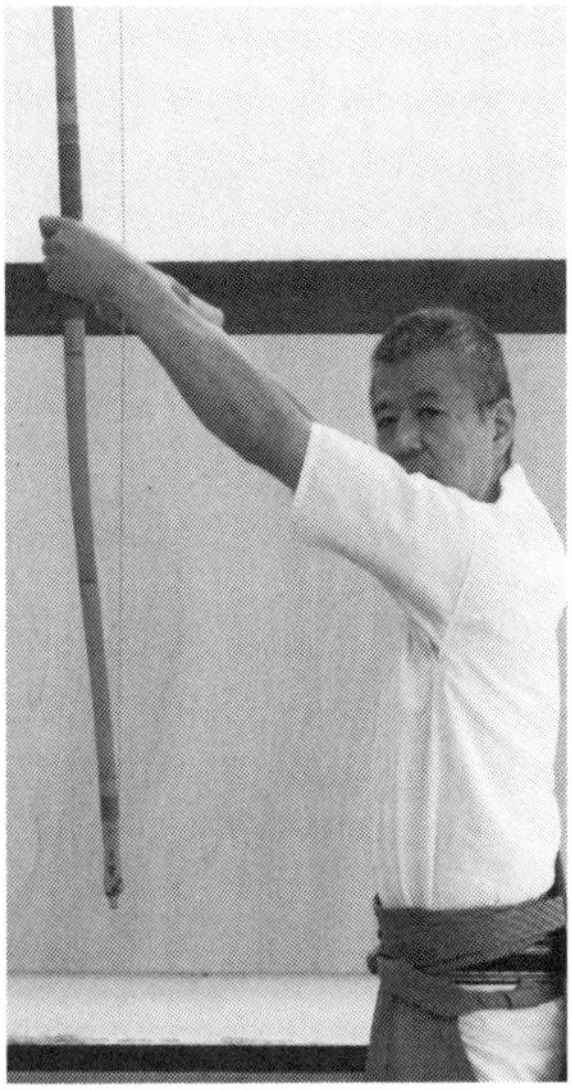

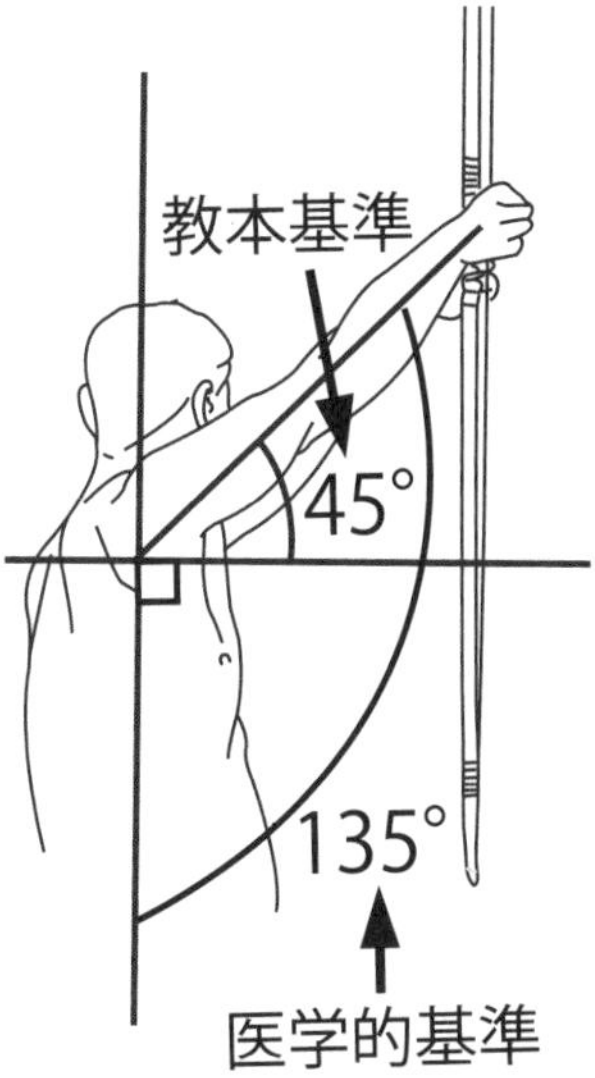

無理が生じない範囲でしっかり上げた打起しの終点が45度であり、ゼロポジションとなる。

全て台無しです。慎重に肩が浮いてしまわない、無理が生じない範囲で最大限に上げることが大切です。

それでしっかり上げたところが教本でいう約45度にあたります。

㊃打起し

㊃の3　どこを使うのか

1　棘上筋

腕を上げる初動は棘上筋です。肩甲骨の上縁にありますが、非常に小さい筋肉で四十肩や五十肩などでも最初に影響を受ける部分です。そして僧帽筋の下にあるので注意しないとなかなか触れない部分で、打起しでも初動はこの部分です。

2　三角筋（前面）

次に使用するのは三角筋の前面（三角筋は前面と後面で作用に違いがある）です。これは表面からも触れる部分で誰でも分かりやすい部分ですが、ここは意識しすぎると肩が上がってしまうため、強い意識は持ち過ぎずに頭の片隅にあれば良いと思います。

3　肩甲下筋

肩甲下筋は筋肉は肩甲骨と肋骨の間にありますが、肋骨に着いている訳ではありません。肩甲骨の裏側（身体の表面ではなく裏面側）にあります。

肩関節を内旋（それ以外も追記）することがメインですが、羽引きした形と働きをそのまま前方に打起しするためには重要な部分と言えます。

4　大胸筋、小胸筋

取懸け動作の時点から打起しで使う大胸筋と小胸筋は、働きとしては腕を前に出す動作で一番使う部分と言えます。

しかしながらあまり強く意識したくありません。理由として、せっかく意識して使えるように

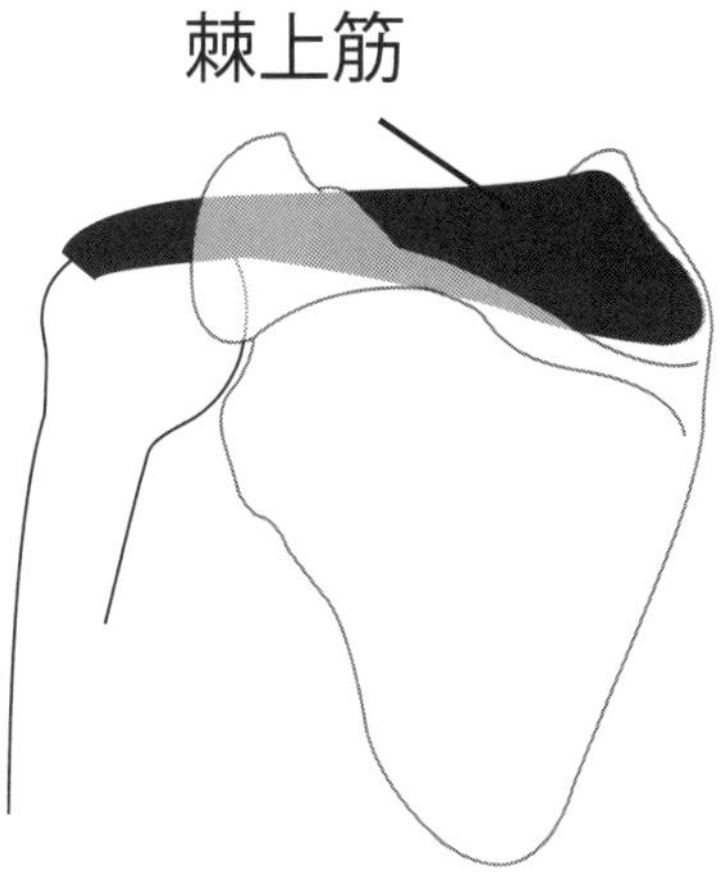

した背面と肩内部の意識が飛んでしまい、肩根が浮いてしまい、打起しが手先で上げるようになってしまうからです。

人は身体の前面の方が意識がしやすく背面は意識しづらいために、なるべく内側、後ろ側に意識を残しておきたいのです。

教本でゆっくり煙が立ち上るようにという表現は、まさに言いえて妙だと思います。それぐらい慎重に打起しを行うことによって、ようやく身体に無理のない上げ方を身につけることができます。

㊃打起し

㊃の4　打起しに関わる筋肉（補足）

◉棘上筋

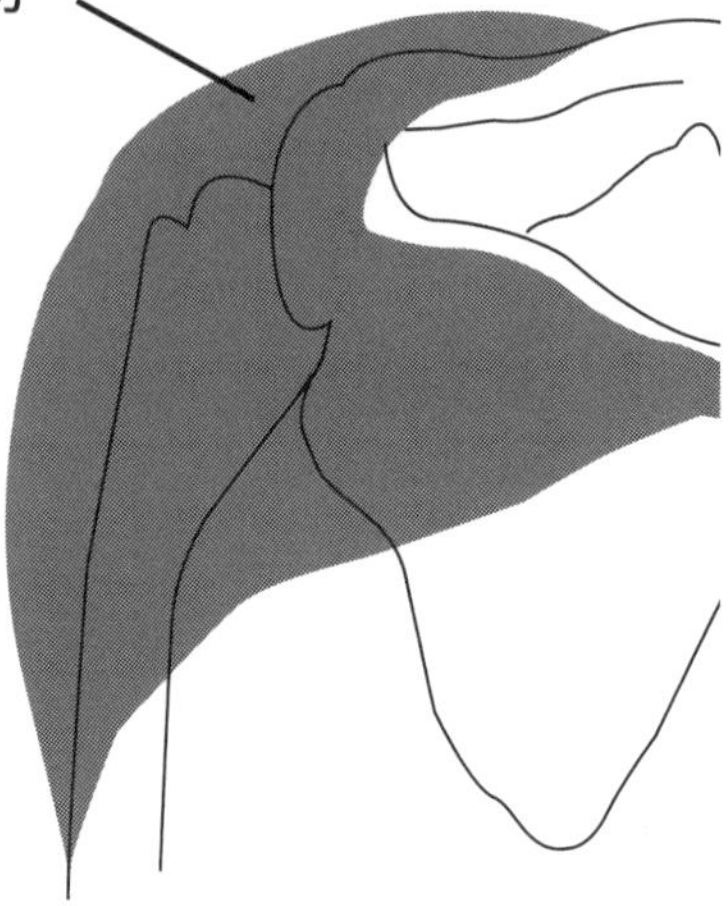

起始：肩甲骨の棘上窩
停止：上腕骨の大結節の上面、肩関節包
作用：肩関節外転に際し三角筋を補助する。関節窩に上腕骨頭を固定する。上腕骨頭を外旋する。

◉三角筋
起始：鎖骨の外側1／3、肩峰上面、肩甲棘
停止：上腕骨の三角筋粗面
作用：肩関節外転

◉肩甲下筋
起始：肩甲下窩
停止：上腕骨の小結節、肩関節包
作用：肩関節内旋、上腕挙上の位置で肩甲骨を前方かつ下方にひく

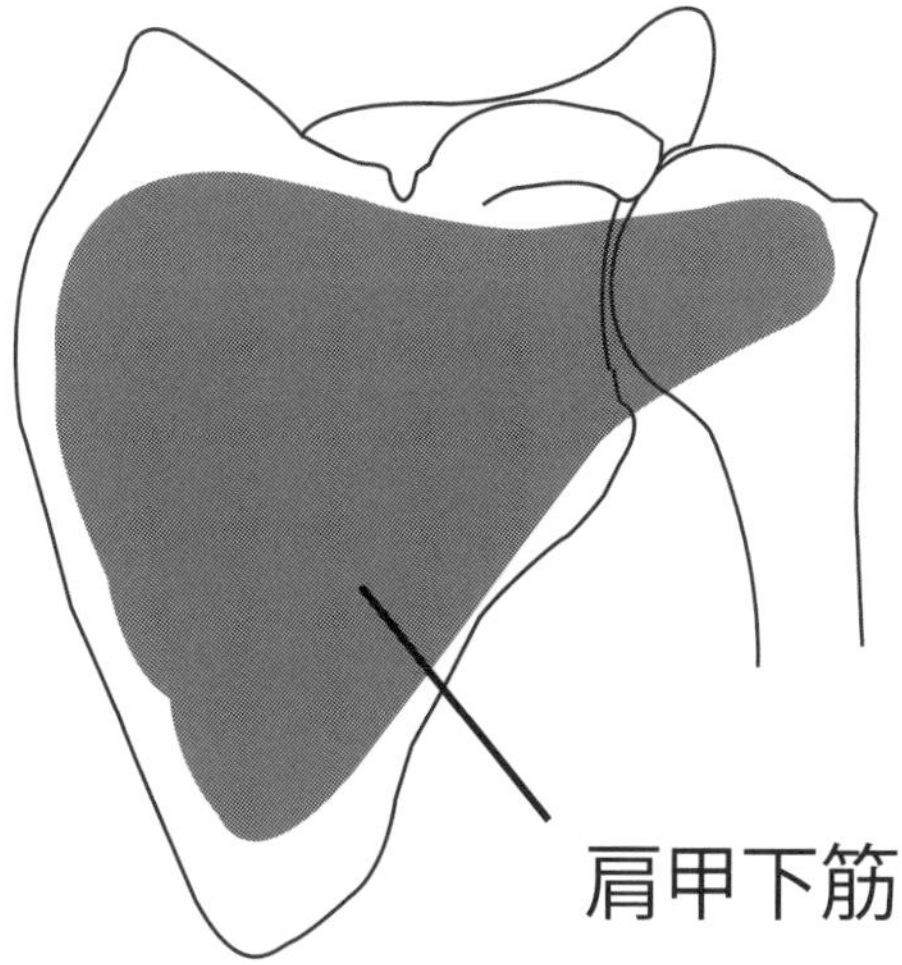

◉**大胸筋**
起始：鎖骨の胸骨側半分、胸骨から第7肋骨まで。上から6個または7個の肋軟骨、外腹斜筋の腱膜
停止：上腕骨結節間溝の大結節稜
作用：肩関節の内転、前方挙上、内旋

◉**小胸筋**
起始：第3、4、5肋骨の上縁の外側面
停止：肩甲骨の烏口突起
作用：肩甲骨の外側角を下げ、肩を前方に突き出す

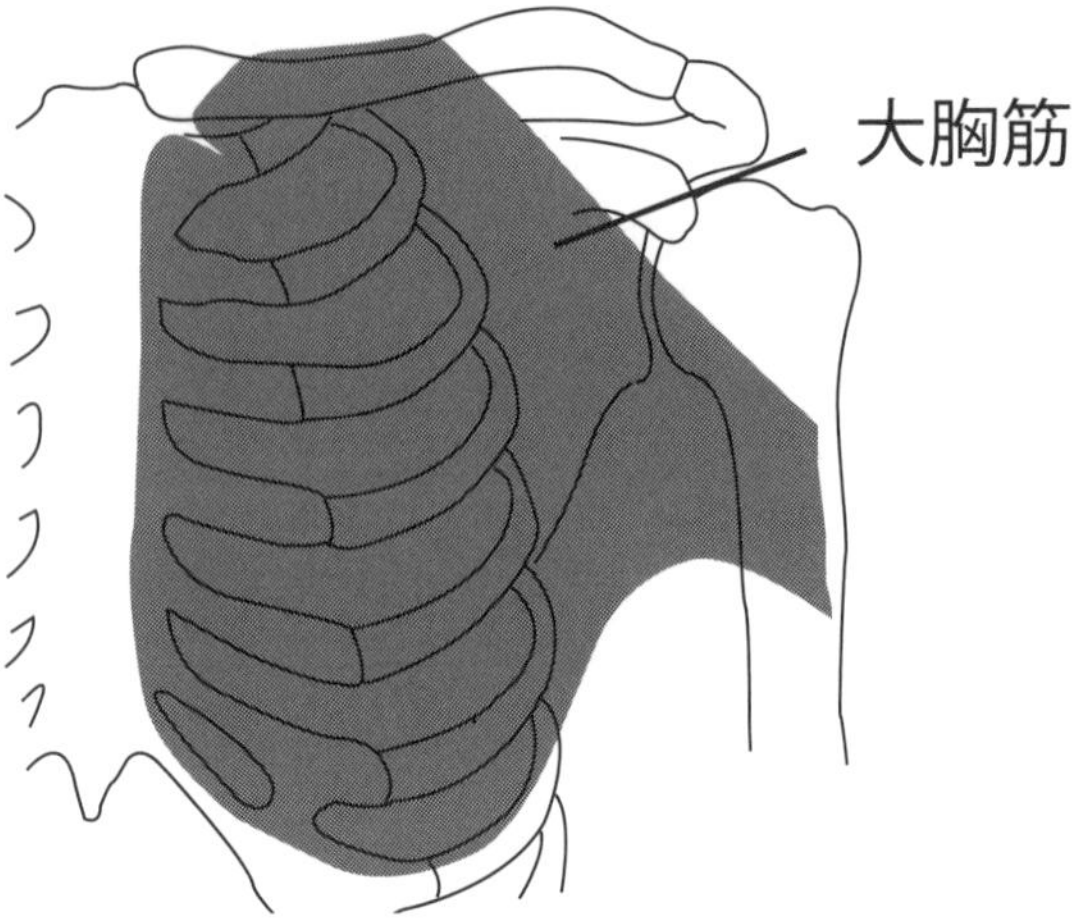
大胸筋

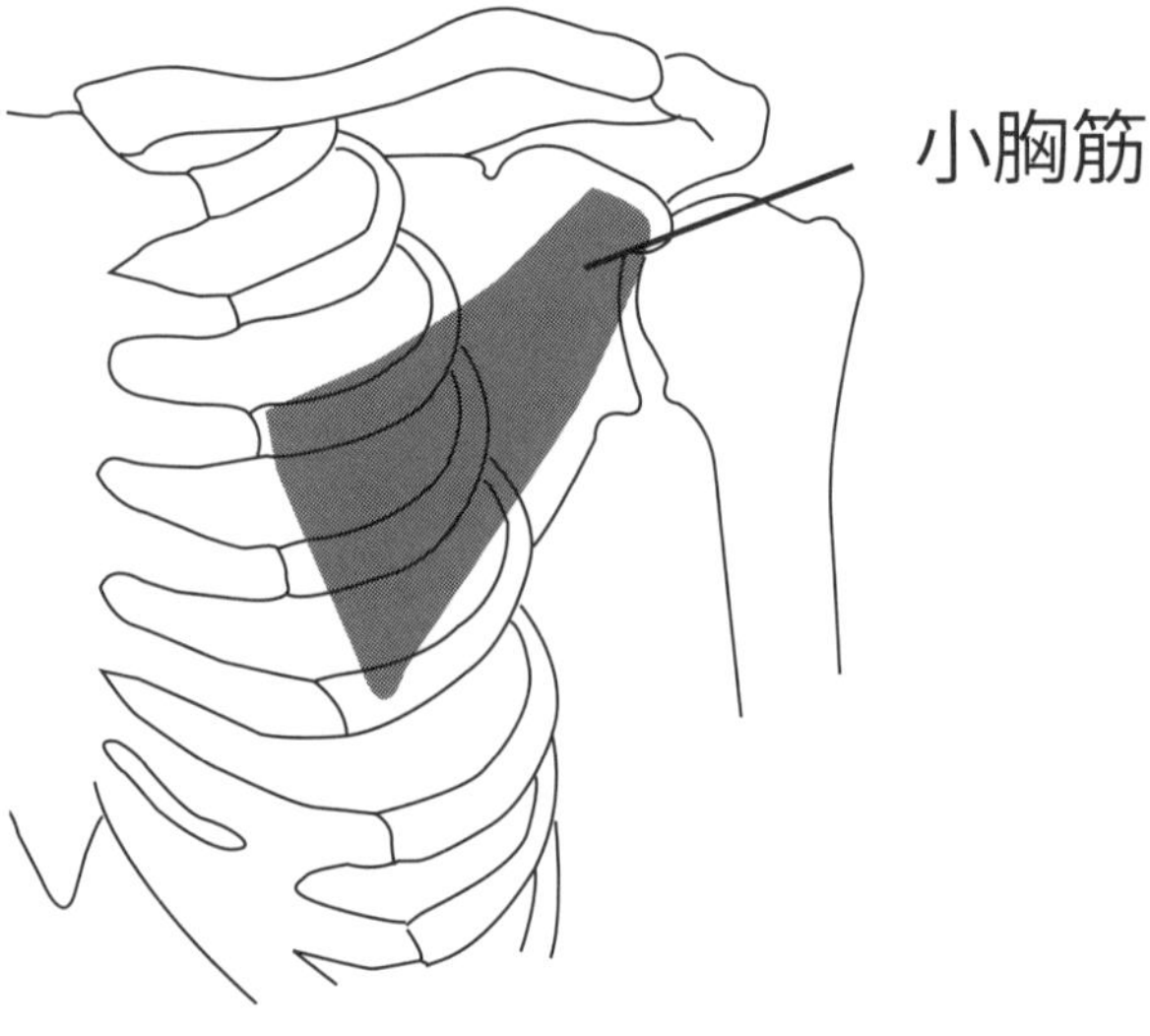
小胸筋

㊄引分け～動きの転換とパワーバランス

引分けは打起しまでの縦の動きから横の動きへと転換する重要なポイントです。ここで失敗して積み上げたものがぶち壊しになって、手引きとなる人もいますので丁寧にやる必要があります。教本では左右均等に引分ける動作と書いてありますが、弓手は伸ばして妻手は曲げて引くのであり、それを左右均等にするのは至難の業です。

教本に記載してあるやり方

1　正面に打起し、「大三」を考え途中とめずに引分ける。
2　正面に打起し、「大三」―押大目引三分一―をとり引分ける。
3　左斜面に打起し、途中とめずにあるいは「三分の二」をとり引分ける。

以上の3つです。本書では3は割愛します。

息合いや運用に違いはあるものの、身体の働きとして大きな違いがある訳ではないので、1と2の働きはほぼ同一視して問題ないものと考えます。ケガの観点から考えると、途中で止めない1の方が余計な負荷は出にくいです。現在主流で見るのは2です。

㊄引分け

㊄の1　受渡《うけわた》し

受渡しとは、打起しから大三に至る部分の縦から横へ力の線を転換するポイントで、かなり個人差と失敗が多く出る動作です。

正面打起しの場合には力の働きとして、打起しまでは縦の動きですが、引分けは全て横の動きになります。

その転換点「↑」の動作が「←」に変化する時に様々な不具合を生じやすく、特に戦後大三の位置が年々高くなってからは、特に右肩に故障を起こしやすいポイントでもあります。

ところが教本には受渡し動作に関する記述がほぼ見当たりません。大三以降の力配分と言える動きの説明はかなり詳細に多くの内容が述べられていますが、縦の動きから横の動きに転換されるこの受渡し動作は、各自で研鑽を積んで工夫するしかありません。

しかし初心者を脱して安定した動作を積み上げるには、受渡し動作はかなり難しいと言えます。

・受渡し動作時の妻手肘の流れすぎ

受渡しとは、八節の打ち起こしの位置から大三へと移行する動作の事です。気を付けないといけない指導の発言として「下弦をとれ」や「肘を動かすな」といった表現で、意味を理解しない

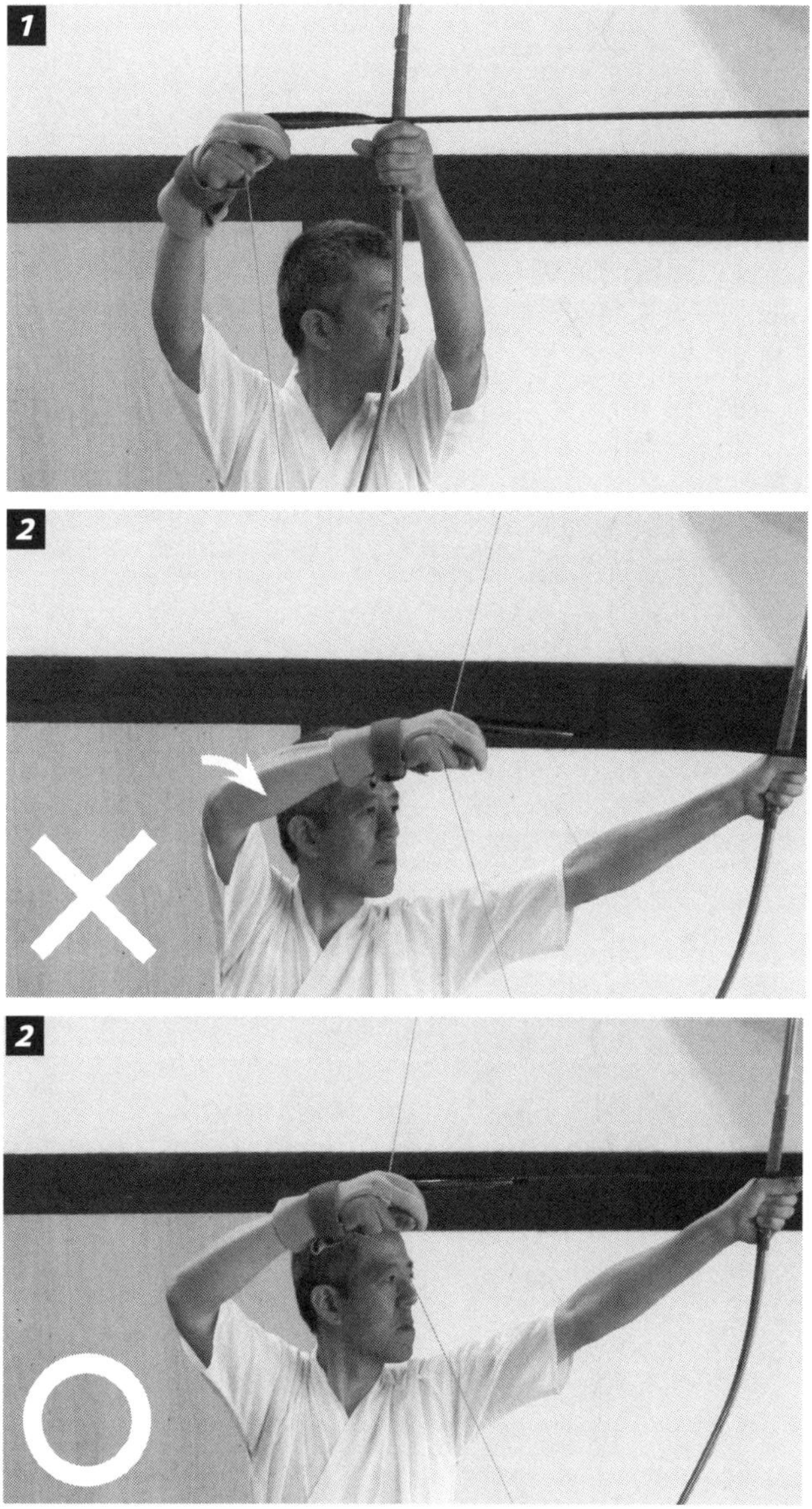

受け渡し動作の際は、中段の写真のように、妻手の肘が的方向に流れてしまわないよう注意。

ままに指導するとケガ人を大量に発生させる事になります。

肘は流してはいけません。そのため「動かすな」という表現が用いられることがありますが、それによって、言われた側は動かさないようにするための「余計な力」があちこちに入ります。その結果としてよくあるのが腱板断裂や、上腕三頭筋の肉ばなれです。

また、肩の関節唇損傷というものも起こります。

左右均等にするという高難度な動作で、片方を固定するという考え方そのものが危険です。肘に関して言えば左は伸ばして右は曲げて使うので、左右別々の動きを出して均等になるようにする必要があります。曲げて使う右の方が力が入りやすく先に動かしがちになるので、力配分を考えましょう。一概には言えませんが、手の力の強さを左が1右が2と仮定します。弓力に合わせるために左は2押すが右も1引くといった具合です。結果として右肘が余り引かれない状況にすることはできます。しかし、固定しようとすると力の配分にアンバランスが生じ動きが後手に回り、結果的に右肘が流れてしまう動作が起こるのです。

㊄引分け

㊄の2　大三《だいさん》、肘力《ちゅうりき》（第2のゼロポジション）

高い大三

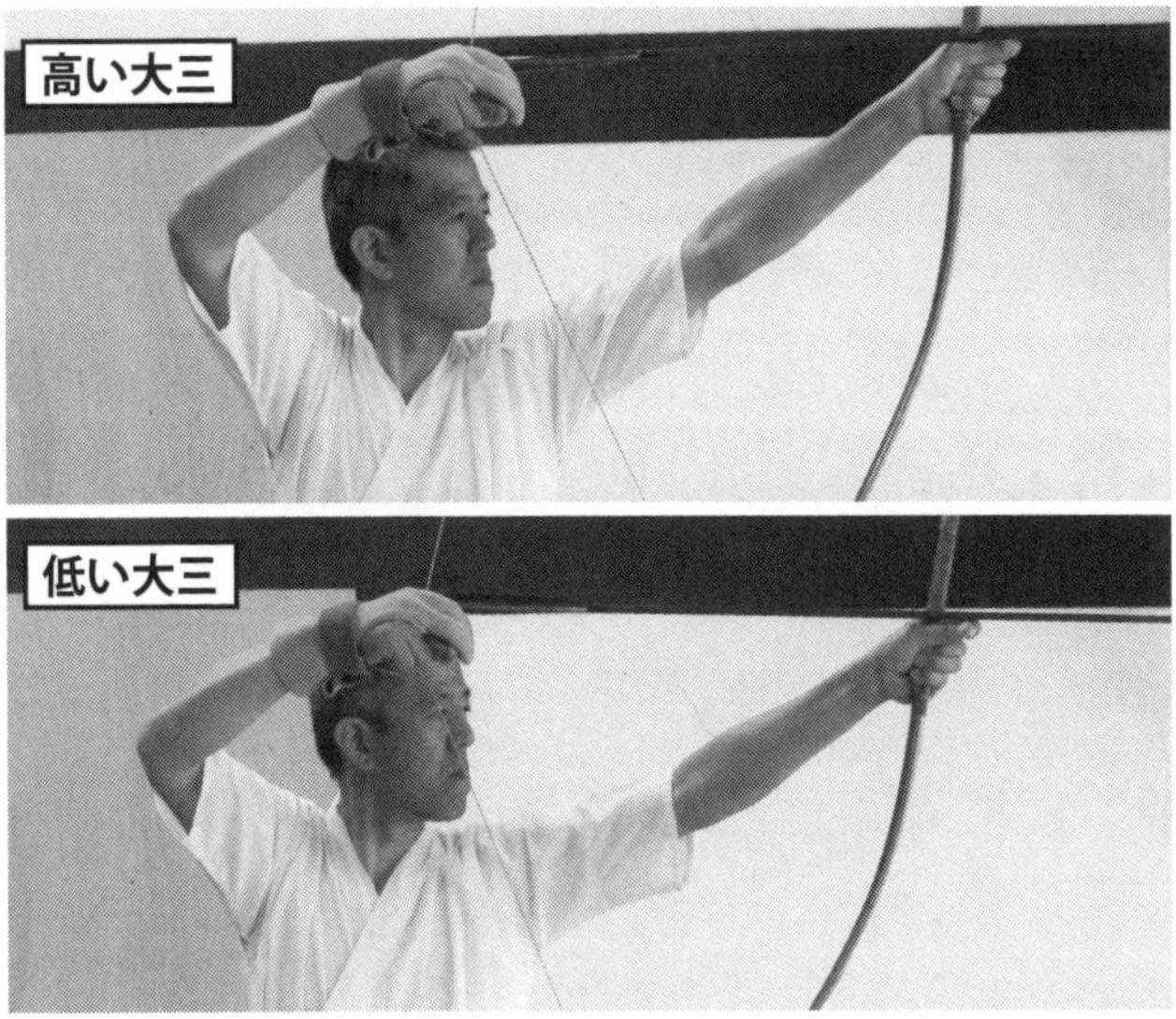

強い弓を引くときには、大三は低くなる。

大三とは、押大目引三分一《おしだいもくひきさんぶんのいち》と言われ、押大目（押しはしっかり）という部分には意識がいきますが、引三分一《ひきさんぶんのいち》が抜けてしまう人がかなりいます。

そして打起しの項目でも述べたゼロポジションですが、ここにもゼロポジションは存在します。当然のことながら打起しとは見た目の形状は違いますが「肩周囲の筋収縮力が均等になる位置」として考えると、ここにもゼロポジションが見えてきます。

これを見た目の位置から考えてみます。目安として分かりやすい両拳の位置はどこになるのか？これは弓の強弱と腕の長さと比率（前腕と上腕の比率）によります。まずは弓の強弱ですが、強くなるほど大三の位置は低くなります。上にあればあるほど、引き下ろす時

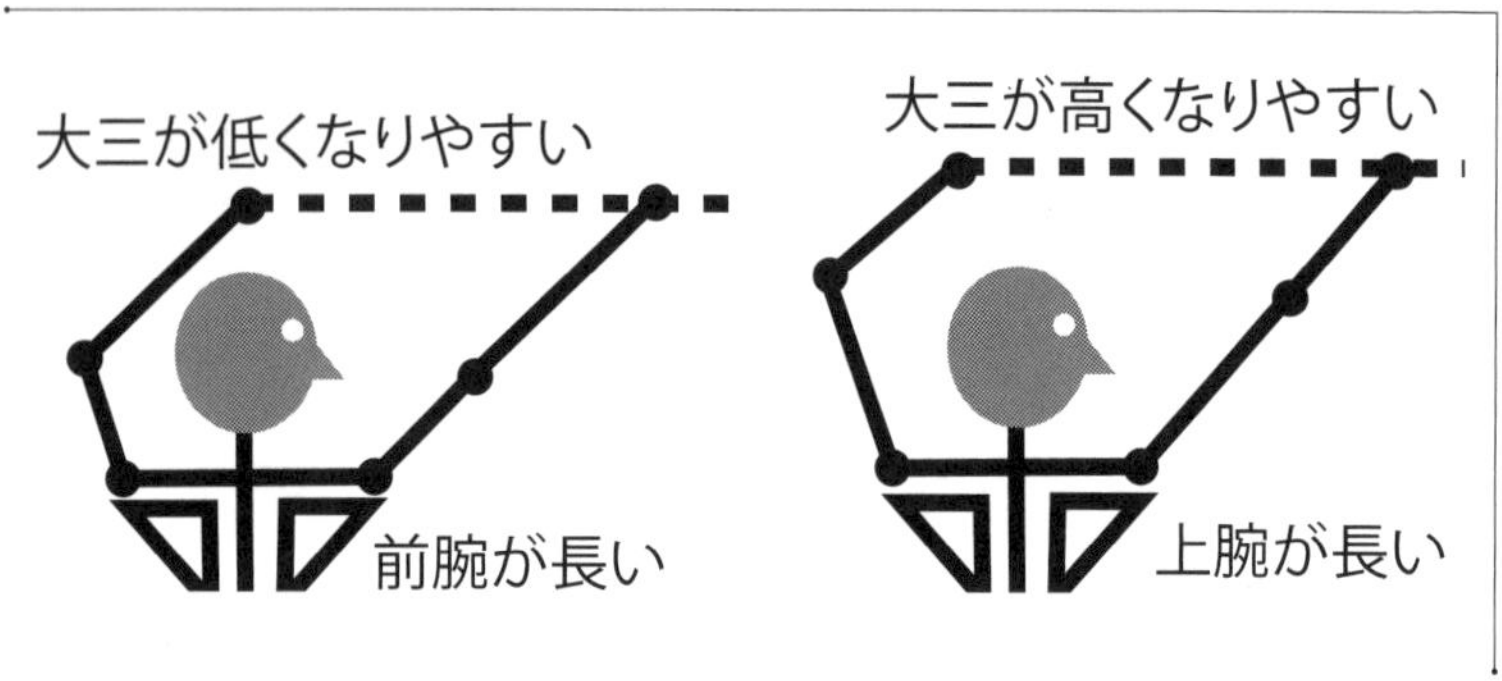

に手先の力を使わないといけなくなり手引きになります。またそれ以前にそもそも弓が動かなくなって引けなくなります。弱い分には自在に操ることができるので、高い位置からでも引くことができます。高い大三＝弓が弱いと考えてもほぼ差支えありません。

次に腕の長さですが、腕が長ければ高い位置になりやすいと思われがちですが、それだけではありません。全体が長ければ一定レベルで高さは高くなりますが、ここで影響するのは長さの比率の違い（肘の位置）です。

普段なにげなく腕の比率は1：1ぐらいに感じていますが、個々人の比率はかなり違います。そして上腕が長い人ほど大三の位置は高くなりやすく、相対的に前腕が長い人ほど低くなりやすいのです。

そして、教本ではきちんとその誤差となる部分のことは書かれていて、

「両拳に高低なくほぼ水平（または矢先がわずかに低い程度）にし、矢は体と平行に運び、矢先が上がらぬよう的に向かって水平

を保ちつつ左右均等に引分ける。」

「その弦の通る道（弦道という）は、額の約一拳ないし二拳以内のところで、」と、なっています。

現代は大三での右拳の位置は額から約一拳と言われることが多いと私は感じていますが、教本ではもともと骨格体型の違いによって幅をきちんと持たせているので、拳の位置とは言わず、弦がそのあたりを通ると表現されていると思います。そして位置に関しては前後左右どこで無ければいけないとも書かれていません。ゆえに「額から一拳ないし二拳以内の距離なら前後左右どこでも良い」とも受け取れます。

特に3つの引分け方法を考えると、それぐらいの幅を持たせないと整合性が取れないという実情も影響していると思いますが、一拳ないし二拳以内というゆとりの持ち方は表現として自由度が高くて良いと思います。

少し話がそれ気味ですが、大三は両肩のゼロポジションが取れる位置で個々人に合わせて行う、指導者はそれを見極めて指導することが必要です。それと、弓力が強い場合にはゼロポジションを超えて引くように指導する必要があります。ゼロポジションの性質上釣り合う場所ではありますが、弓が強いとそれでは引分けきれません。

㊄引分け

㊄の3　いわゆる引分け

射法八節と言いながら、引分けを大きな一つの項目ではなく、実は打起し↓大三↓引分け↓会と考えている人は多いと思います。一つ増えて九節よりは八節の方が末広がりで縁起が良いので射法としては八節のままで良いと思いますが、いわゆる引分けとして考えないといけないのは、その時点で離してしまっても、的の方向に矢が飛ぶように引かないといけないということです。途中で離せば当然手前に矢が落ちる訳ですが、的の前後に矢が飛ぶような引分け方はしてはいけません。実際に途中で離すと前後に飛んでしまう可能性を持った引き方が多くあるのですが、よほどのトラブルがないと途中で離すことはありません。そのため思ったより気づきません。肩をはじめ上腕・前腕・手首といくつもの関節が絡みながら使わないといけないため、自分ではまっすぐ押し引きしているつもりが、思わぬ使い方をしている場合が多くあります。

〈どこを主にして引分けるのか〉

後述する腕の動きの前に大前提となるのが、いかに背中を使うかです。受渡し動作からも意識しないといけない部分ではありますが、いかにして手先で引くことが無いようにするか。感覚としては腰に向かって背中全体を使って下ろしてくる使い方をします。これには根拠があり、広背筋の形と働きを考えると解決します。広背筋は肩甲骨よりちょっと下あたりから腰全体の背骨から始まっていて、それが腕の骨（脇あたり）に付いています。そこに向かって力を入れていくと、引き下ろしてくる働きの基礎となります。そしてこれがしっかりできると僧帽筋優位に働いて詰まった働きになることを防げます。

この後の会の項目でも述べますが、肩のインナーマッスルがどこまで使えているかも大切になります。ここは普段から鍛えておかないといけない部分でもありますが、緩い場合には、ぐらついて滑らかな引分けが難しくなります。

〈半捻半搦《はんねんはんじゃく》〉

教本では、「左拳は的の中心に向かって押し進め、右手拳は右肩先まで矢束（自己の引く矢の長さ）一ぱいに引き」とありますが、まず肩先がどこか考えましょう。引いてくると肩より先（つまり肩を超えて引く）の方と考えてしまう人もいますが違います。肩先というのは肩の前もしくは上で、スーツなどで言えば袖の縫い目のあるラインです。それ以上に引っ張る動作が入ったら引きすぎであると言えますし、手先で引かないといけないので注意が必要です。左拳を的の中心に向かって押し進めるのは、意味としては分かりやすいと思います。

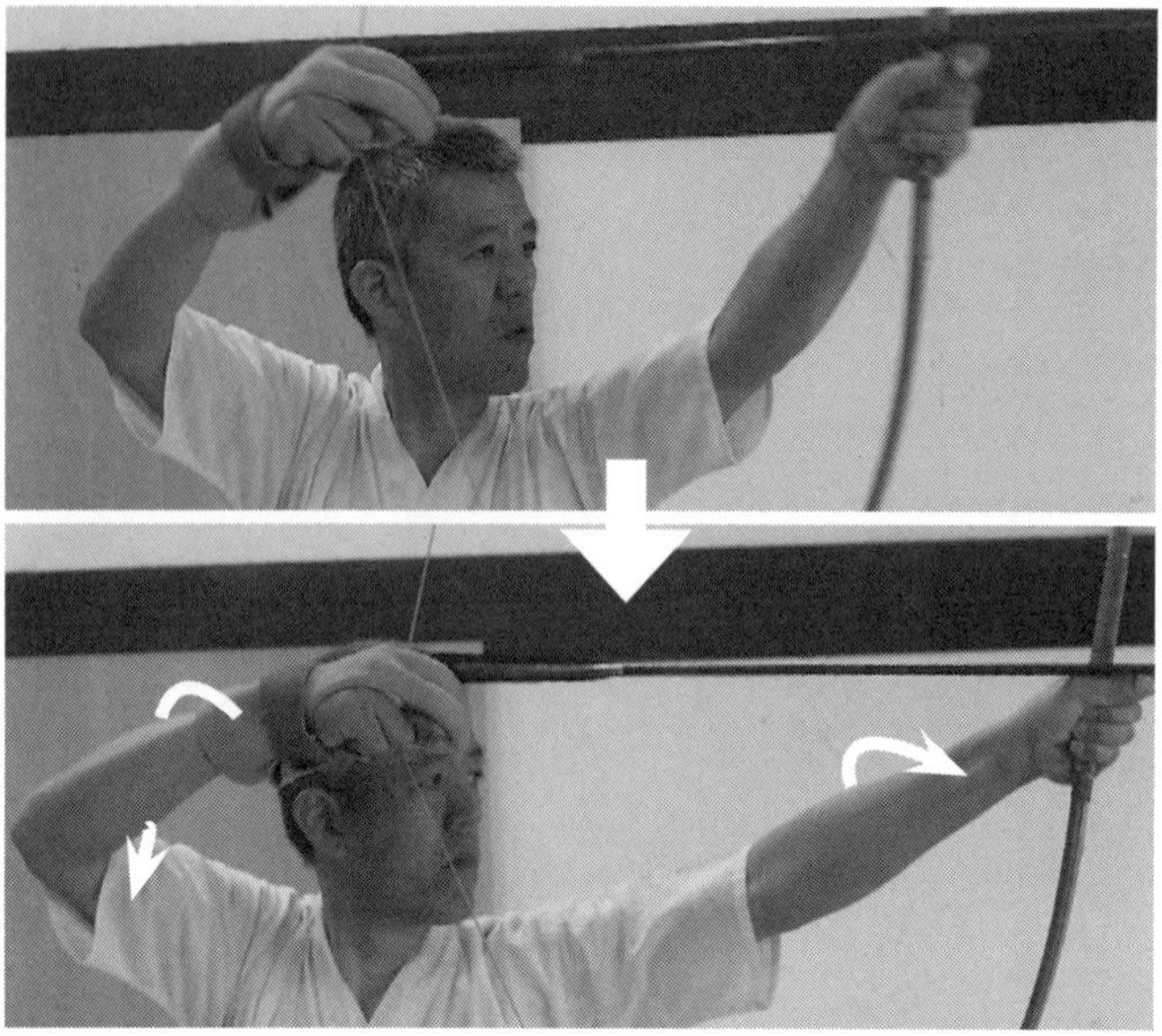

「半捻半搦」…弓手の前腕を半分回内、妻手も回内させつつ右肩先にもってくる。

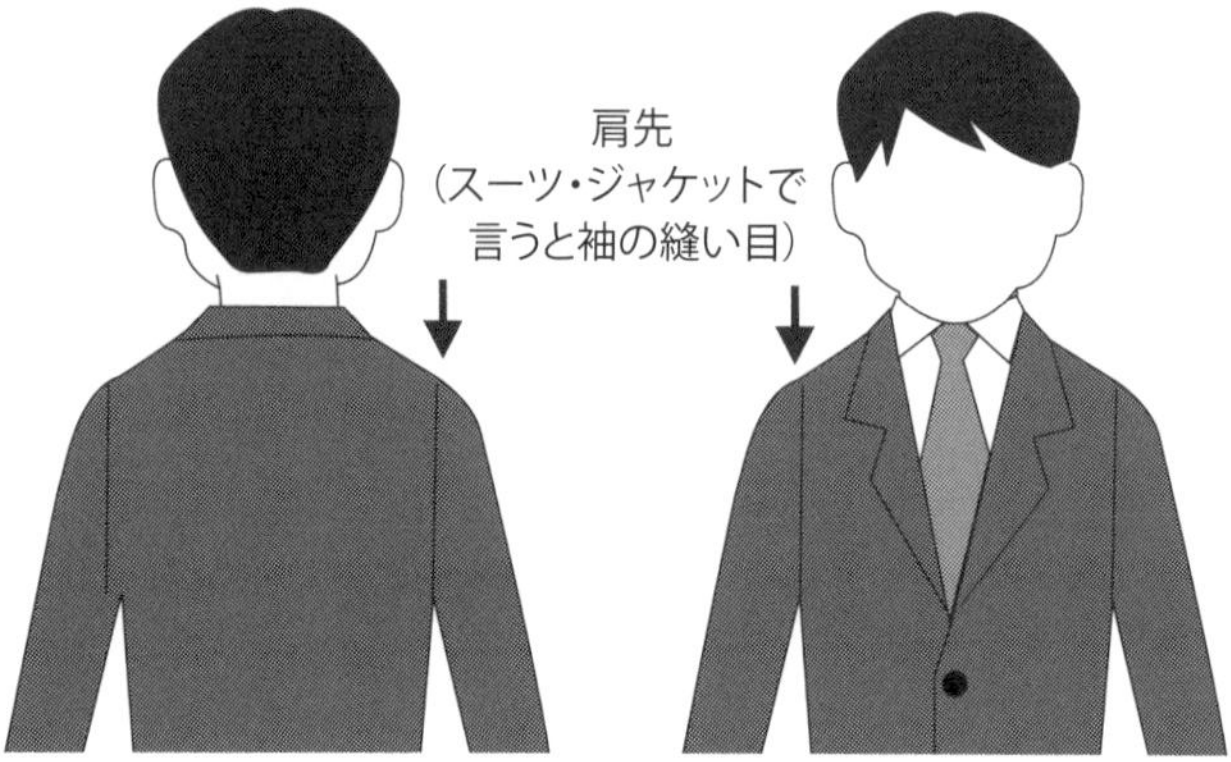

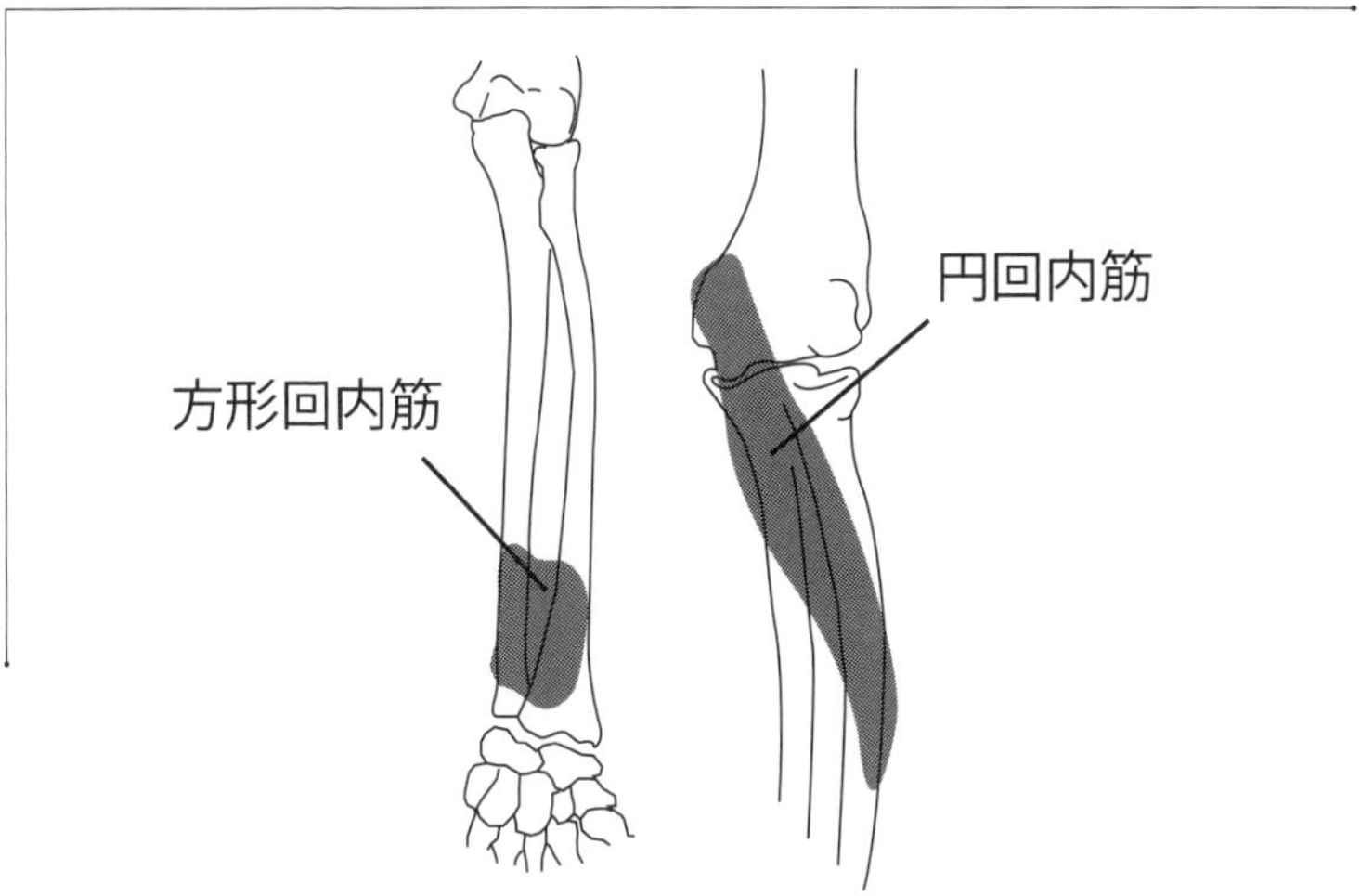

半捻半搦《はんねんはんじゃく》とは半分ねじって半分からめる動作のことですが、弓手は半分（というかある程度）前腕を内側に回内して妻手も半分（ある程度）回内してからめて右肩先にもってくる動作です。

↓引き分け時の弓手・妻手回内動作

半捻半搦という言葉を分かりやすくするために、引き分け動作でよく言われるのが「回内する」という動作ですが、前腕の回内という動作は、主に2つの筋肉が作用します。

それは「円回内筋」と「方形回内筋」と言って、円回内筋は上腕～前腕に付いている筋肉で図のような筋肉です。

一方の方形回内筋は手首のすぐ上（腕側）にあります。

また、筋肉だけでなく、骨の構造と配置を考える必要があります。

これを見ていただければ分かるように、尺骨は肘関節の屈曲と伸展『しかできません』、また橈骨は尺骨に対して図のような動きです。前腕の回内というのは、実は三角定規二つを使った動きをイメージすると分かりやすくなります。

これが分かると、回内する動作というもののイメージがつきやすくなります。拳を的に向かって押し進める場合、誰でも多少の回内動作が入りますが、程度は関節の硬さなどによってかなり個々人での加減が必要です。関節が緩い人は特に肘を回しすぎたり入りすぎたり、不具合が生じやすくなります。更にそこで親指の付け根で強く押す動作を入れると回内動作に狂いが出ていわゆる下筋（上腕三頭筋など）の働きが消滅する危険があります。親指の意識が強すぎると本来の回内動作から逸脱して、小指側が全て離れていく動作となります。弓手の働きが引分け始めるとおかしくなる人は、ここを理解して動作を変えるとかなり改善する場合があります。

また関節が緩い人はここで特に注意する必要があります。安定して押しやすい所で押すと、肘が入りすぎます。それを避けるために自分の感覚の中では肘を控えながら（曲げながら）引く必要が出てくる場合があります。あくまでもまっすぐに引くための方法であって、誰にでも該当するものではありませんが、ケガをせずに力を弓に伝えるために考えないといけない点です。基準としては外から見てほぼまっすぐになっているかどうかです。弓を始めて数年経っても弓手を入

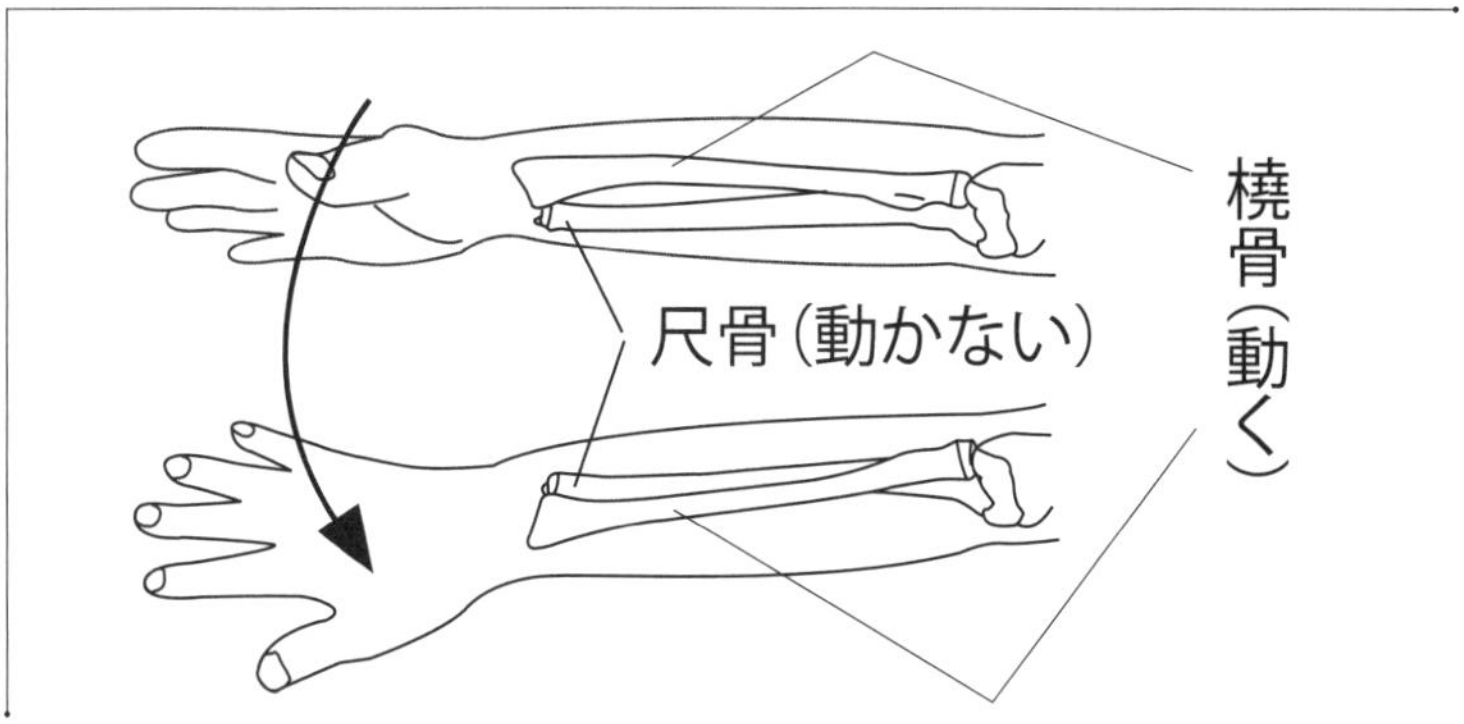
橈骨（動く）
尺骨（動かない）

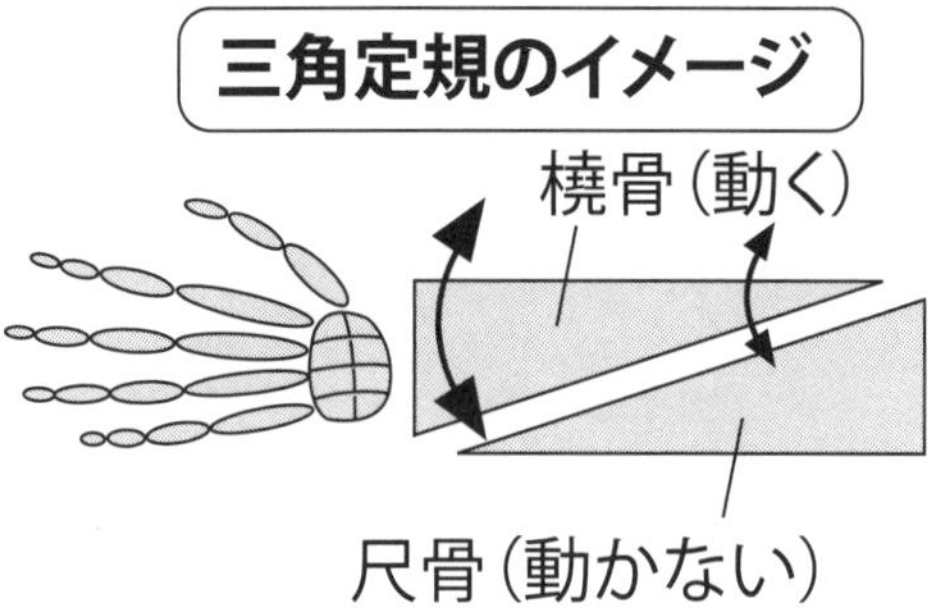
三角定規のイメージ
橈骨（動く）
尺骨（動かない）

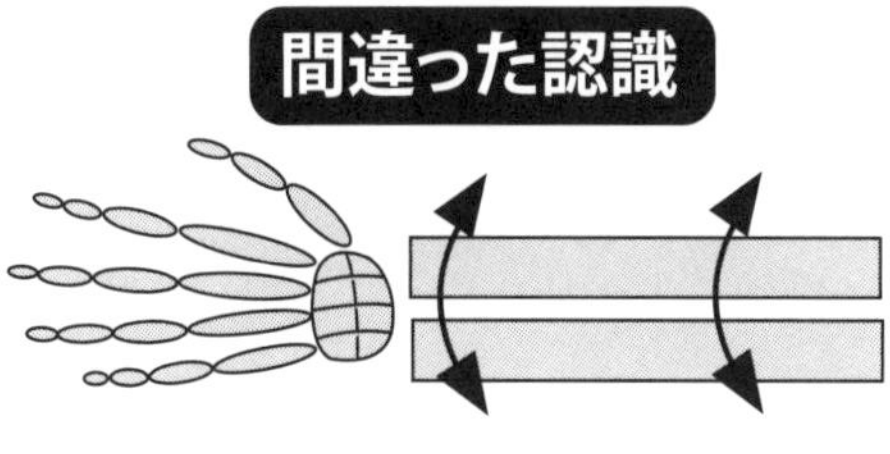
間違った認識

れ過ぎて弦で払うことがある人は必ず一度確認しておくべく問題です。

教本では続きに、

「頬につくように、口のあたり（頬づけといい、口の線―口割り―より下がってはいけない。）で引きおさめ、弦は軽く胸部につけ（胸弦という）、縦横十文字の規矩を構成する。」と、なっており、弦が軽く胸部についた時点ではまだ引分けです。

　ここまで書いてきた「いわゆる引分け」は口割り、胸弦までがしっかりついて動かなくなって完成してはじめて次の項目である会と言えます。

㊄引分け

㊄の4　引分けに関わる筋肉（補足）

◉広背筋

起始：第7胸椎棘突起～骨盤後面、腸骨稜
停止：上腕骨結節間溝の底部
作用：肩関節の内転・伸展・内旋

◉僧帽筋

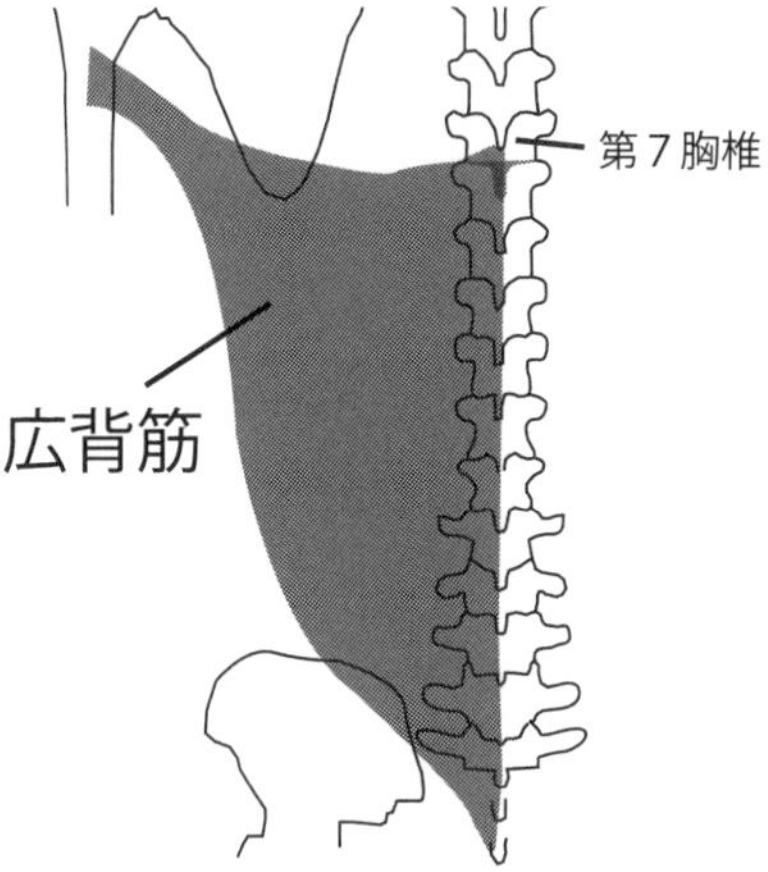
第7胸椎
広背筋

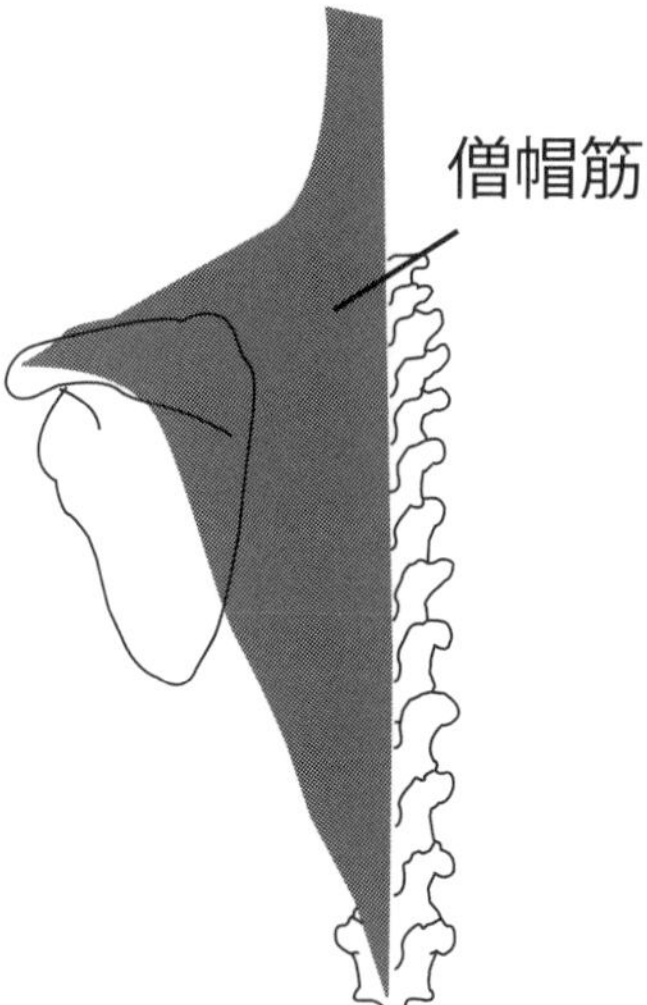
僧帽筋

起始：外後頭隆起、上項線、項靭帯、第7頚椎と第1〜12胸椎の棘突起
停止：鎖骨の外側1／3、肩甲棘、肩峰
作用：肩甲骨の内転、顎の傾斜、肩峰を後方に引く、肩甲骨の回旋

㊅会〜作為を無くすための作為

教本では会は無限の引分けとか、発射の機を熟させる頂点といった表現が出てきます。それはまさに真理とは思いますが、実際に身体を動かしている以上はどこを使って何をするのかは修練の過程では考えないと先に進めません。

射の成功を収めるために必要なこの部分を、教本ではどこを意識するべきか書いてあります。ここではそれがもっと具体的にどこを使うのか考えていきたいと思います。

最終的に何も意識しなくても全て整って連動して働くことが目標ではありますが、そう簡単にそのような境地に至るものではありません。

会において重要なことは「詰合い」と「伸合い」であると書いてあります。ところがその後にもうひとつ「ねらい」という項目があります。会で大切な部分はこの三つです。

会に関しては、この三項目以外にも色々な言葉が出てきますので一旦整理しましょう。

○三重十文字
両足底、腰、両肩
○五重十文字
1，弓と矢　2，弓と押手の手の内　3，右手の拇指の腹と弦　4，胸の中筋と両肩を結ぶ線　5，首筋と矢
ここまでは、初心者レベルでも覚えることを求められるため、詳細は割愛します。

◉五部の詰あるいは四部の離れ
左手右手左右の肩、胸を張り詰める。
左手（押手）のいわゆる角見（拇指根）と右肘の張合い、同時に胸の中筋より左右に分かれるように（胸を開くように）する。

図解にある五部の詰だけだと、ああここだと言える部分にあたりますが、そこに四部の離れを入れるとちょっと難しくなります。どちらも胸が中心にあることは間違いないですが、四部の離れのためには、書かれているように左手拇指の根と右肘の張合いをコントロールして、胸の中筋から分かれる力が必要です。

弓の抵抗力

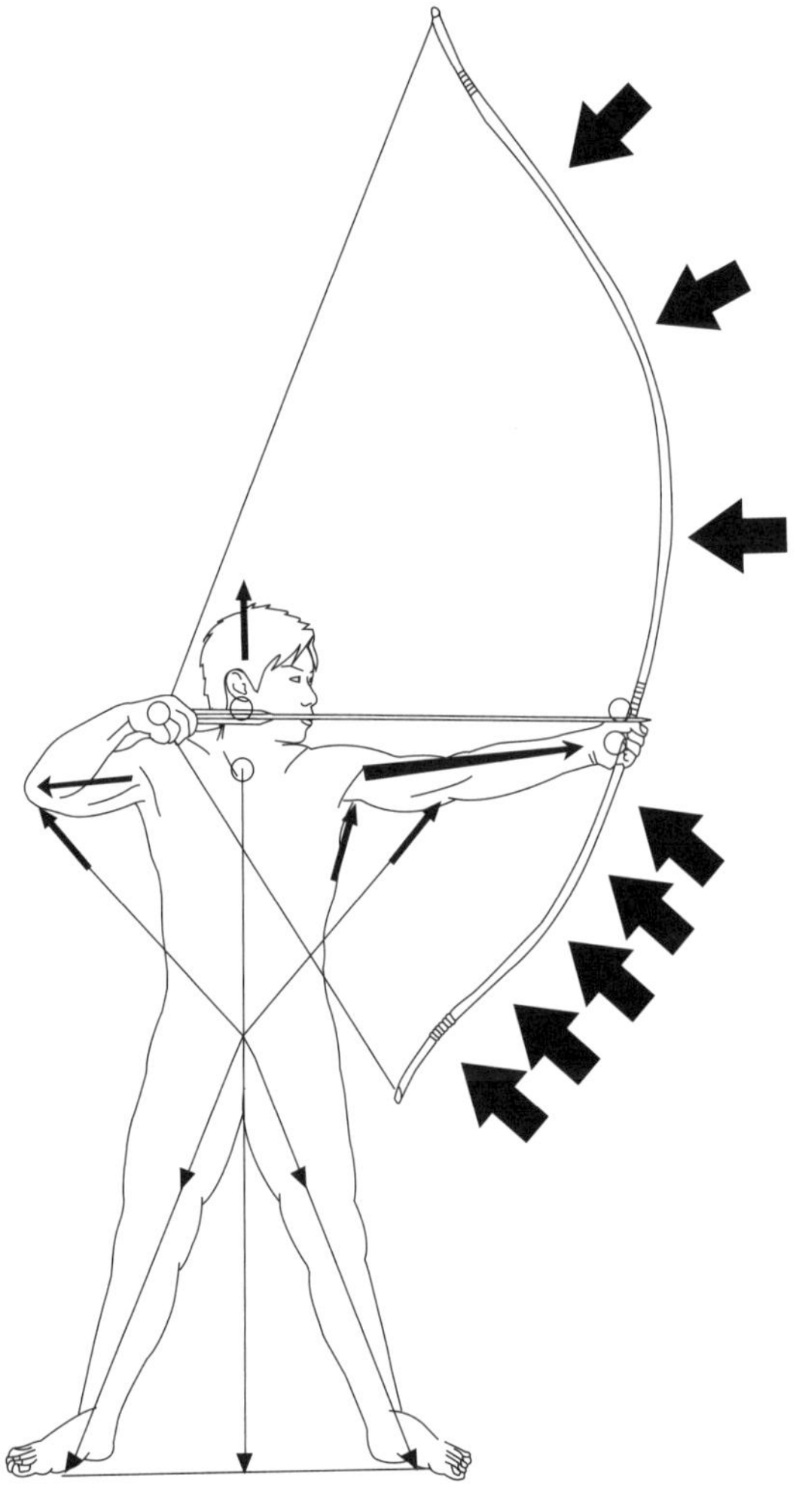

五部の詰

○の場所を張り詰める。

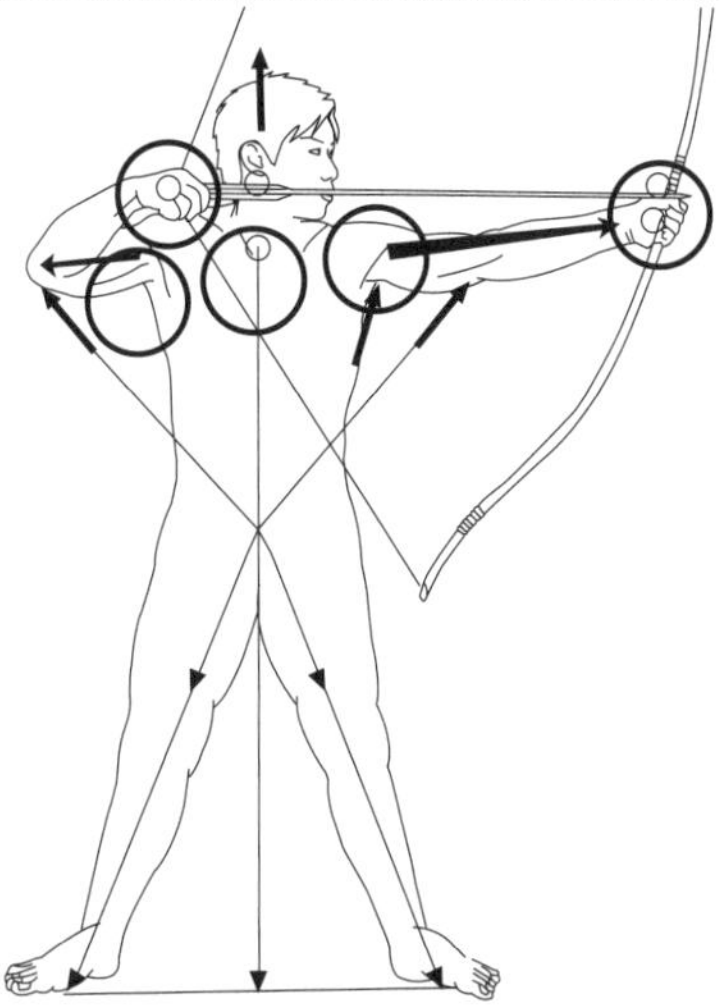

四部の離れ

角見と右肘の張り合い。同時に左右に分かれる。

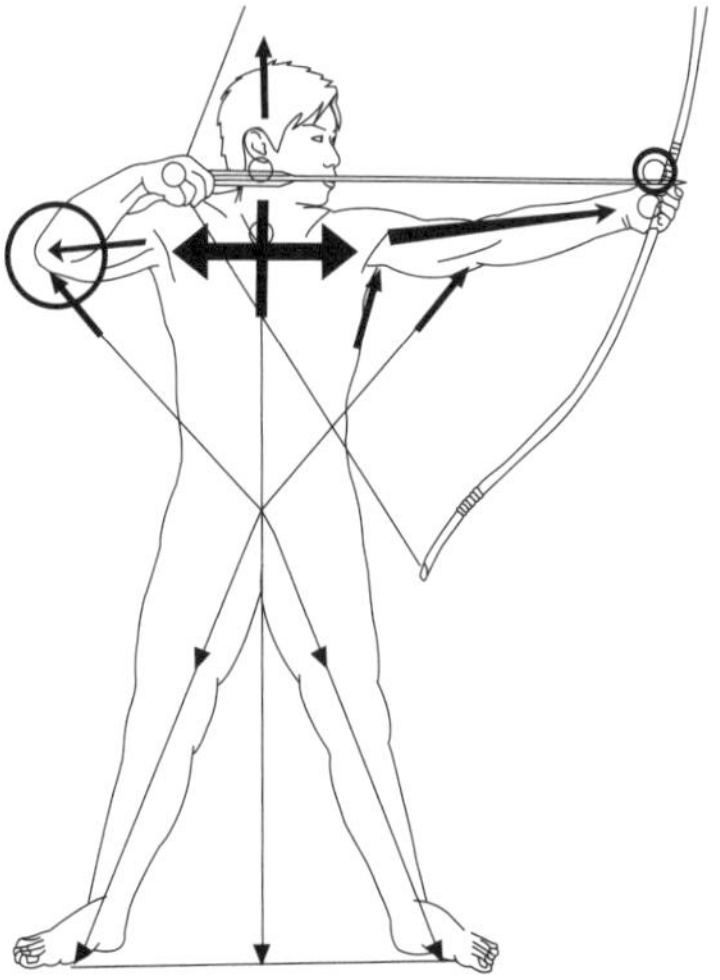

教本の本文では、五部の詰と四部の離れを切り離して考えることは非常に難しく、表現としてはかなり難しくなりますが、まずは五部の詰をしっかり意識しましょう。

弓は上が長く下が短い…上が弱く下が強いので、ただ真っ直ぐに押すと矢は上に飛びます。それをコントロールして矢を飛ばすための力配分を考える必要があります。目付を押す等の話もありますが、それらを確実にするためにはいわゆる下筋の働きがベースとして必要です。細かい話ではありますが、五部は「詰」四部は「離れ」です。図解と本文は当然同じ内容と意味を伝えようとしているはずです。

◉八部の詰

五部の詰に足、腰、腹の三ヵ所を加える

五部の詰では上半身の事ばかりが中心になっているので、改めて腰から下を意識する必要があります。胴造りの時点から継続して使えていると意識を巡らせるだけで使えるはずです。

㈥会

㈥の1　詰合い

―縦線の構成―

教本でまず出てくるのは三重十文字です。「上方から見たとき両足底―腰―両肩が正しく一枚に重なり、脊柱、項《うなじ》が上方に伸び、下半身を安定させるとともに上半身を伸ばす」とあります。この際膝膕の働きが大切と書かれているのですが、打起して以降、上半身に意識がいきやすいので、特にここで述べられています。

膝膕《しっこく》（膕《ひかがみ》）の働きに関しては胴造りの項目で述べた通りで、会はそれを再確認する必要があります。忘れてしまった人は改めて確認しましょう。

―横線の構成―

教本では両肩起点、両肘の働き、左右両腕の張合い、そこから更に両腕を貫通している中筋をもって左右均等に張合うことが肝要と書かれています。

まず貫通している中筋という言葉ですが、分かるようで今一つ理解しにくい部分です。

これを考えるために前述の両肩起点、両肘の働き、左右両腕の張合いをみてみましょう。

肩関節（両肩起点）

中筋貫通の誤ったイメージ

会に入ったら、すべて一直線に揃っているように感じてしまう。
上級で感じる一直線と初心者が感じる一直線は似ているようで違う。」

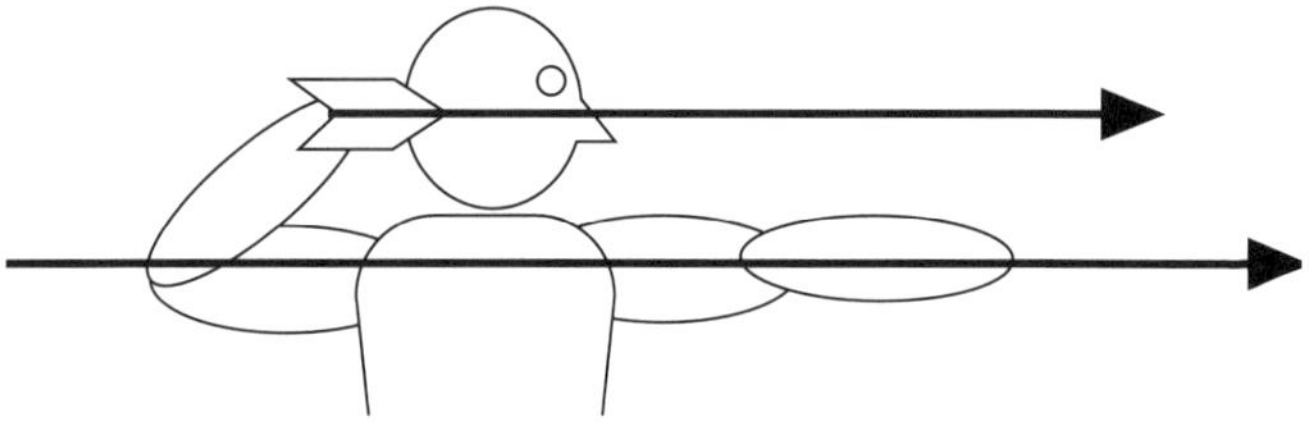

そもそも肩関節は骨による安定が非常に少なく大半が筋肉で支えられており、動揺がとても多い部分です。
(肩関節の関節部：肩甲骨関節窩、上腕骨頭)

受ける部分は小さいのに、動く部分は球状で自由度が高くなっています。これを毎回同じ部分で受けられるようにするのが肩の詰合いと言えると思います。

必要になってくるのはいわゆるインナーマッスルと言われる回旋筋腱板《かいせんきんけんばん》（いわゆるローテーターカフ）です。実際には他にも作用してくる部分がありますが、まずはここが最大のポイントです。外側にある三角筋などは意識しやすく、見えやすい部分ですが、上から押さえつけるような働きであって、楔《くさび》を打つような中の動きとは違います。回旋筋腱板は強い力を発揮する部分ではありませんが、動作としてのガタつきを抑えてくれる重要な部分です。

インナーマッスルというのは他にもありますが、障害を受けるのは圧倒的にここが多いのでまずはここだけ必須でご理

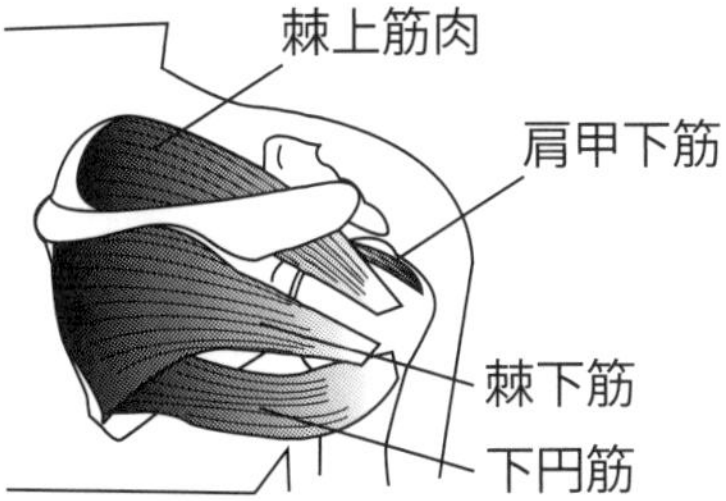

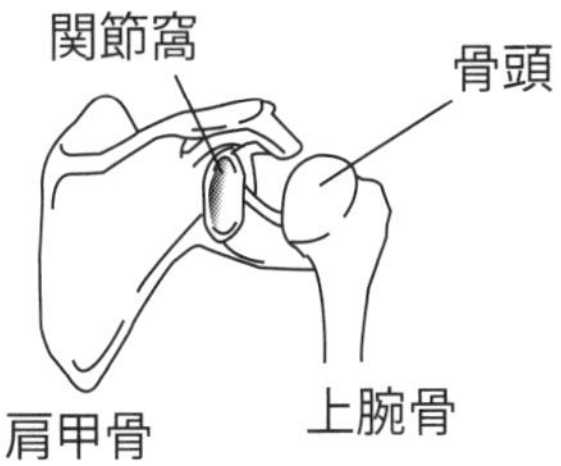

解ください。

詰合いということで考えると、前鋸筋《ぜんきょきん》（形状がのこぎり型をしている）も重要な役割を果たします。

これは肩甲骨を前に出す筋肉で、回旋筋腱板のうちの肩甲下筋《けんこうかきん》（肩甲骨と肋骨の間にある）とも連動します。

近年誤解が生じているものも散見されますので、ここで明確にしておきたいと思いますが、前鋸筋は肩関節を安定させるためにとても重要ですが、開く作用をする菱形筋（伸合いで説明）とは拮抗筋の関係にあたります。（安定をさせるという意味ではどちらも重要）

従って過剰に肩を前に出す引き方は背中の筋肉の働きが抑制されて、前離れや緩みの大きな原因になります。背中がしっかり使える人がより安定を求めて意識して使うのはとても有用ですが、自身がどのレベルにあるかをよくよく見極めてやる必要があります。

これは中学生や高校生、あとはもともとの競技特性で極端に関

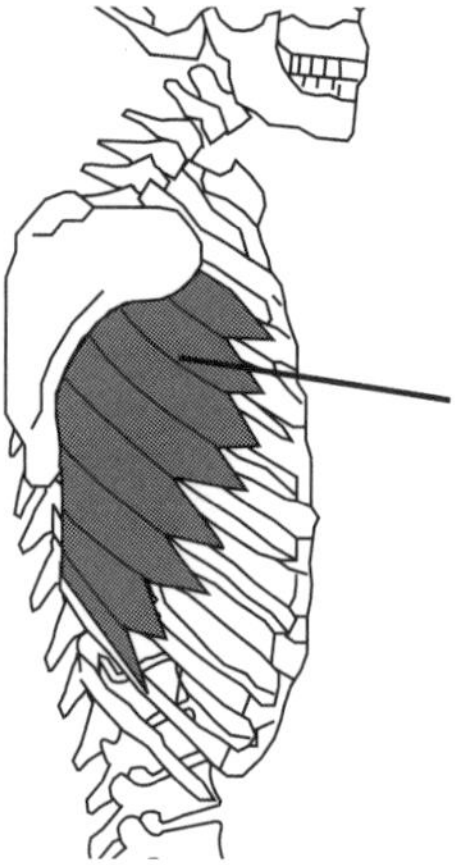

前鋸筋

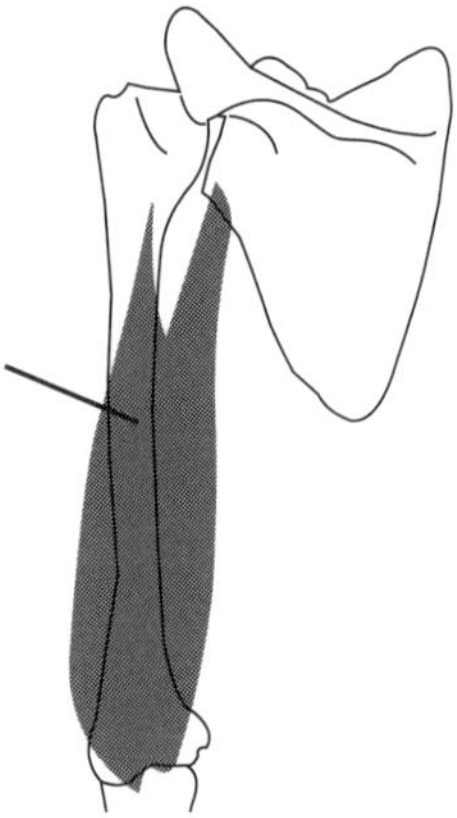

上腕三頭筋

節が緩いもしくは柔軟な人はそれでも緩まず離れが出ますが、成人してからこれを極端に強く使おうとすると、全く上手くいかなくなります。

　特に現代人はデスクワークが多くて、肩甲骨まわりが硬く動かない人が多くなっているので、詰合いの中でも前鋸筋を使おうとか肩を前に出す動作を自身で行う、または指導対象に強要するのは、成長阻害や自身の退化にもつながりやすいので身体の状態と技術レベルに注意して行いましょう。

◉肘関節（肘の働き、左右両腕の張合い、ついでに手関節：手首も少し）

　会の状態では左右で特に見た目も違ってくるために、少し分けてみましょう。

・上腕から左肘

　肘を伸ばすのには上腕三頭筋を使っています。引分けで前述したように、上腕と前腕の尺骨は曲げるか伸ばすかしかできません。左は肘をしっかり伸ばすという意識があれば大丈夫です。但し関節が緩くて過伸展してしまう人は加減を覚えるのにかなり苦労します。

詰合いという観点から考えると、むしろ大切なのはいかに肘（近位橈尺関節）を上手く立てるか。前腕（≠肘）を回内しすぎると、ロックして上腕三頭筋が使えなくなります。また全く回内しないと今度は前腕が使いづらくなって拳が上に緩みます。肘は曲がる面を正面もしくはやや上に向ける位で力が入れやすいところを探す必要があります。

・上腕から右肘（実は自分の目で見えないからかなり難しい）

左は伸ばすから上腕三頭筋、それなら右は曲げているから上腕二頭筋！とはなりません。離れを出すためにはやはり肘を伸ばすので、使うのは上腕三頭筋です。特に上腕二頭筋が強く働くと力こぶが出て前腕と上腕が離れていくので、会で口割れが付きにくくなります。最後の寄せができない人はこの状況に陥っている人がかなりいます。

同じ理由で右肩が左肩より低い位置になってしまう人が近年かなり多くなっています。実際には左肩が上がっているとこの状況が誘発される場合が多いのですが、その点はひとまず置いておいて、左肩がきちんと使えている前提で考えます。

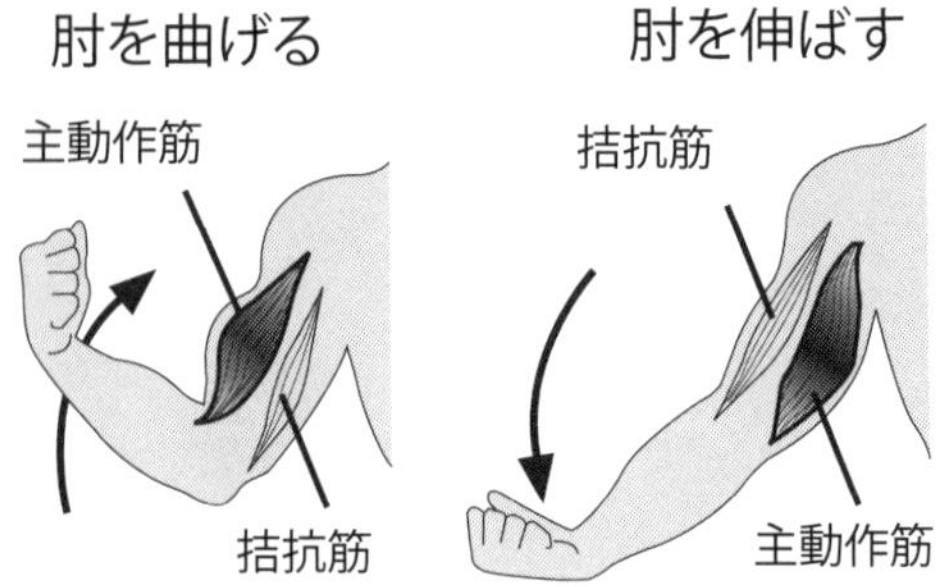

主動作筋が効率よく働くためには、拮抗筋の力を抜く必要がある。

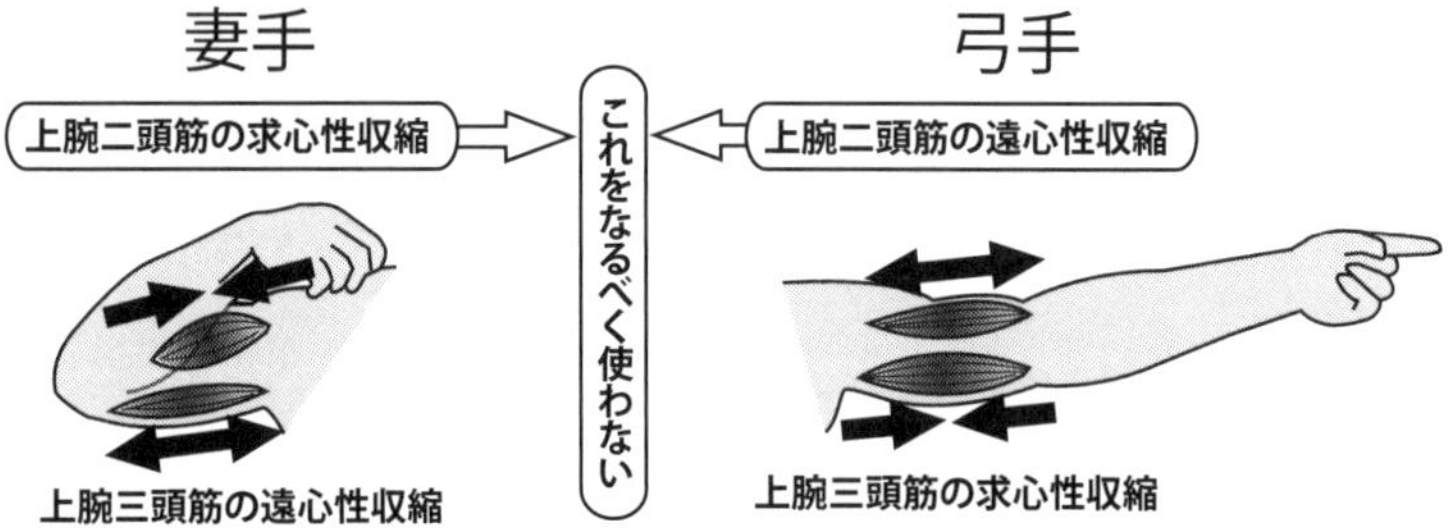

手首で捻って引分けてきている場合、会に入る頃には捻りがほどけてきて平付けでなおかつ二頭筋が強く働きやすくなります。それでも大きく引こうとすると、力の逃がしどころが無くなって結果的に右肩を後ろ下に下げて手先で引くことになります。近年の弓力低下傾向と右肩、右肘の障害多発にはこれが大きく関わっていると思われます。

特に上腕二頭筋と上腕三頭筋は拮抗筋の関係にありますので、基本的には片方が働くと片方は緩む関係になります。（実際には完全に10：0とはならずどちらも動く場合が多いですが、使う比率によって動きの筋肉は働かせれば（収縮させれば）縮まる方向に動く、とは限らない。働かせているが動かない状態（アイソメトリック収縮）、働かせた結果縮んでいく状態（コンセントリック収縮）、筋肉としては伸ばされながら働かせている（収縮しようとしている）状態（エキセントリック収縮）の３つがある。
「引分け〜会」における妻手の上腕三頭筋は「エキセントリック収縮」（伸ばされながら働かせている）をしていることになる。

アイソメトリック収縮

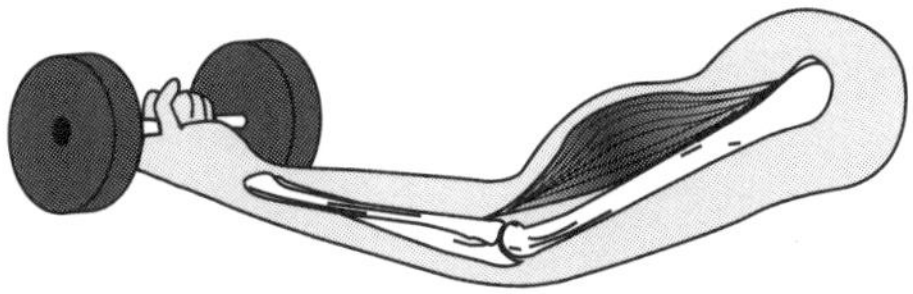

コンセントリック収縮

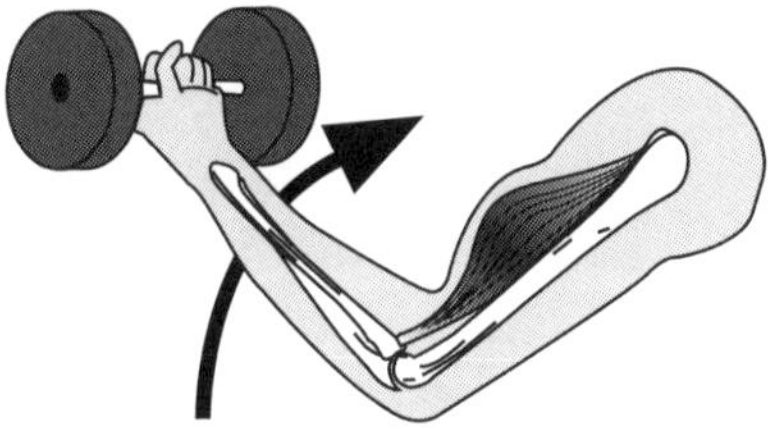

エキセントリック収縮

滑らかさと力の発揮具合には大きく差が出る）

曲げた状態にも関わらず伸ばす方向に力を入れるというのは、頭で考えてもなかなか理解するのが難しいかもしれませんが、実際そのように働きます。

左はブレを無くすための働き（詰合い）、右は離れの準備のための働き（≒詰合い）です。

㊅会

㊅の2　伸合い

教本には「伸合いは、絶対不可欠の条件である。伸合いのない射は、結局手先で離すことになる。伸合いは、矢束を引き伸ばすことではなく気力の充実である。縦横十文字を軸として心を安定させ（平常心）、気力の充実によって気合の発動をうながし、あたかも風船が破裂するように離れなければならない」とあり、既に一部離れの話まで混ざっていますが、感覚的な話が中心です。心気の充実を求め、射即人生という文言もありますが、ここではそれを実践するためにどこを使うのか、どういう働きをするべきかを考えていきたいと思います。

弓手は的に向かって、妻手は裏的に向かって力を一定の方向に揃えて伝えるのが基本です。詰合いと伸合いはそもそも順番に行うものではなく、ほぼ同時に行わないといけない動作ですが、

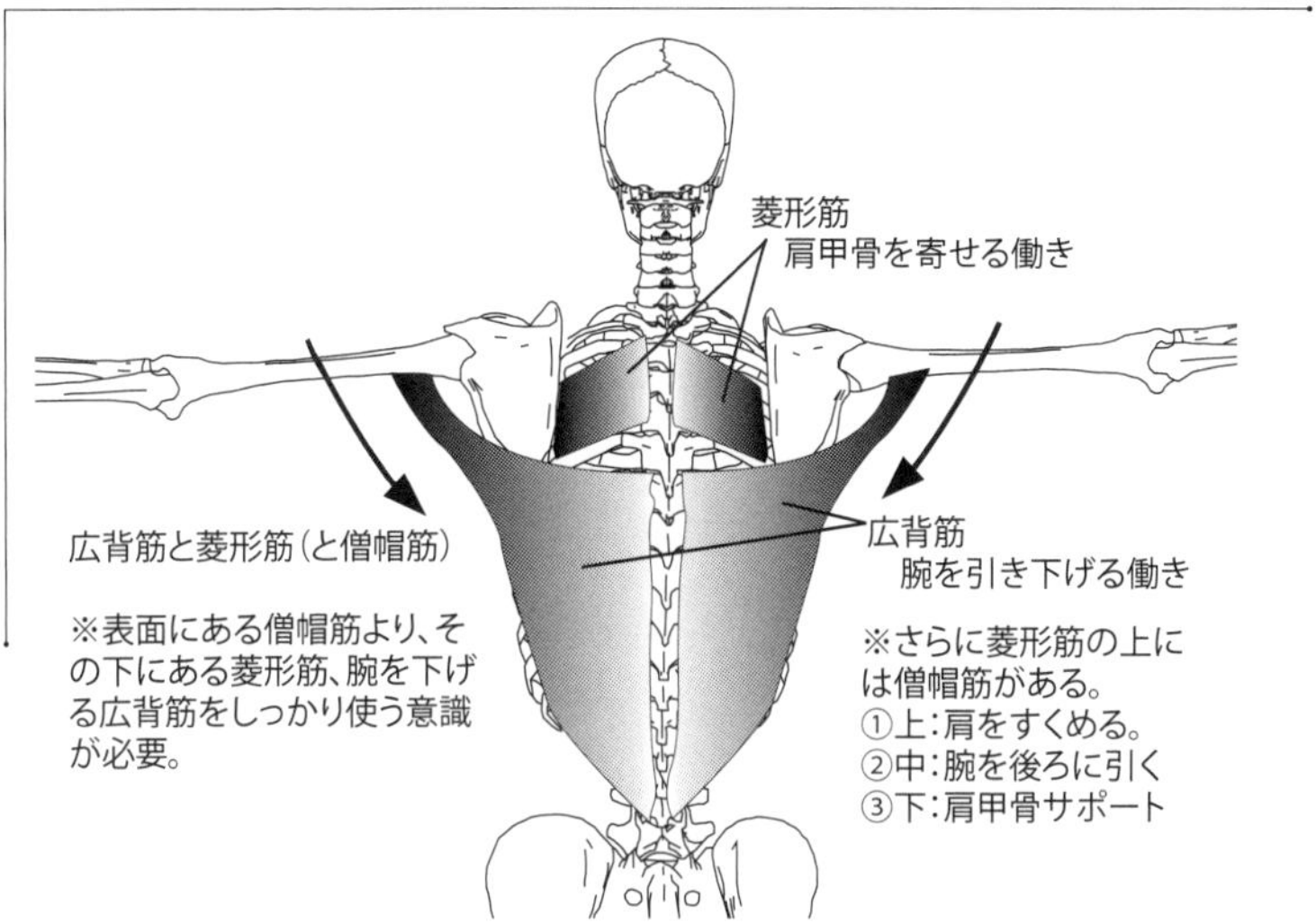
菱形筋
肩甲骨を寄せる働き
広背筋と菱形筋（と僧帽筋）
※表面にある僧帽筋より、その下にある菱形筋、腕を下げる広背筋をしっかり使う意識が必要。
広背筋
腕を引き下げる働き
※さらに菱形筋の上には僧帽筋がある。
①上：肩をすくめる。
②中：腕を後ろに引く
③下：肩甲骨サポート

説明の都合上分けていますので、あえて伸合いとして気を付けたい部分について説明します。

伸合いにおいては背中を意識しながら引くことが大切です。イメージとしては肩甲骨の少し下〜腰あたりを中心に考えましょう。そこが広背筋の始まる部分です。これはそのまま上腕骨（脇の下あたりの腕の骨）に着きます。これによってしっかりと開く動作が働くのと、僧帽筋（首から背中にある僧侶の頭巾のような形をした筋肉：肩こりの原因ともなる）の動きの一つ、上に上げる動作を制御でき伸びに繋げることができます。

もう一つ意識したいのが肩甲骨を寄せる動きです。ここはインナーマッスルとして菱形筋があります。これが働くと正面から見て胸の中筋から離れるための動きを、真裏からサポートする働きをします。

他にもサポートする働きはいくつもあると思いますが、それこそ意識をし過ぎて伸びを抑制してしまいかねないので、この2つを意識できれば教本で求めようとする働きの大半はカバーできると思います。

詰合いと伸合いを合わせることによって、中筋を通る力の線ができるという概念です。実際にワイヤーを通したようになる訳ではありませんが、イメージというのは動きの連動を出すためにも大切です。

㈥会

㈥の3　ねらい

教本上では「両目はともに開いたままで、左の目尻・右の目頭の視力を用い、左拳と弓の左側、的の中心点とを見通して定めるのが原則である」とあります。

ねらいと言うのは、かなり軽視される場面が見受けられます。と、いうのも名著「弓と禅（オイゲンヘルゲル著）」では、狙わずに待ち続ける事にかなりの重点を置かれ、実際に師匠と弟子という関係で修練し続け、何かをつかみ取りました。師の教えに応えようとし続けられれば、そういったものも見えてくるでしょうし、それは真理であると私も信じます。ただ現実には、そこまでの師弟関係を築けるだけの環境を得られる人はごくわずかです。また、単純にねらいの話をすると卑しく思われる可能性がかなり高いと思われます。

ここには学生から始めた人と、社会人から始めた人の出発点の違いと目的の違いによる折り合わない部分もありますが、それは話が逸れて長くなるのでここでは割愛します。

「ねらいとは、毎回きちんと矢先が的心に向かっているかどうかを確認するもの」です。技術に関しては習熟度合いによってかなりの差が出ますが、ねらいは誰でも一定にすることが可能です。毎回きちんとねらいが合っていなければ、技術的な問題だったのか、そもそも真っ直ぐねらって無かったから飛ばなかったのか、原因が突き止められなくなるのでしっかりねらいを定めましょう。

どこがねらいかわからない場合、誰かに後ろから矢乗りを見てもらい、矢の先が真っ直ぐ的の中心についていること（左右のずれ）を確認してください。

◉ねらいをつける際の注意点

教本や、書籍関係では最も基本的なことが書かれています。それは右の目で見て弓の左側で的を半分に割るようにする。そして両目で見た時にどこにあるのかをしっかりと定めて「満月、半月、有明」といったねらいに至ります。

この内容は全く問題ありませんが、弓を引く人の方に問題があります。習熟度によっても違いますが、視力の差、目のついている位置（近い・離れている）など、あとは首の長さと柔軟性によってかなり個人差が出やすいのです。

教本でのねらいのつけ方は、あくまでも右目が利き目である前提に立っています。実際に多数はそうですが、手や足などと同様に左利きの人がいます。左が利き目の人は右に主眼を矯正しましょうという文言は見られますが、そもそもどう見えているという前提が抜けています。訓練して利き目を矯正することは一つの方法ですが、無理やりな矯正をすると脳が混乱して思いもつかない病癖を生み出す場合もありますので、慎重に修正していきましょう。

もう一つ大きな問題があります。目には一定数の両利き（利き目無し）という人がいます。それは大体においてなかなか理解されず、本人も何となくで合わせるので今一つ伸び悩んでうまくいかない事が多くあります。特に両利きの人は、ほとんどが人よりはるかに視力が良く、近くから遠くまでよく見える人が多いのです。進化（原始的？）とも言えるその目の働きは左右がかなり独立して使えるようで、しっかりと対策をとる必要があります。「弓と的が二つ見えますが、どちらを狙いますか？」と聞かれたら大体両利きです。その場合には基本的には右側に動きを揃えてもらうと上手くいきます。

利き目による的の見え方の違い

利き目が左

両目での見え方

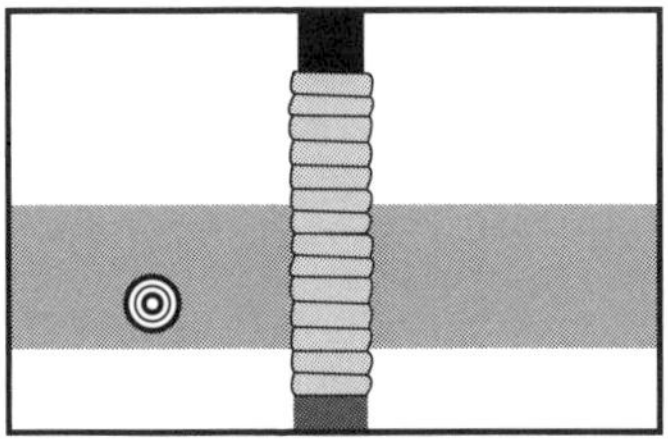

利き目が右

右目での見え方（基本）

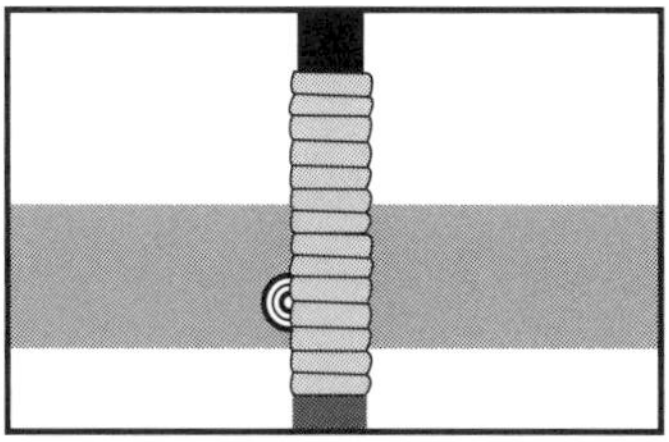

両目での見え方（下記のいずれか）

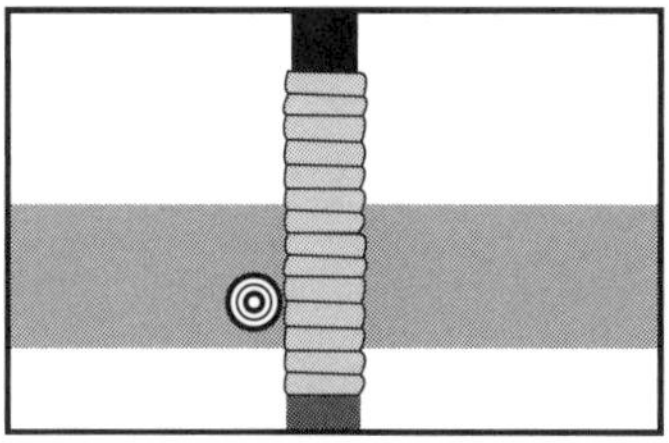

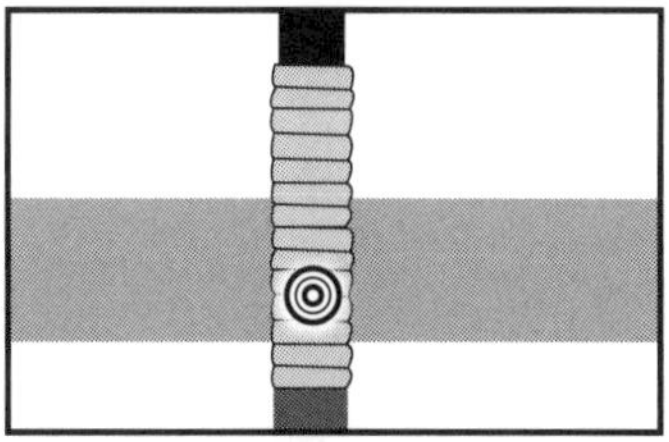

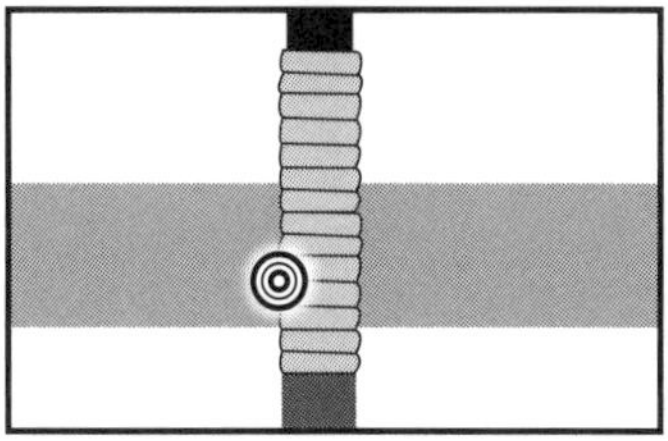

両利き

両目での見え方

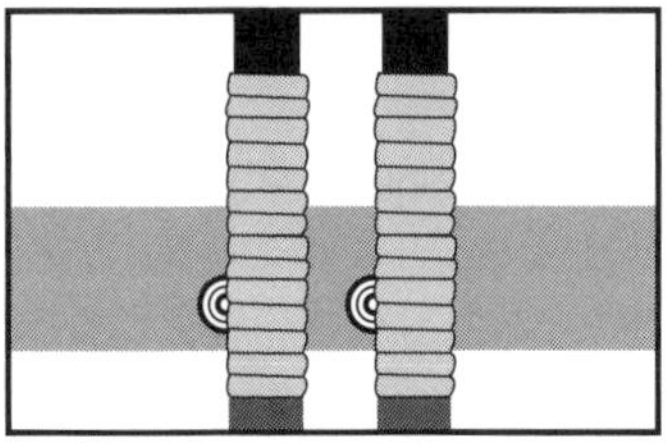

両目を独立して動かせるために、２つ見える。（大概、視力は良い。）右の弓の狙いに合わせる。（右を主眼にする。）

あと、あえて書くほどの事ではありませんが、矢乗りは相手から求められたか、きちんと断って同意を得てから見ないといけません。トラブルの元となりますので注意しましょう。

◉早気とねらいの関係

そもそも早気の原因は9割がた技術の問題です。その中で早気の原因の一定数は、正しくねらいがついていない事によって生じます。本来、弓本体を透して的がはっきり見えるようにつけないといけませんが、前記のようにねらいそのものがつけられていない場合、目の焦点が手前にきてしまい弓の握りがハッキリ見えてしまう現象が生じます。

子どもが自転車に乗る練習をする時、最初は手元に意識がいって頭が下がったまま車体がぐらついて上手く乗れない。大人なら車の免許を取得したばかりだと手前しか見えずに危ない運転になる。これらは弓でねらいがついていない状況とかなり近いものがあります。

弓の場合には初心者は早気にはなりません。それはねらいに対して意識がいく前に、道具の扱いに意識がいきすぎて、一連の動作と離すという条件反射すら身についていないからです。弓道が一定の経験を積んでから早気になるのは、自転車や車などと違い自分が動かずに済むから、焦点がずれた事に気づかなくても身に危険が及ばず、痛い思いをして焦ることが無いからです。更に剣道や柔道のようにミスをすると相手に直接負ける訳では無いので、自身の条件反射である早気のみに意識がいき、いつまでも負のループから抜けられません。もちろん早気の原因はねらいだけではありませんが、大きな一因となることは覚えておいてください。

㊆離れ〜矢に力を乗せる

離れは射の成否に関わる最後のポイントです。教本の本文中では「体の中筋から左右に開くように伸張し、気合いの発動とともに矢が離れていく状態をいう」図解では「胸郭を広く開き矢を発せしむ」「上下左右に十分伸び合い気力丹田に八九分詰りたる時気合の発動により矢を発する」とあります。

胸郭を開くという言葉は通常呼吸をするために使われることが多く、大きく息を吸って胸郭を開くというのが一般的です。弓道において離れは息を吐きながら出すので一般的な話ではとらえられません。あくまでも外から見た際に胸郭を開く方向に力をかけるのが教本の言いたいことであり、正面から見た形での胸郭を開く動作のためには、背面を使うのが主となります。

その際に必要になってくるのは、広背筋・僧帽筋下部・菱形筋です。これらは会の状態でも使い続ける必要がありますが、気を付けないといけないのは僧帽筋です。広背筋は両腕を下げて締める動き、菱形筋は純粋に肩甲骨を寄せる動きですが、僧帽筋は使い方を間違うと両肩が上がって緩む動きが生じます。特に会で物見を強く入れすぎ、または離れる直前に強く的にとらわれると広背筋・菱形筋の働きを潰してしまい、上に詰まった射か緩み離れになりがちです。

これらをまとめて無理なく離れるためには、袴の腰板あたりに向かって背中を締める意識で身体を使う必要があります。なぜその場所かと言われれば、そこがちょうど広背筋の起始部にあたるからです。

次に実際に離れる瞬間には右の手のひらを開く、左手の締め具合など様々な要素がありますが、そのことは教本には出てきません。会での力の方向性に問題が無ければそのまま矢に力がほぼ全て乗るのですが、ここでの手の使い方は弓手の締め戻し作用（会の状態での脱力）と妻手は会でのかけほどき動作（キチキチ音）から弾く動作が必要になります。この感覚をなるべく毎回同じにするために取り掛け動作で述べた「虫様筋握り」が大切になってきます。無駄な力を抜いて、且つ同じ動作を繰り返すためにはどうしても細かい感覚が必要となり、そのためには手の平の感覚が必要不可欠で、そのためにもう一度振り返って手の平の感覚を研ぎ澄ましましょう。

離れは現在の教本では大離れのみとなっていますが、教本制定当時は「大離れ」「中離れ」「小離れ」と分かれていました。

そしてかなり誤解されていますが、弓が強いほど離れは小さくなる傾向にあります。弓が弱いほどゆとりがあって大きな離れが出しやすい、代わりにごまかしもしやすくなる。弓が強いとい かに静かにやさしく離すかが大切になり、大きく離せなくなります。

㊆離れ

㊆の1　一文字の離れ

離れは矢筋上に離れるのが力の伝わり方から考えて最も良いですが、その時には妻手肘の働きをしっかり考える必要があります。

離す時「右肘は動きます！」

肘を動かすなという指導はケガのもと、鋭い離れを出なくする指導ですので、すぐにやめてください。前に述べたように肘関節（※腕尺関節）は屈曲と進展しかしません。

その状態で肘を動かさずに離れを出そうとすると、緩み離れか前離れ、もしくはワイパーのように上に緩んで半円を描くようにしか離れません。これは関節の構造上誰もがそうなります。

中学生や高校生の関節が柔らかい場合は、目に見えないレベルで上手く修正して拳は飛びますが、それでもコマ送りにすると緩んでいます。成人していたら目も当てられません。徒手によってスローモーションで離れを出してみてもらえば、誰にでもすぐに分かります。実際多くの人に、徒手で離れをゆっくり出してみてくださいと言うと、拳が一直線上に出せません。ゆっくりにさえ真っ直ぐ出せないものは早くしたら余計真っ直ぐ出ません。

拳を矢筋上に一文字に離すために、離れの瞬間に右肘は「邪魔をしないように後ろ下にどいてあげる」必要があります。

また、弓手はロケットでいう発射台にあたります。もちろんそれほど大きく動いてはいけませんが、矢が飛んでいく分だけ（約一拳と言う場合もあります）会の位置から動きます。両方の働き上、先に上げた3つの筋肉以外にも上腕三頭筋、できることなら大円筋あたりを使える意識が出ると上手く離れます。

時々言われる「肩甲骨を前に出す」という働きですが、これは会で方向を安定させるために必要な動きであって、離れでやろうとすると前離れを助長することになるので注意しましょう。

会まではとても良く身体を使えているのに、離れになると働きが停止して急に別の力で離す人もよく見かけます。それは動作をバラシて一つ一つを考えていないからです。理解して考えて上手くいかない場合には修練するのみですが、考えずにただ闇雲に離していると、悪癖の刷り込みになるので、できれば動画で撮影してコマ送りにして確認すること、動きを考えることも大切な要件であると言えます。

「一文字の離れ」における右肘

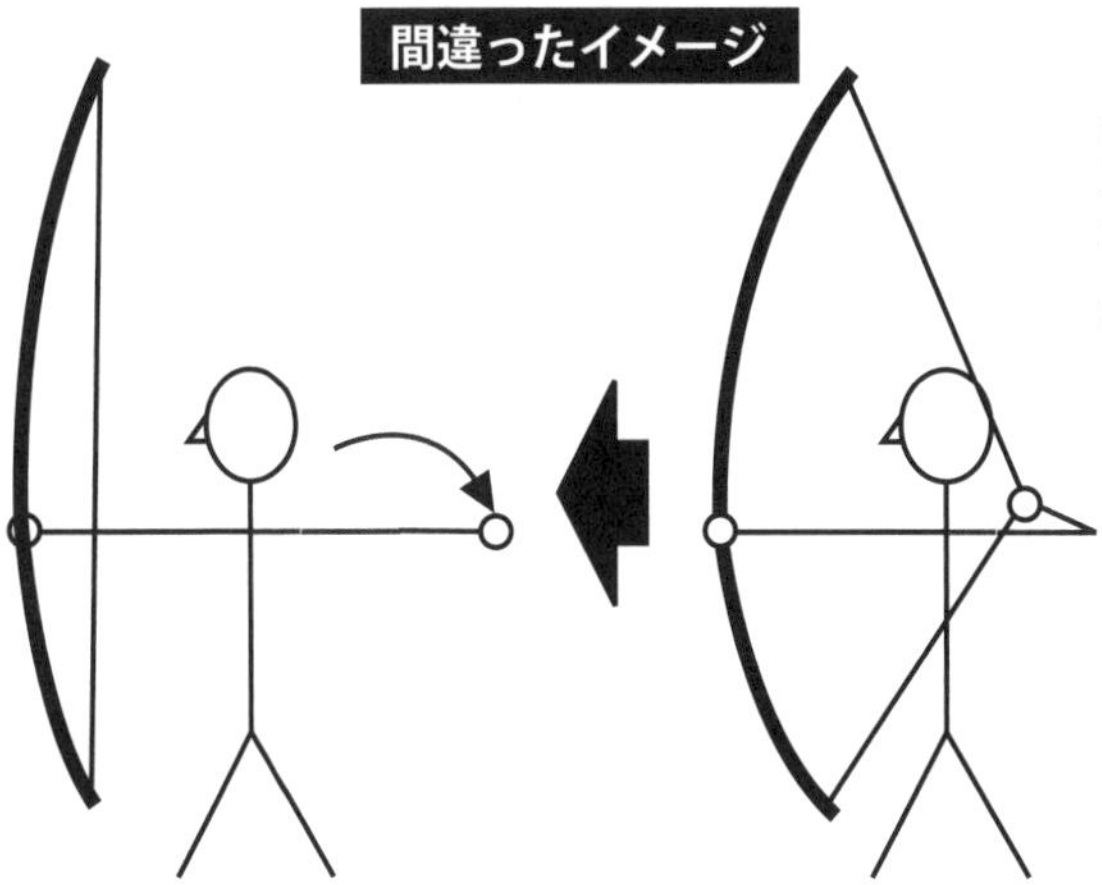

肘を動かさないと、拳は上に緩んで円弧軌道を描く。

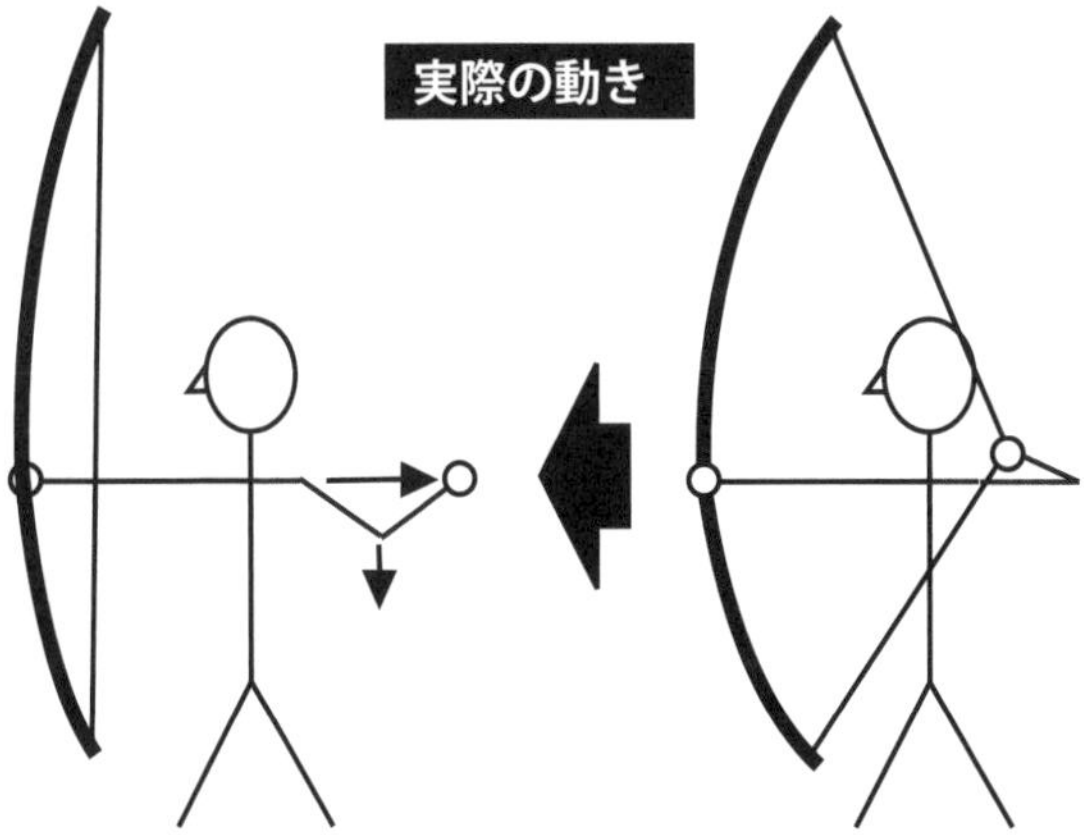

肘が落ちることによって、拳は矢筋上に一文字に離れる。

「一文字の離れ」における右肘

離れの瞬間、右肘が後ろ下方向に落ちる事によって、拳は一直線に引かれていく。

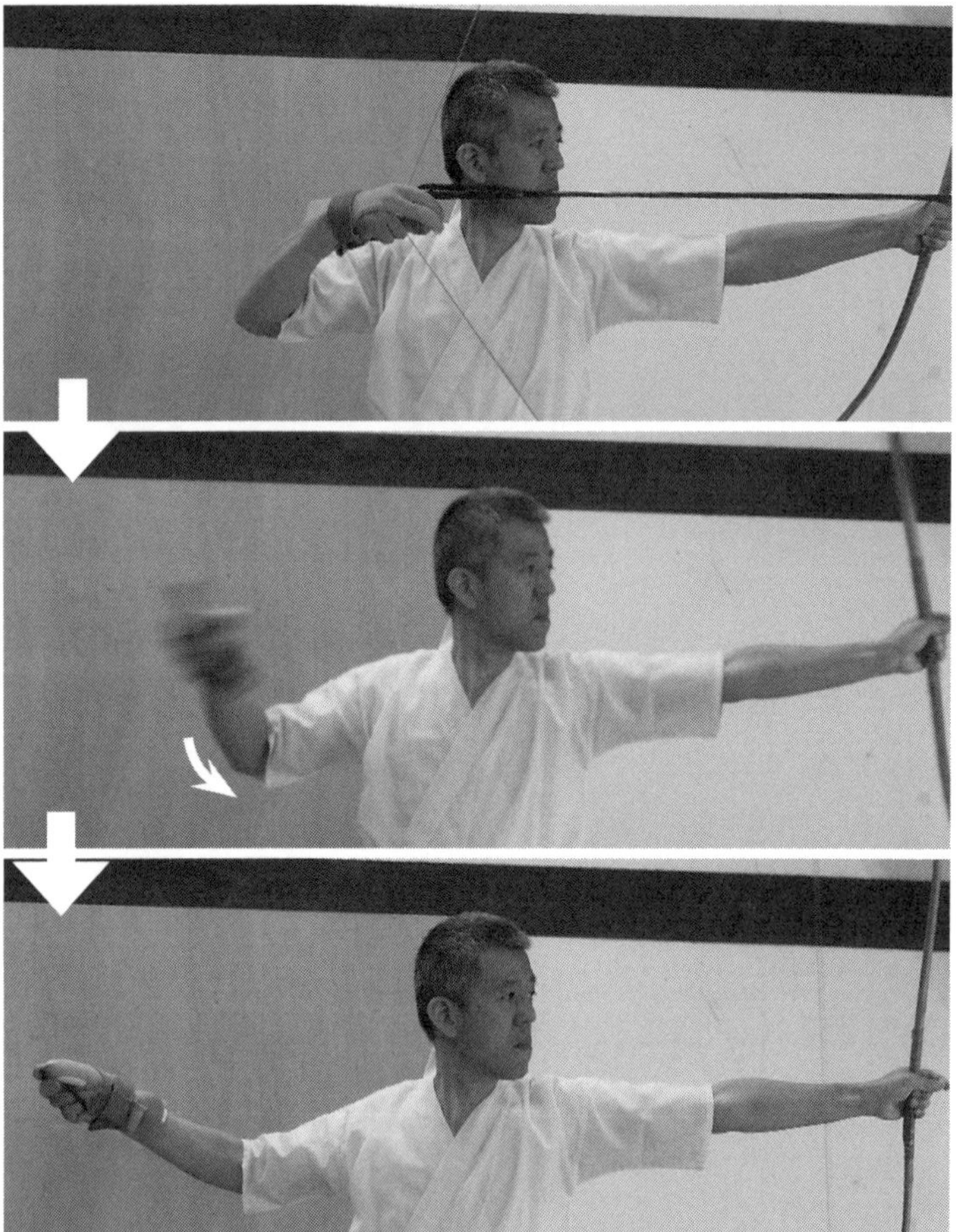

㈦離れ

㈦の2　離れに関わる筋肉（補足）

◉大円筋

起始：肩甲骨の下角の背側面
停止：上腕骨結節間溝の小結節稜
作用：肩関節の内転、内旋、および後方に引く

◉上腕三頭筋

起始：長頭は肩甲骨の関節下結節、外側頭は上腕骨の後面および外面、内側頭は上腕骨の下部後面
停止：肘頭の上後面と前腕の深筋膜
作用：肘関節伸展、肩関節外転位において長頭は肩関節内転を補助する

◉前鋸筋

起始：上部8ないし9本の肋骨の外側面

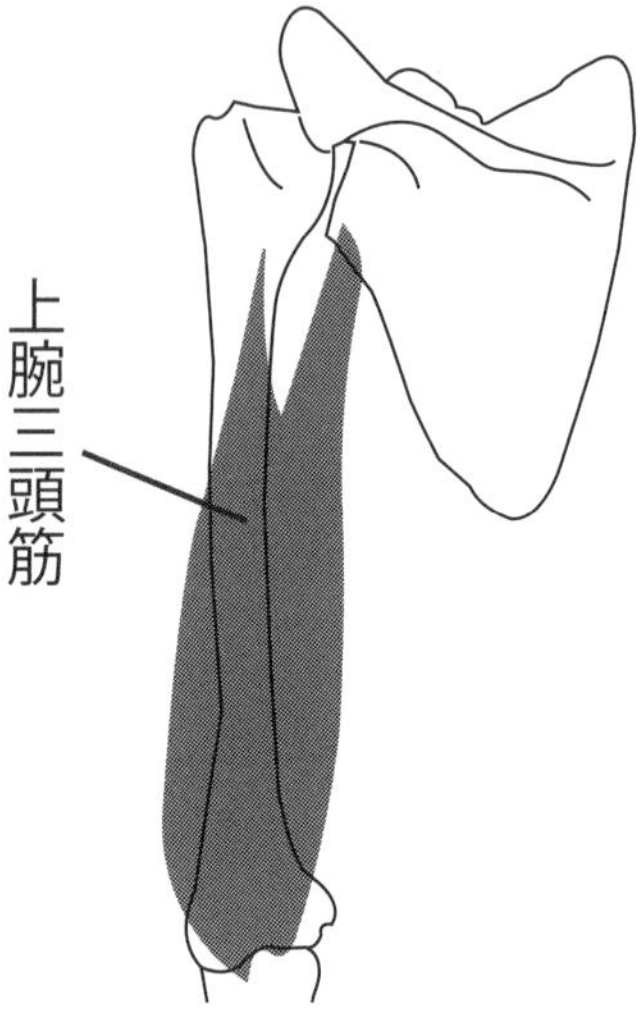
上腕三頭筋

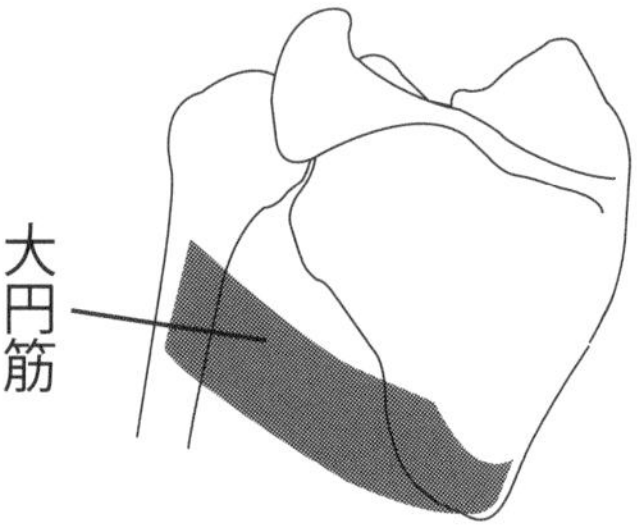
大円筋

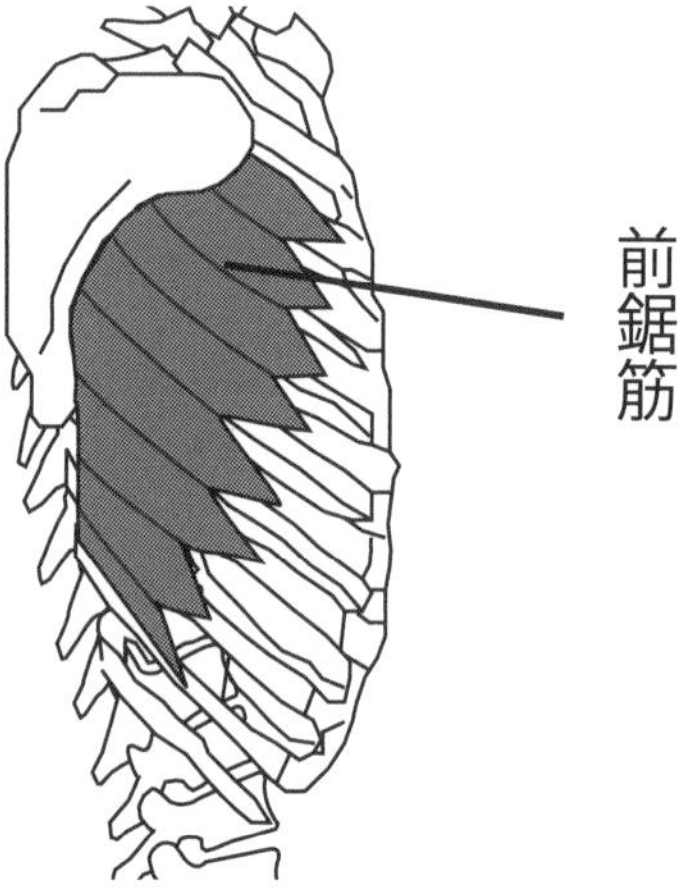
前鋸筋

停止：肩甲骨椎骨縁（内側縁）の肋骨面
作用：肩甲骨の外転、肩甲骨を固定した場合は肋骨を引き上げる

㊇残心（残身）～見た目も中身も

教本では射の総決算、体形厳然として、縦横十文字の規矩を堅持していなければならないとあります。

その前に「眼は矢所の着点に注いでいなければならない」という大切な要件があります。これは、会の項目でも書いたように、正しい「ねらい」ができていないと不可能です。目がきちんと着点に無い場合、身体も不安定なままの残心になるのでよくよく注意する必要があります。

規矩を堅持するとか総決算というのは、ここで今からやろうとしてももう手遅れです。離れまでの動作がいかにできたのか、その答えもしくは答え合わせという意味で考えましょう。どれだけ取り繕っても、周囲から見たら全てお見通しです。

残心での拳の位置や全体の佇まいという部分は、正直言葉で表現するのは難しいです。一つ言えるのは、残心で脱力している部分はなるべく無くしたい。離れで全てが出しきれたら、程よく締まっています。

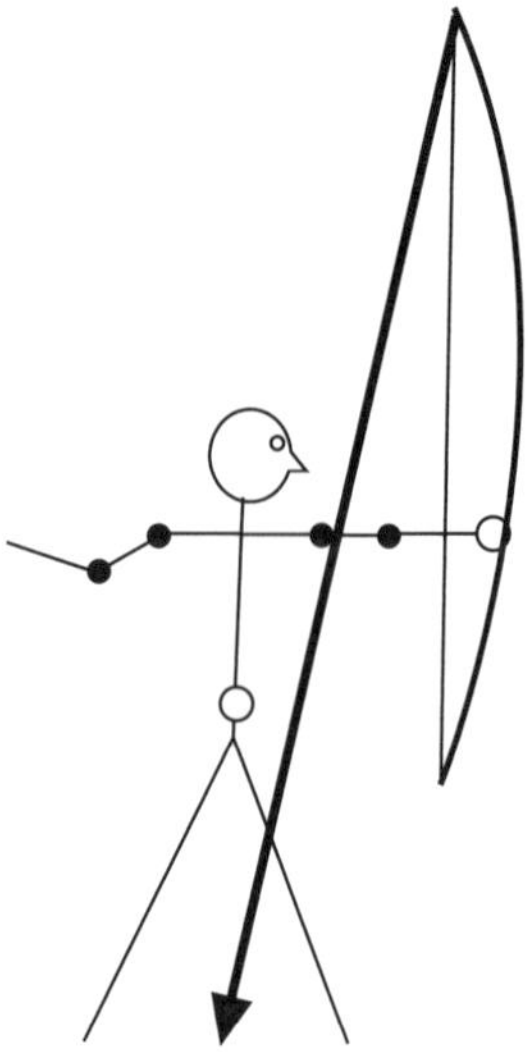

末弭（うらはず）が一直線で正
中線上に下りるようにする。
（執弓の姿勢の位置）

弓倒し筋肉運動

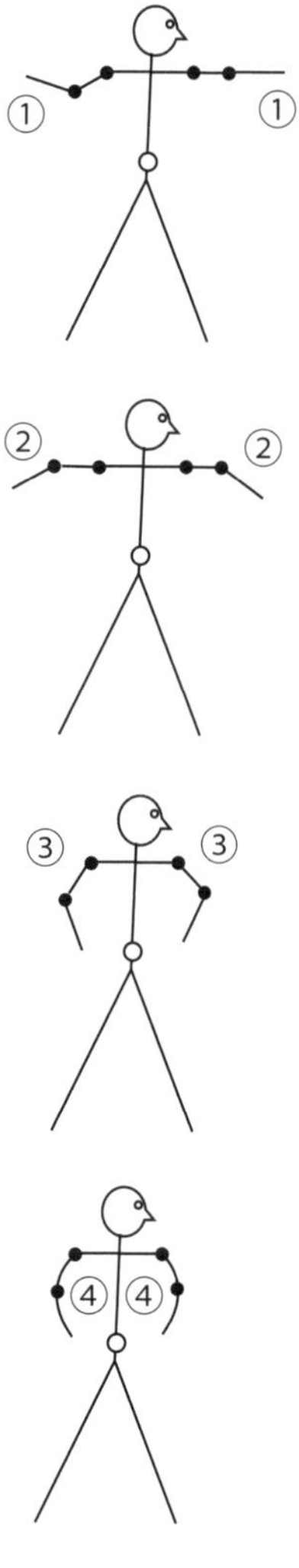

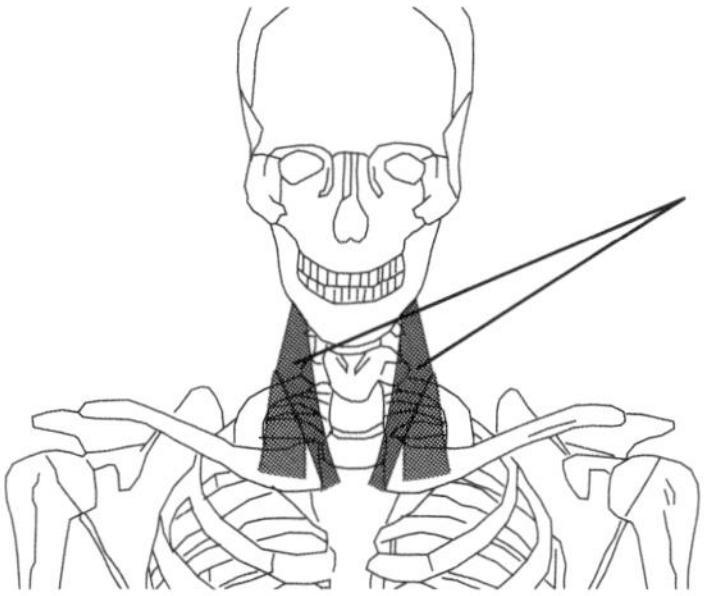

表現が微妙ですが教本上「残心（残身）」ののち、弓を呼吸に合わせて倒し（弓倒しという）物見を静かにもどし、足をとじる。これらの動作はすべて「残心（残身）」にふくまれるものであるという気持ちで行うことが肝要である。と、あります。

良い残心であれば弓倒しで通るルートは限られます。広背筋、前鋸筋、上腕三頭筋あたりが離れでしっかり機能していると、動かしだせるのはまず肘から先、その動きに連動して上腕が動き拳を腰にとれるようになります。

物見の戻し方は説明としては簡単で、左の胸鎖乳突筋で入れていた物見は、右の胸鎖乳突筋を使って戻そうとすると割と無理なく戻ります。

竪一《たていち》を意識しすぎて右の胸鎖乳突筋に力が入りすぎた無理のある物見をしていると、ぎこちない物見返しになります。

物見返しが上手くいかない場合は、弓構えの項目を再度確認して修正しましょう。

足をとじる動作

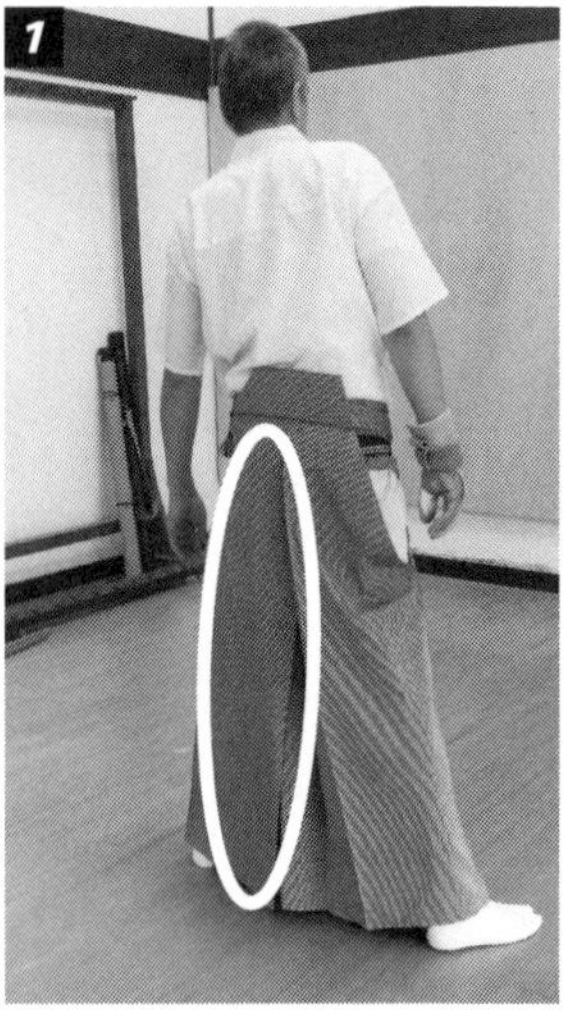

左の中殿筋、大腿二頭筋、下腿三頭筋でしっかり支え、

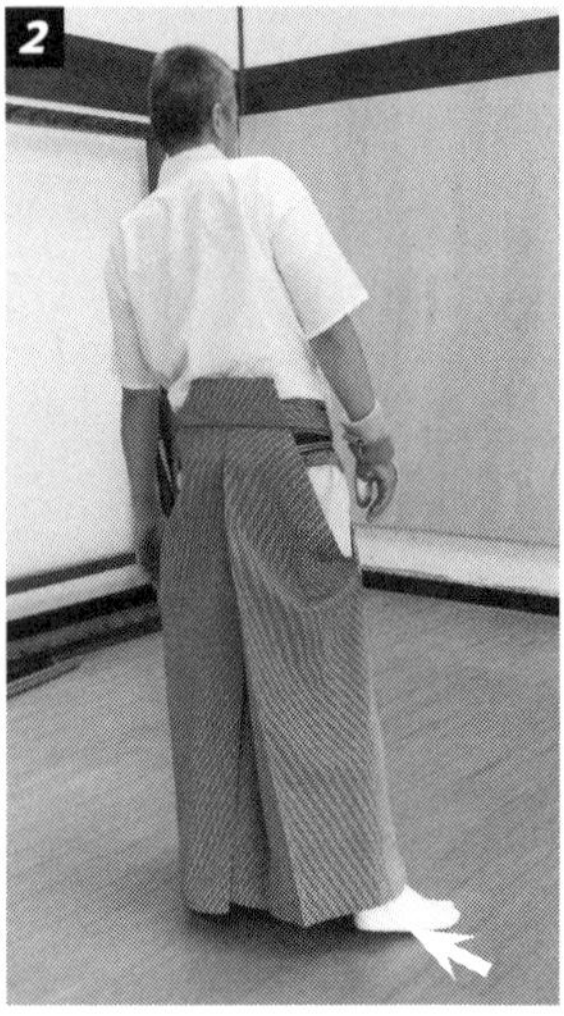

右の大内転筋、長内転筋を働かせて足を半歩寄せる。

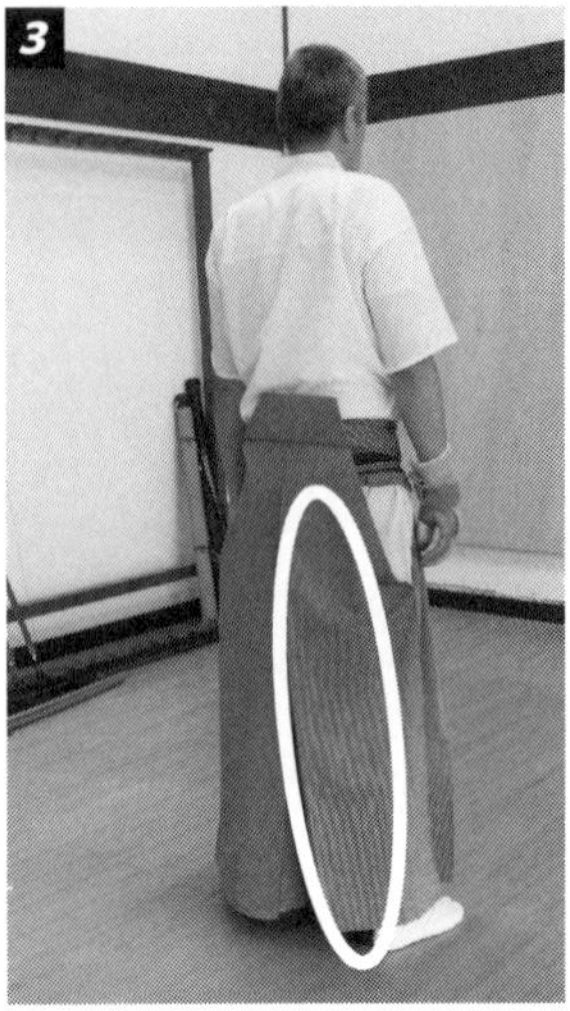

右の中殿筋、大腿二頭筋、下腿三頭筋でしっかり支え、

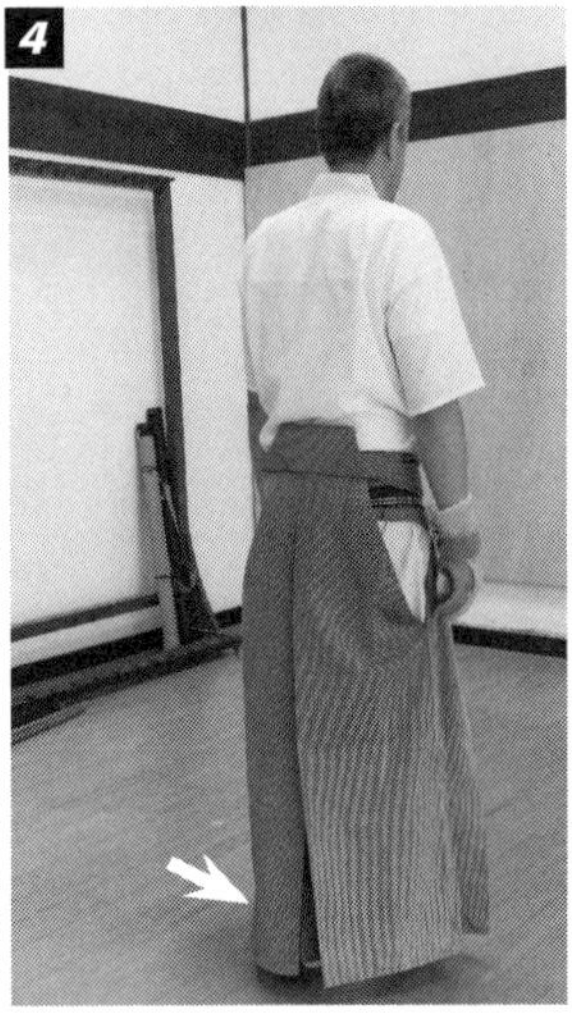

左の大内転筋、長内転筋を働かせて足を半歩寄せる。

足をとじる動作については、様式は3つありますが、後半2つは射礼関係で行うもので、通常的前で引くには1の脇正面に向かったまま右足より半歩ずつ引きそろえる。と、いうのが最も日常的に使われます。

この時に必要になってくるのは大腿部の内転筋です。足先だけを動かそうとすると、上半身がぐらついて台無しになります。足踏みの開き方も参考になりますが、基本的には閉じるので逆動作です。

1　左の中殿筋、大腿二頭筋、下腿三頭筋でしっかり支え、
2　右の大内転筋、長内転筋を働かせて足を半歩寄せる。
3　右の中殿筋、大腿二頭筋、下腿三頭筋でしっかり支え、
4　左の大内転筋、長内転筋を働かせて足を閉じる

当然のことながら、膝を伸ばして（大腿四頭筋を使って後ろの筋肉を使えなくする）ロックして閉じるという動作は避けなければなりません。

ここまで少々長くなりましたが、第3章での基礎的な射法八節の説明といたします。初心者を出たレベルでは理解するのに多少厳しいと思いますが、指導者に説明を受けながら、気になっている部分に対して知識を補完しながら使っていただくと良いかと思います。

㊀足踏み

㊁胴造り

㊂弓構え

㊃打起し

⑤引分け

⑥会

⑦離れ

⑧残心（残身）

第4章

ケアとトレーニング

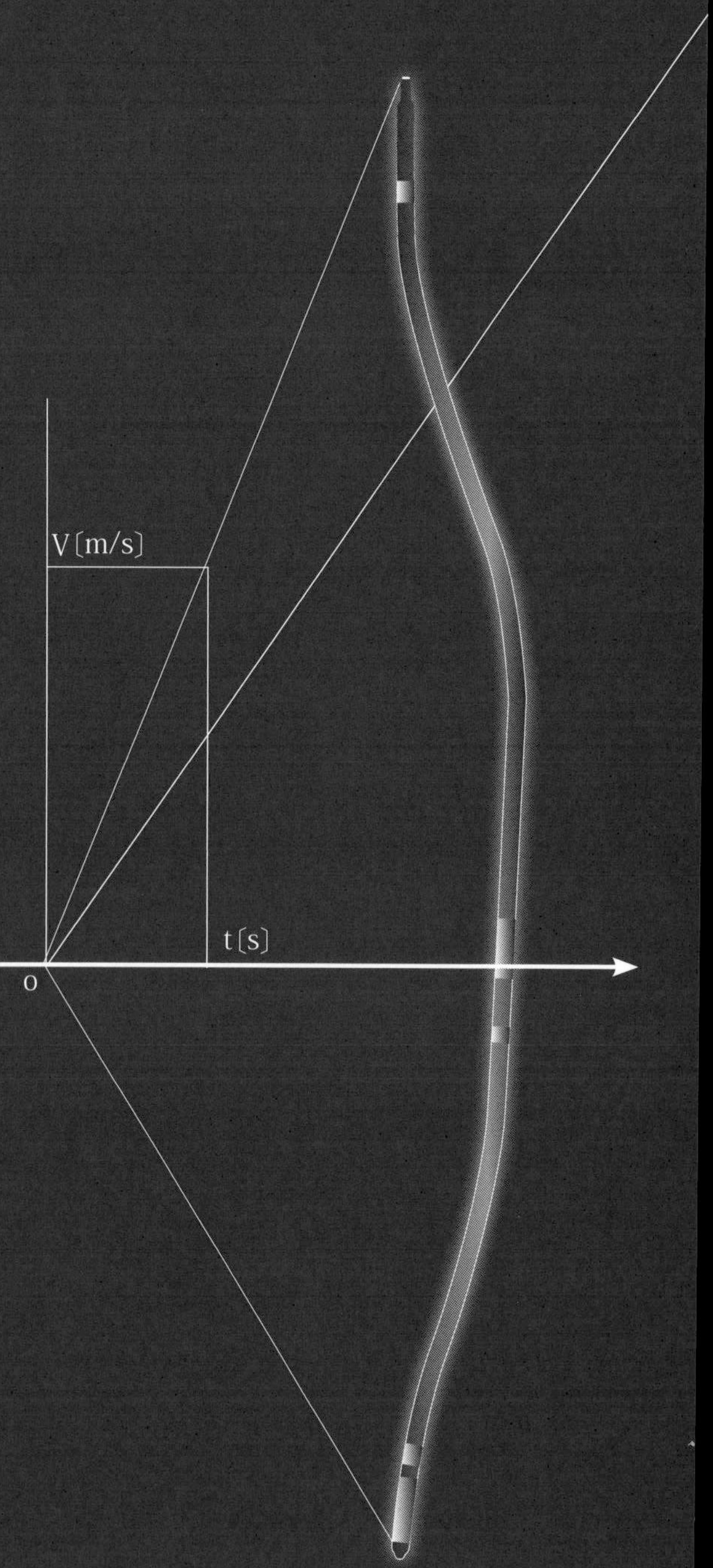

1 ケアとは?

ケアをするというのは、手入れをするとか管理をするという意味で多く使われますが、道具の手入れをするのと同様、身体も手入れする必要があります。これはパフォーマンスを上げるというよりも、現状を維持することと状態を悪化させないこと、試合などの開始時や終了時に自身の状態をいつもと同じような状態に戻すという重要な役割があります。

道具で言えば中仕掛けを直しておく、竹弓の場合は事前に張って空拭きする、矢の傷や羽の浮きを確認する、諜の状態を把握して下カケを洗っておく。これらと一緒です。試合などが終わった後も同様に確認が必要です。

今回はウォーミングアップがメインの話になりますが、日常から身体をメンテナンスするというのも重要な話です。

2 トレーニングとは?

トレーニングというのは、ウェイトトレーニングをイメージする人が多く、きつくて大変な事をすることばかりが想像される場面が多いかもしれません。古くはスポ魂のアニメや漫画の影響が多くあるのかもしれません。そもそも武道は全般に「修行」という意識が強く、そのためには苦行と言われるぐらいキツく無いと、修行した気にならない雰囲気もあります。

確かにそういった面で出る効果もありますが、「運動や環境に対する身体の適応性を利用して身体の機能をできるだけ発展させる」というのがトレーニングの目的です。

トレーニングの5原則

「全面性」全体をバランスよく鍛える↓ケガのリスク回避
「意識性」目的と意味を理解してどこに負荷をかけたいのかを意識しながらやる
「漸進性」徐々に負荷や難易度を上げる
「個別性」年齢、性別、体格などに合わせて行う
「反復性」継続して続ける↓短期間で効果が出る訳ではない↓やめると衰える

筋トレ、走り込み、サーキットなどたくさんありますが、細かくなりすぎるので詳細は割愛します。

◉弓道体操

現在ではほとんどの人が知りませんが、弓道体操というものがあります。昭和39年の東京オリ

弓道体操（一部）

1～2　手を膝に当て全屈する。｛上体を真直ぐにしたまま｝
3～4　手を膝に当て脚を押し伸ばす。
5～6　1～2と同じ。
7～8　3～4と同じ。｛上体の重みを腕にかけるように｝
（両肘を横に張り、力を抜き、両手に上体の重みを乗せるようにして膝を伸ばす。上体を3と4で弾ませるようにして脚を全屈させる。
注　二回目の8で直立となる。

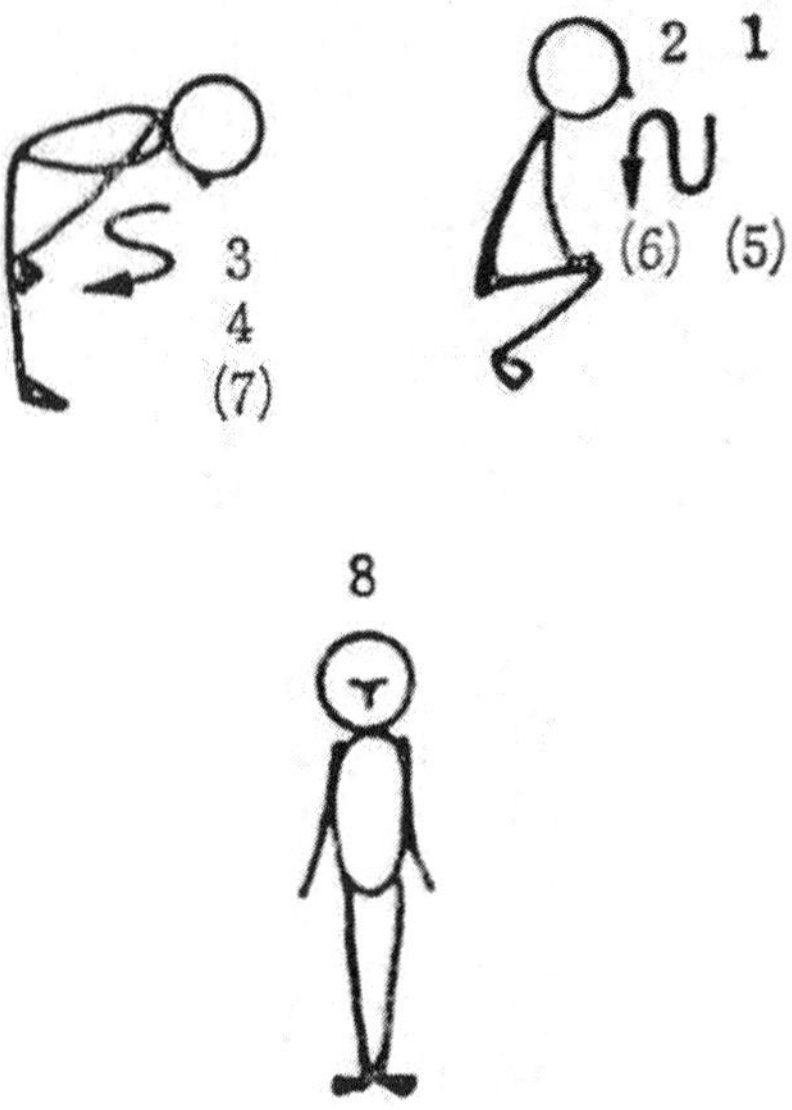

ンピック頃に作られました。内容から見ると全体で集まってマスゲームのような形でやるものと、個別でやるものを想定して準備されましたが、残念ながら現在ではその存在を知る人はほとんど居なくなりました。

　内容はラジオ体操を元にしたものですが、そもそもラジオ体操そのものが完成度が高く運動強度も高いため有用です。小学校ぐらいまでで誰でもやったことがあるのがラジオ体操のすごいところです。

　ラジオ体操との差別化を図りたかったであろうと思いますが、認知度の違いも大きくラジオ体操を本気でやると準備運動としては十分なので、次第に消えていったと思われます。

3 弓道にケア、トレーニングは必要か？

ケアをしないと弓は引けないのか？と言われれば遊びでやる分にはそこまで必要ではありません。引くことは引けます。もちろんケガの原因にはなりますが、柔道や剣道、その他対戦相手がいる競技や、走る飛ぶなどの動作が入る競技などと比べると、ケアをする必要性は感じにくいと言えます。

教本には性質上その類の事は書いてありません。諸々の参考書にもケアしましょう、トレーニングしましょうという文言は見られるものの、一歩踏み込んだ内容はなかなか見ることができません。

初心者を脱したら弓を引くことが楽しくて、ついつい時間を惜しんで弓を引く時間ばかりになってしまう人もかなりいます。先輩や先生もそこまでやっているのを見ないから、必要性を感じないといった場合もあります。

もちろんストレッチの仕方やトレーニングのやり方を図や写真で掲載しているものもあります

が、そこまで踏み込んであるものはなかなか見られません。先輩や先生も入念に準備運動をしている人はなかなかいないし、まあいいかと流されるのはよく想定される場面ですが、本当にそれで良いのでしょうか？

対人競技に限らず、高いレベルを求められる競技において準備運動をしないことはありえません。「弓道には準備運動やトレーニングは必要ない」と、言う人がいたら、それは弓道という競技そのものの価値を下げている人と言って差支えありません。

本当の意味で必要無いと言い切れるのは、常にどの方向から攻撃を受けても対応できるほどの身体状況をつくっている達人レベルの人ぐらいです。

そこまで追い込んだ生活をしている訳でもないのに必要無いと言う事は、必要無い程度のレベルが低い運動をしていると宣言してしまっているのと同義です。

4 素引きと巻藁

準備運動は？と聞いた時に高確率で返ってくる答えが「素引きした」「巻藁引いた」「ゴム弓引いた」などの言葉です。基本的に予備動作であって準備運動ではありません。厳密には分けにくい部分もありますが、準備運動はあくまでも弓を持たずにやるものであって、ケガの予防という

巻藁は「準備運動」ではなく〝いきなり引く〟のと同等。できれば弓を持たずに行うものを事前に実施しておきたい。

観点からすると「準備運動をせずにいきなり引いた」となります。したがってかなり多くの人が準備運動をせずに練習をしてしまっています。

厚生労働省のホームページには

「身体活動や運動による傷害や痛みは、頻繁に活発に使われる部位に起こりやすいことがわかっています。ストレッチングなどの準備運動・整理運動は、実施する運動の種類にあわせて、傷害や痛みの発生しやすい部位を中心に行うと良いでしょう。」

といった文言があります。

予備動作をする前にやるべきこと、弱点強化をするためのトレーニングの仕方などを考えてみましょう。

できれば以降に挙げる内容の前に、ウォーキングや軽いジョギングなども行えると最低限の血液循環アップができ、ケガ回避の観点からもより効果的です。

5 ウォーミングアップ〜身体を温めて動き出すための準備

〈静的（スタティック）ストレッチ〉

静的ストレッチは、自身の硬くなっている部分を確認しながら、関節の本来あるべき可動域を確保するという目的で行います。

※いずれも強い痛みが出るところまでは行わず、それぞれの部位を20〜30秒ぐらい同一姿勢で伸ばしてください。また、呼吸は止めずにおこなってください。

伸ばす部位を意識しながらやると効果的です。順番を決めて、末梢からもしくは中心からやると、感覚がつかみやすいと思います。

説明中にも出てきますが、伸びる感覚を感じられない場合や、範囲が広い場合には角度を変えるなどの工夫が必要です。

例

◉背中（肩甲骨周囲）

①両手を組んで前方に押し出す。特に肩甲骨の間を広げる感覚をもって行う。
②この状況から更に腕の間に頭を入れる。伸ばされる範囲と強度が変化するのを感じることができる

◉肩（三角筋他）

①片方の腕を伸ばして反対の腕で肘あたりを挟むようにする。意識する部分は腕の付け根（三角筋後面）
②更に肩甲骨と背骨の間を伸ばす。腕の角度によって伸ばされる部分が変化します。腕を上方にむけると下部繊維が、下方を向けると上部繊維が伸びる。

◉上腕（上腕三頭筋他）

①片方の腕を上方に挙げ、反対の手で肘をつかみ側方に引く。
②更に頭を後方に上げると①以上に引かれる。

◉前腕

①手のひらを下に向け肘を伸ばして肩の高さまで上げ、反対の手で手首から先を下げる。

②手のひらを内側に向け肘を伸ばして肩の高さまで上げ、反対の手で手首から先を下げる。
③手のひらを下に向け肘を伸ばして肩の高さまで上げ、反対の手で手首から先を上げる。

●首

①手を頭の横に置き引く。
②手を頭の斜め後ろに置いて前下方に引く。

●股関節、大腿（寝ながら行うため、場所を考える）

①寝た状態から、両手で片方の膝を抱える。
②更に内側、外側に向かって寄せることにより、伸ばされる部位が変わる。
③寝た状態から膝を直角に曲げ、足をクロスして反対側にもってくる（反対の手を添えて）
※角度を深くすると臀部が、浅くすると背部の方まで伸びる。

●下腿（膝に障害がある場合には無理しない）

①いわゆるアキレス腱（腓腹筋）のストレッチ。足裏を接地して膝を伸ばす。
②しゃがんだ状態で膝を曲げ、前方に体重をかける（ヒラメ筋）

静的（スタティック）ストレッチ

◉背中（肩甲骨周囲）

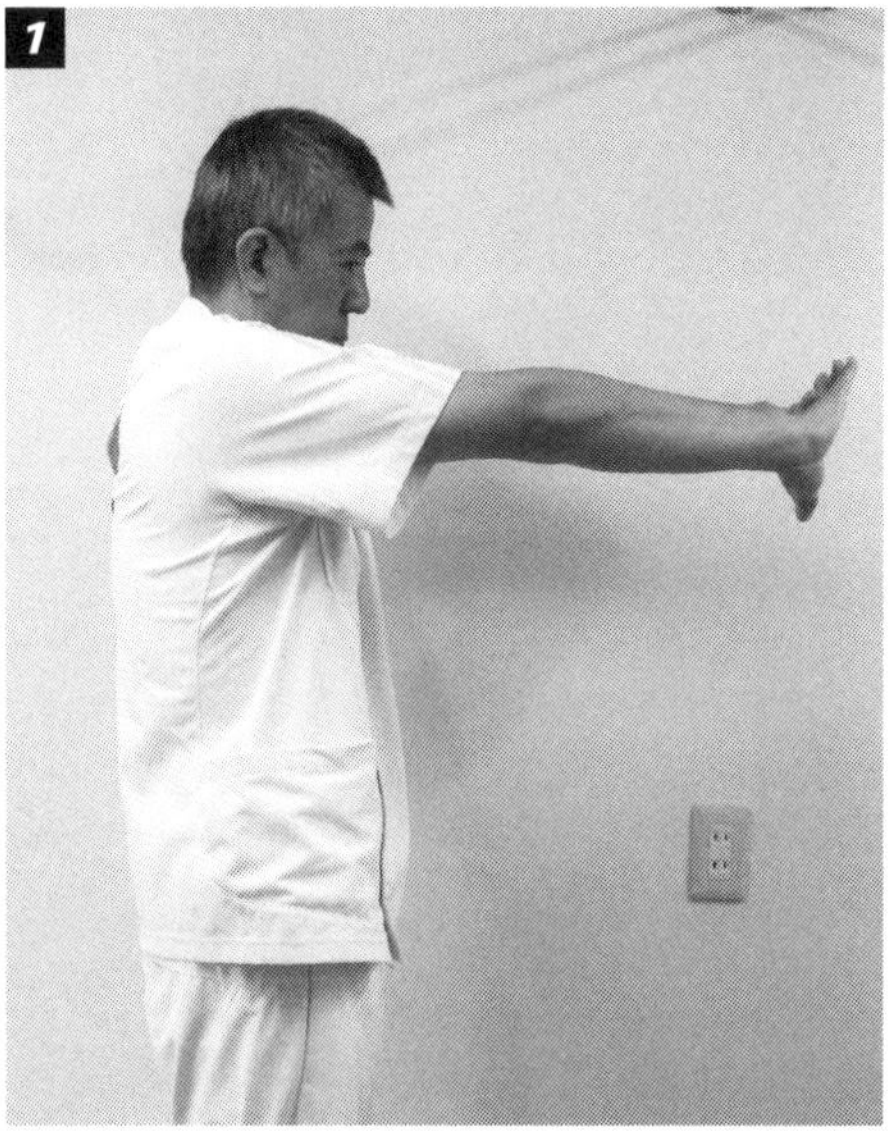

1 両手を組んで前方に押し出す。特に肩甲骨の間を広げる感覚をもって行う。

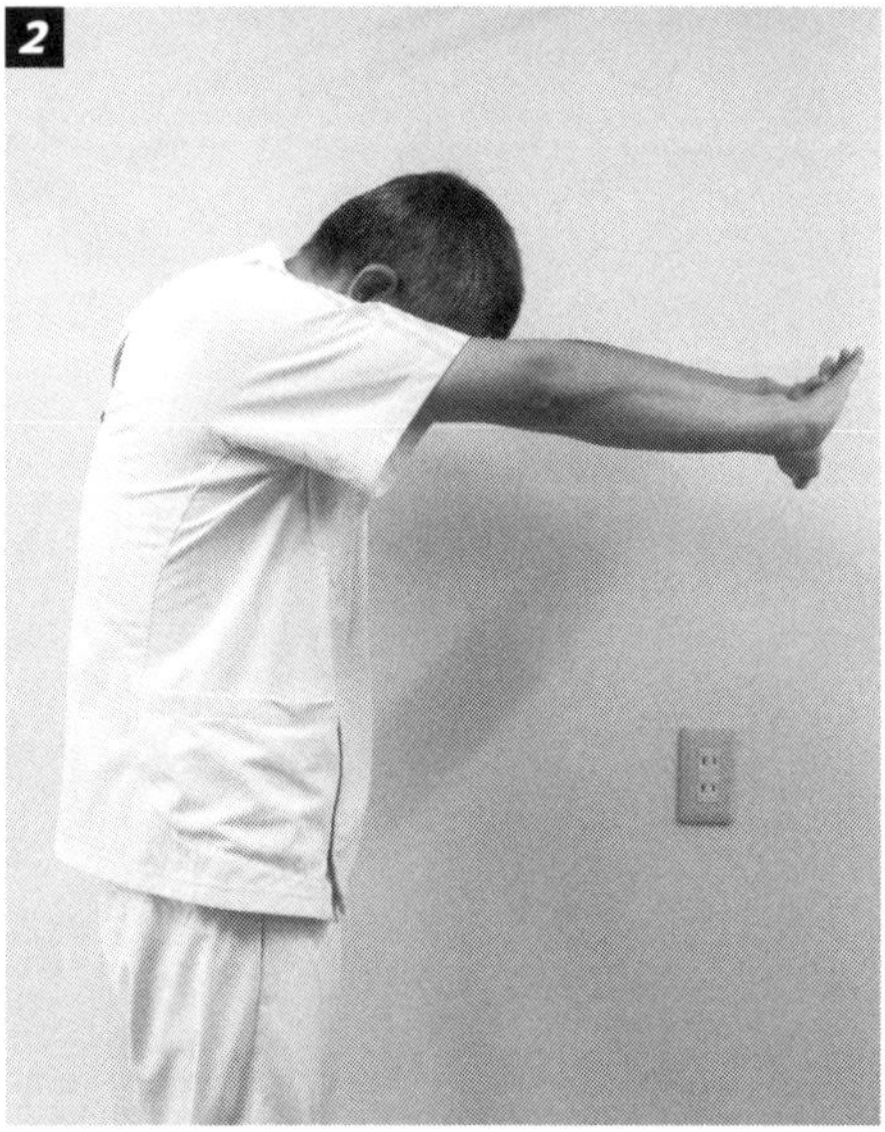

2 この状況から更に腕の間に頭を入れる。伸ばされる範囲と強度が変化するのを感じることができる。

◉肩（三角筋他）

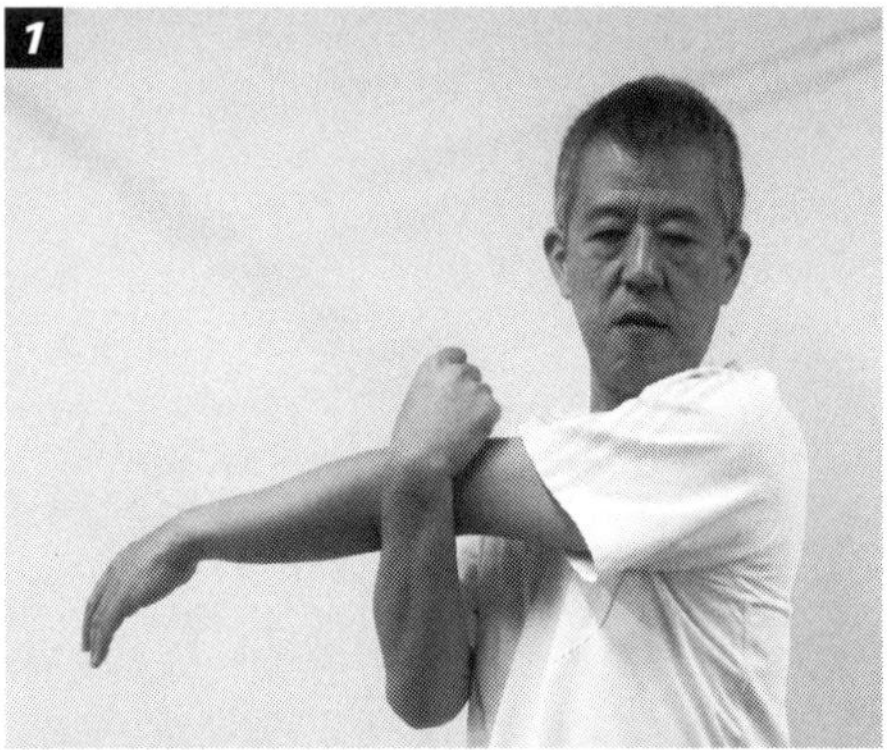

片方の腕を伸ばして反対の腕で肘あたりを挟むようにする。意識する部分は腕の付け根（三角筋後面）。更に肩甲骨と背骨の間を伸ばす。

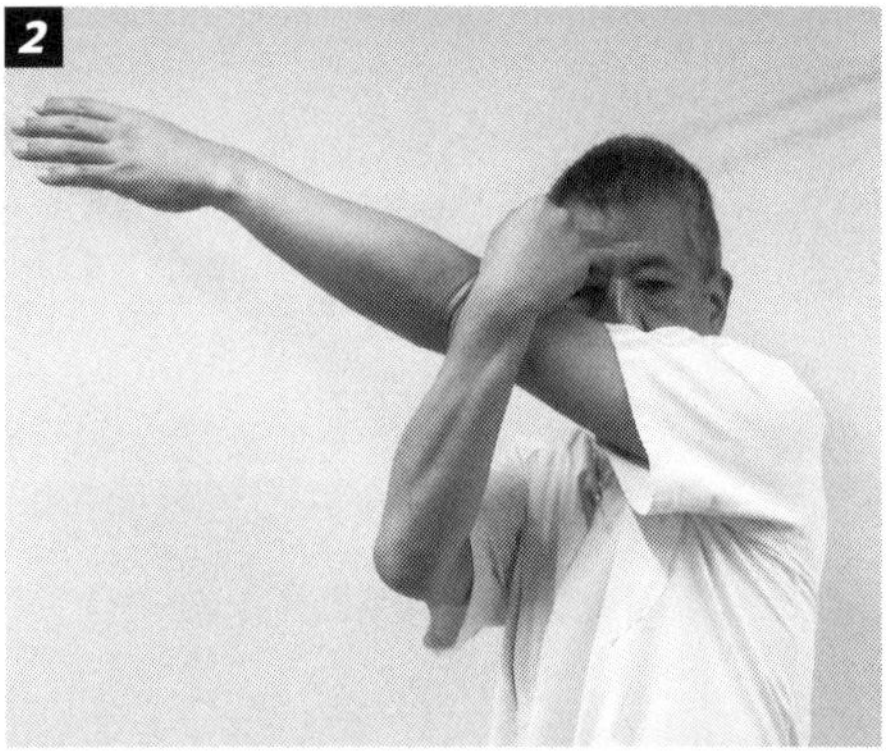

腕の角度によって伸ばされる部分が変化します。腕を上方にむけると下部繊維が、下方を向けると上部繊維が伸びる。

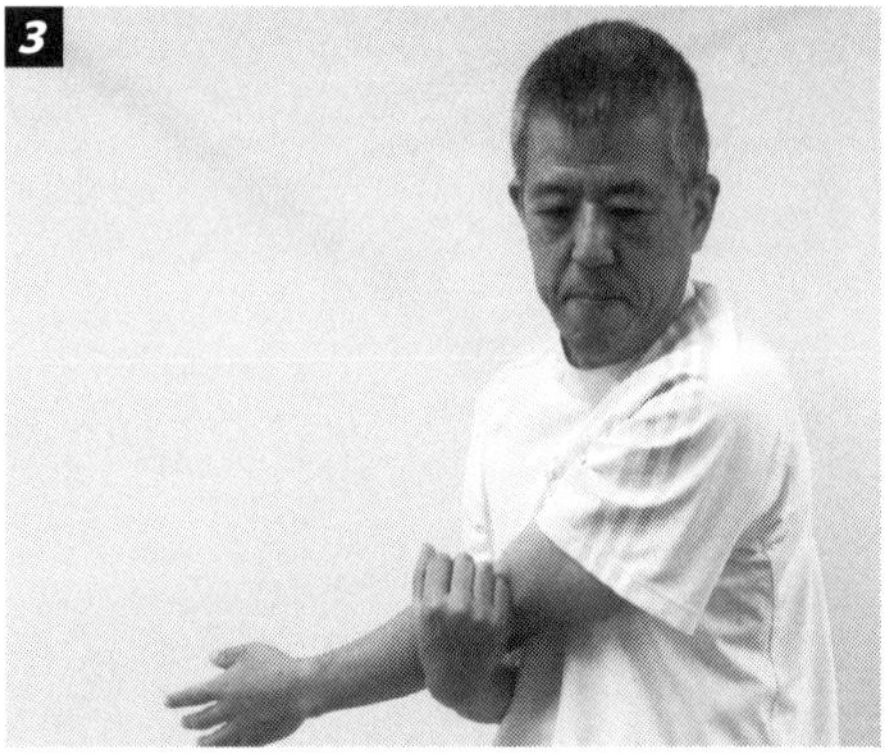

◉上腕（上腕三頭筋他）

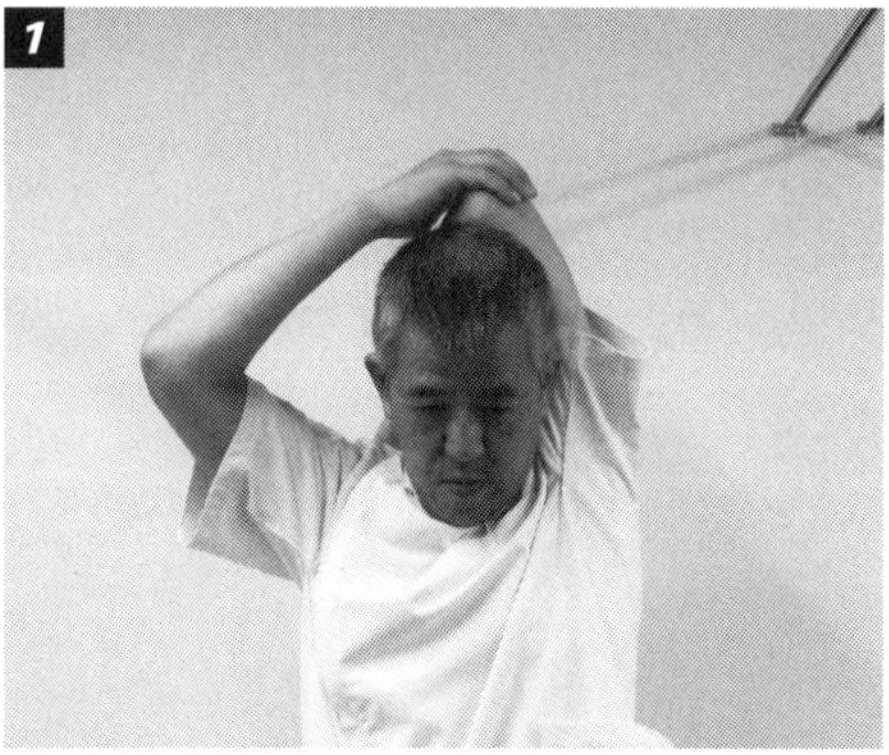

片方の腕を上方に挙げ、反対の手で肘をつかみ側方に引く。

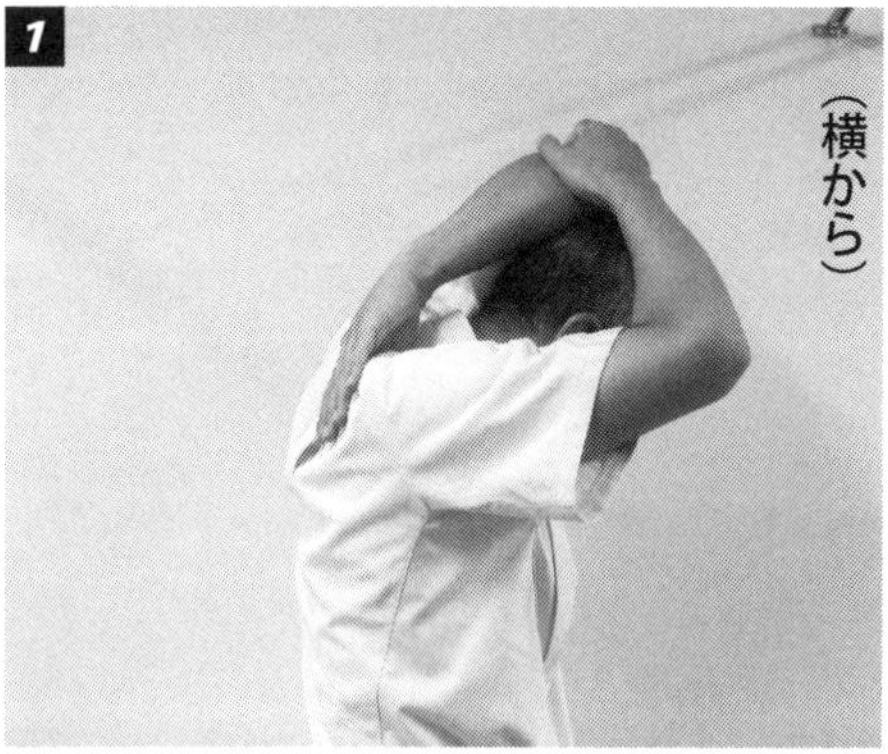

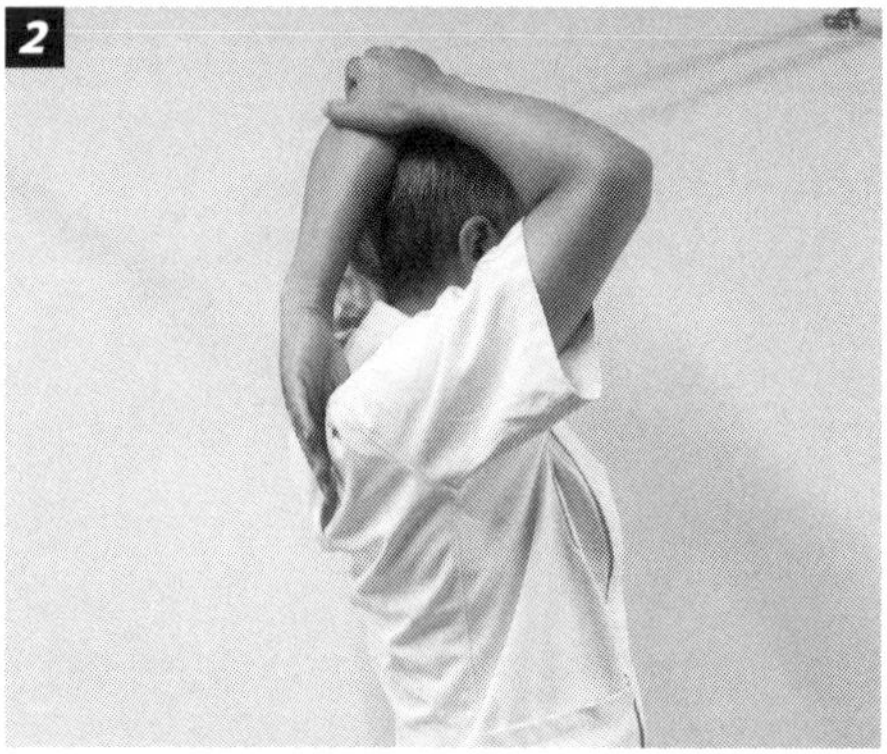

更に頭を後方に上げると①以上に引かれる。

◉前腕

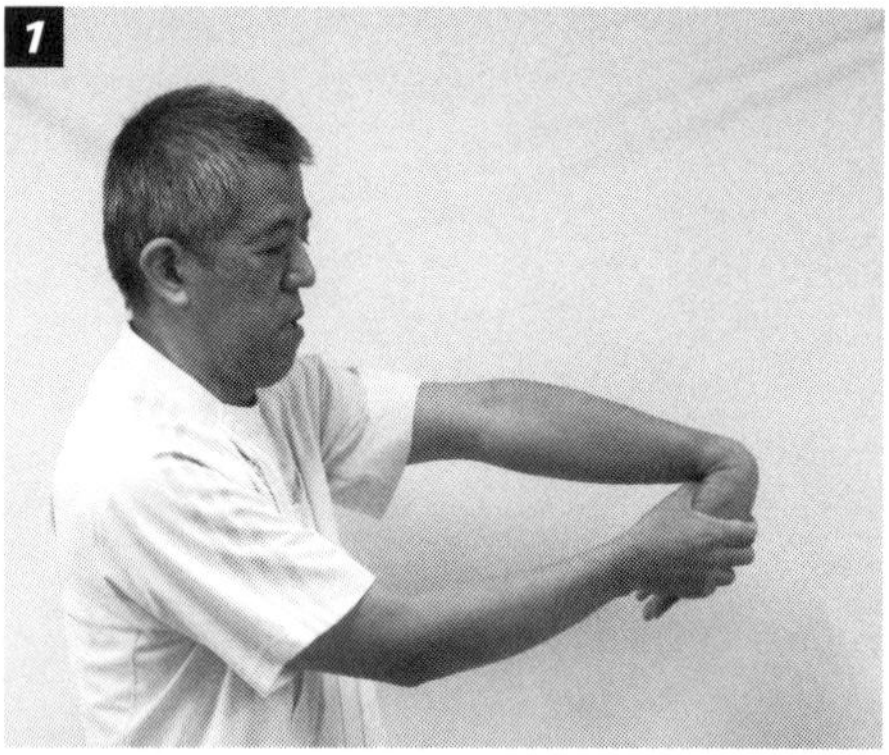

手のひらを下に向け肘を伸ばして肩の高さまで上げ、反対の手で手首から先を下げる。

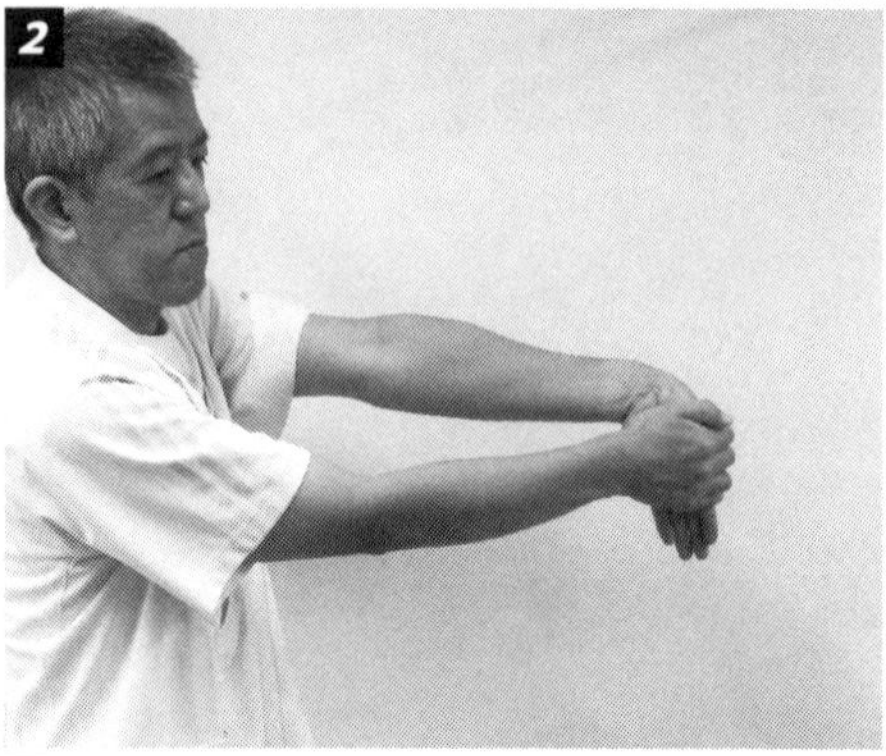

手のひらを内側に向け肘を伸ばして肩の高さまで上げ、反対の手で手首から先を下げる。

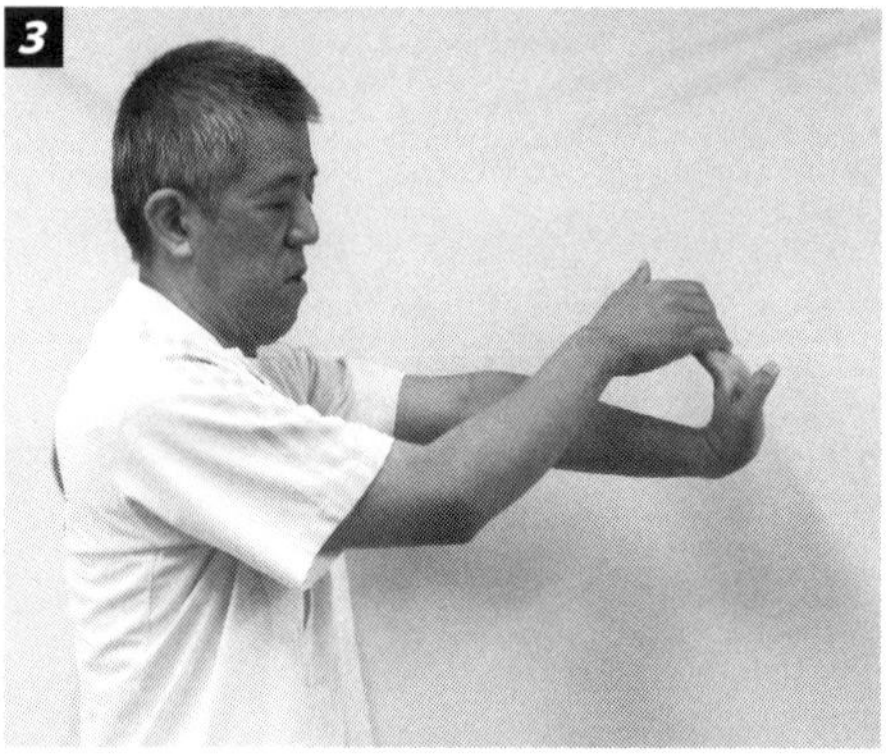

手のひらを下に向け肘を伸ばして肩の高さまで上げ、反対の手で手首から先を上げる。

◉首

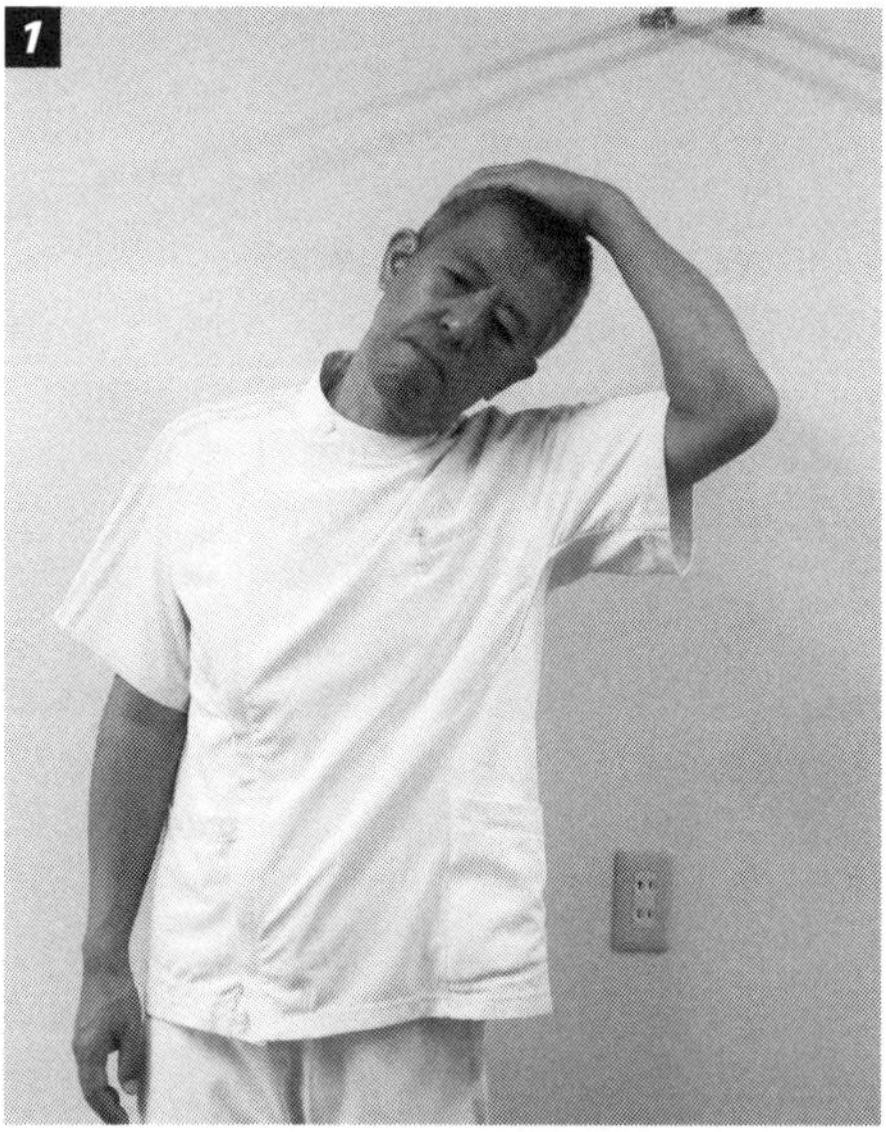

手を頭の横に置き引く。

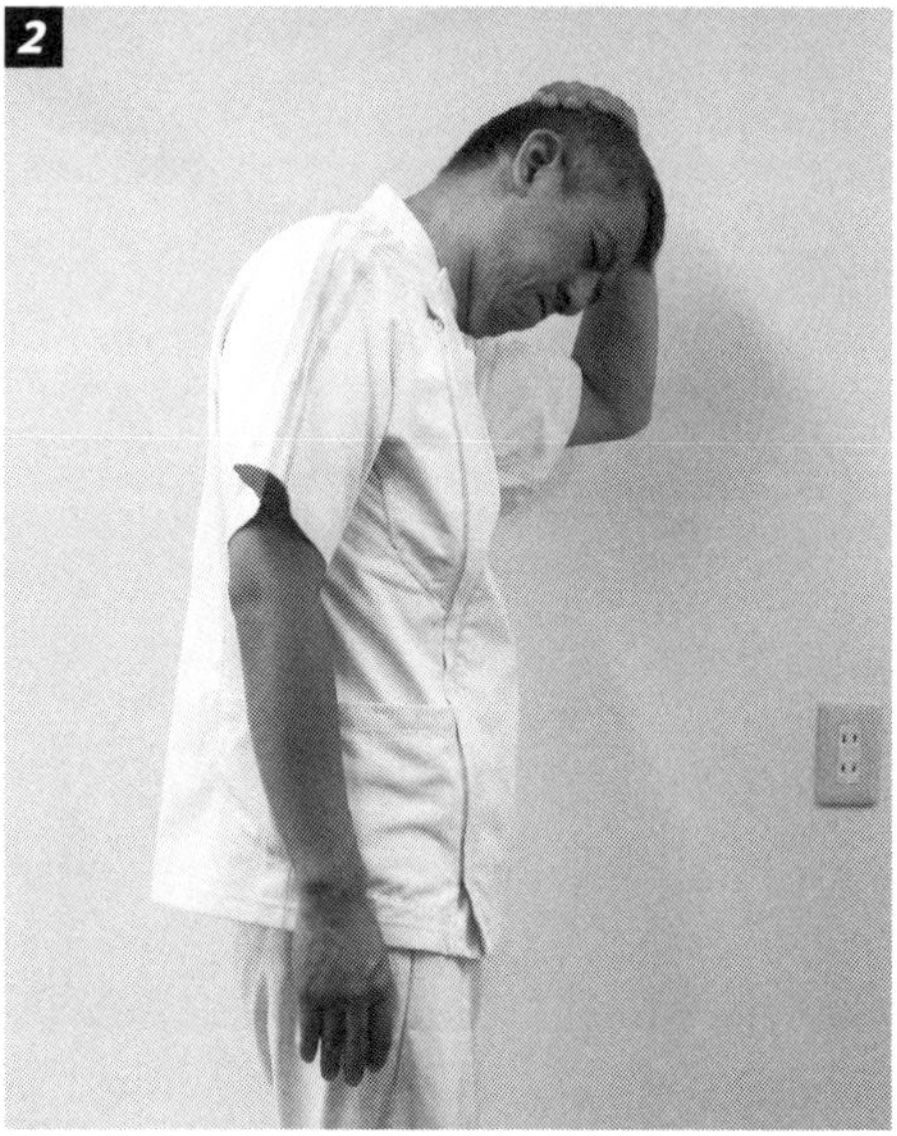

手を頭の斜め後ろに置いて前下方に引く。

◉股関節、大腿（寝ながら行うため、場所を考える）

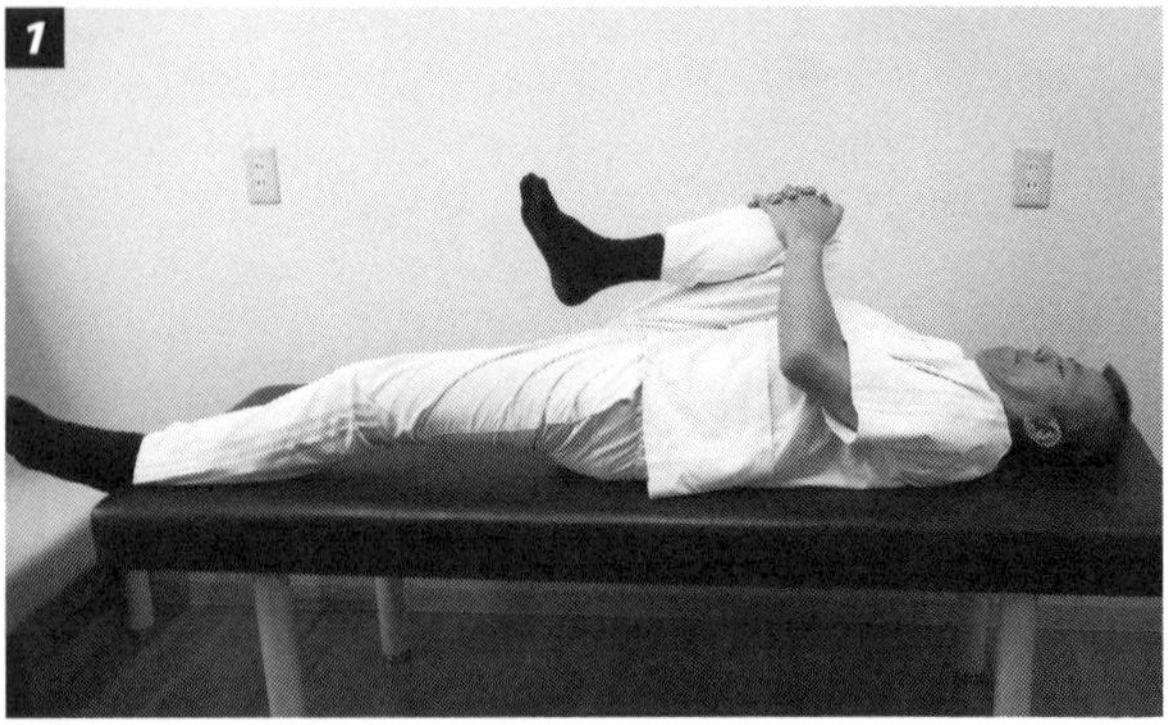

寝た状態から、両手で片方の膝を抱える。更に内側、外側に向かって寄せることにより、伸ばされる部位が変わる。

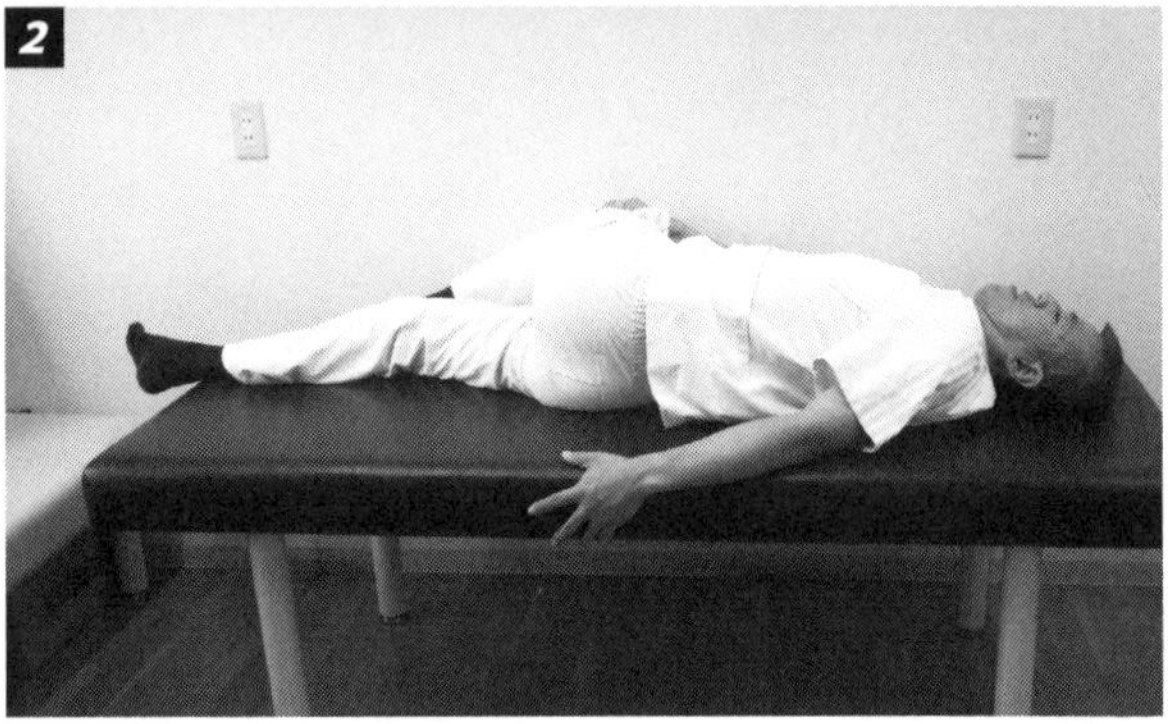

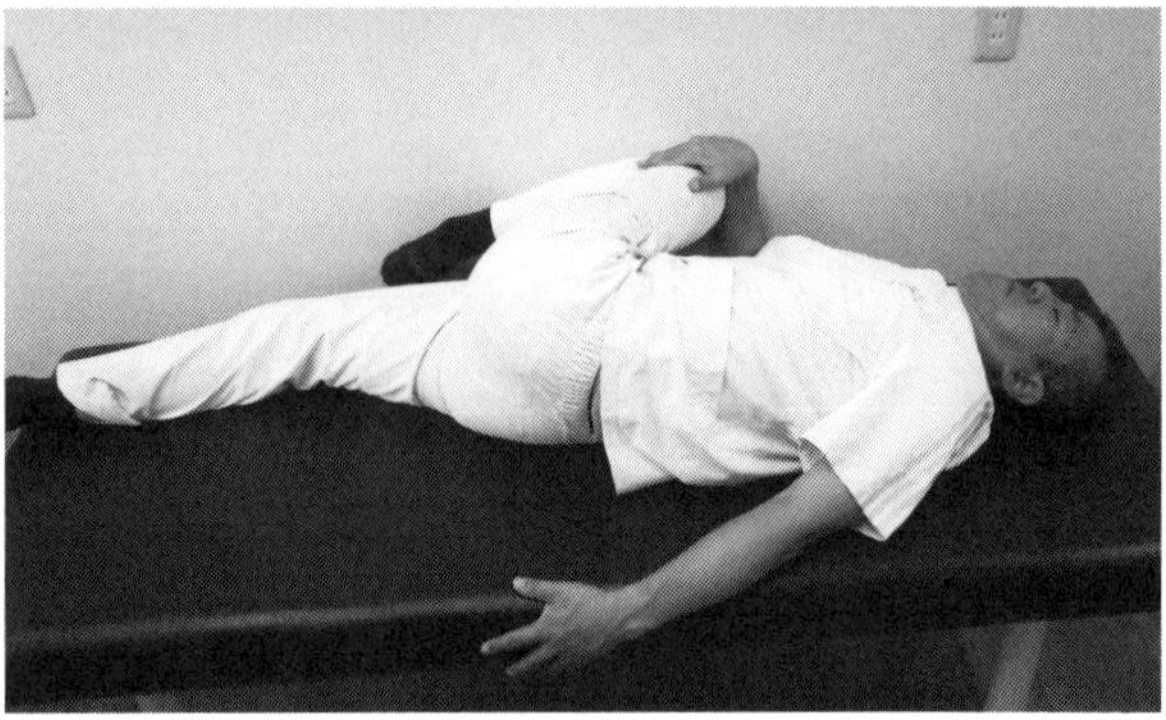

寝た状態から膝を直角に曲げ、足をクロスして反対側にもってくる（反対の手を添えて）

※角度を深くすると臀部が、浅くすると背部の方まで伸びる。

◉下腿（膝に障害がある場合には無理しない）

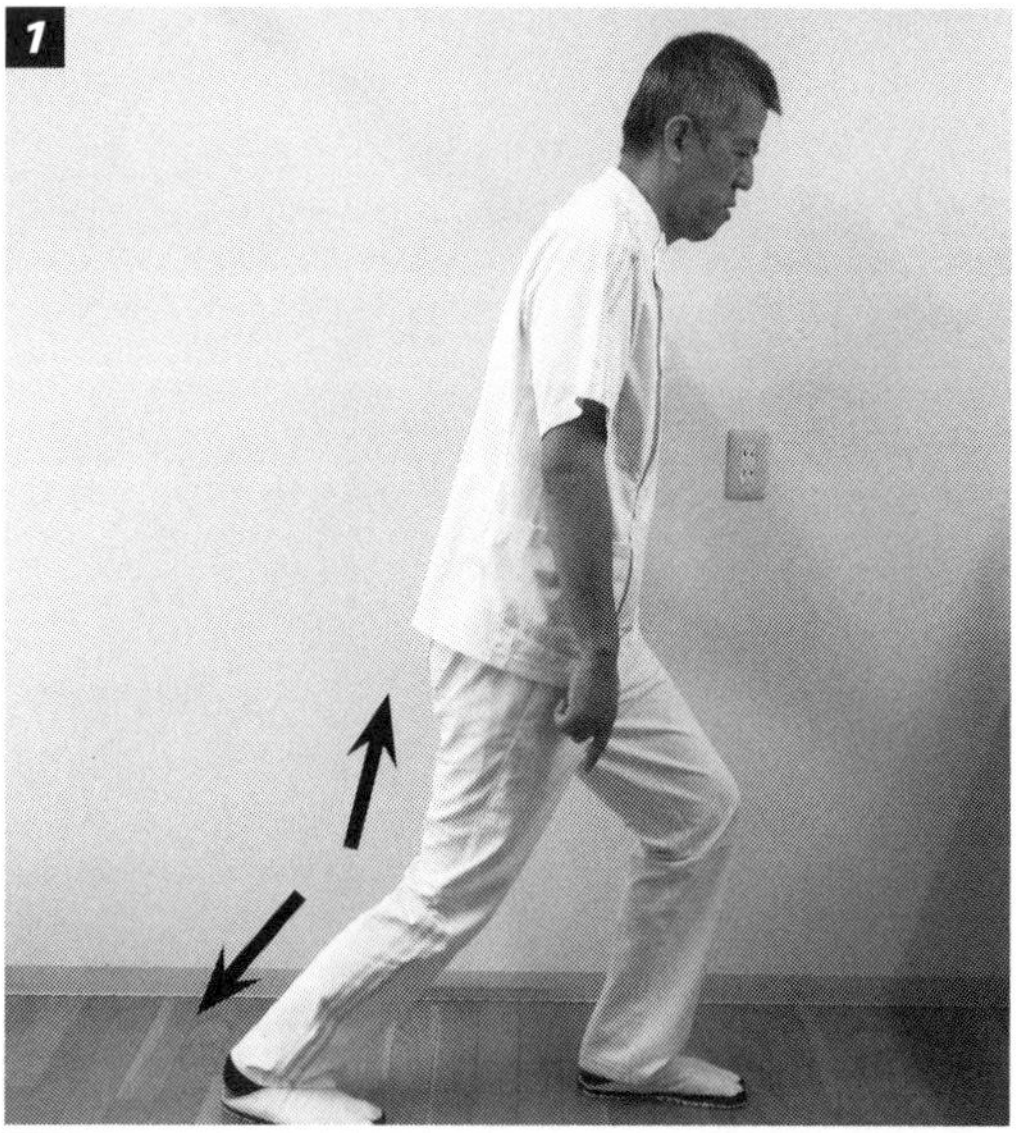

いわゆるアキレス腱（腓腹筋）のストレッチ。足裏を接地して膝を伸ばす。

しゃがんだ状態で膝を曲げ、前方に体重をかける（ヒラメ筋）

〈ストレッチ　動きを加えた形〉

●背中まわり

先ほど出てきた背中まわりのストレッチから、横に８の字を描くように左右に回す。

●肩まわり

指先を肩に置いて肘を大きく回す。

ストレッチ　動きを加えた形

◉背中まわり

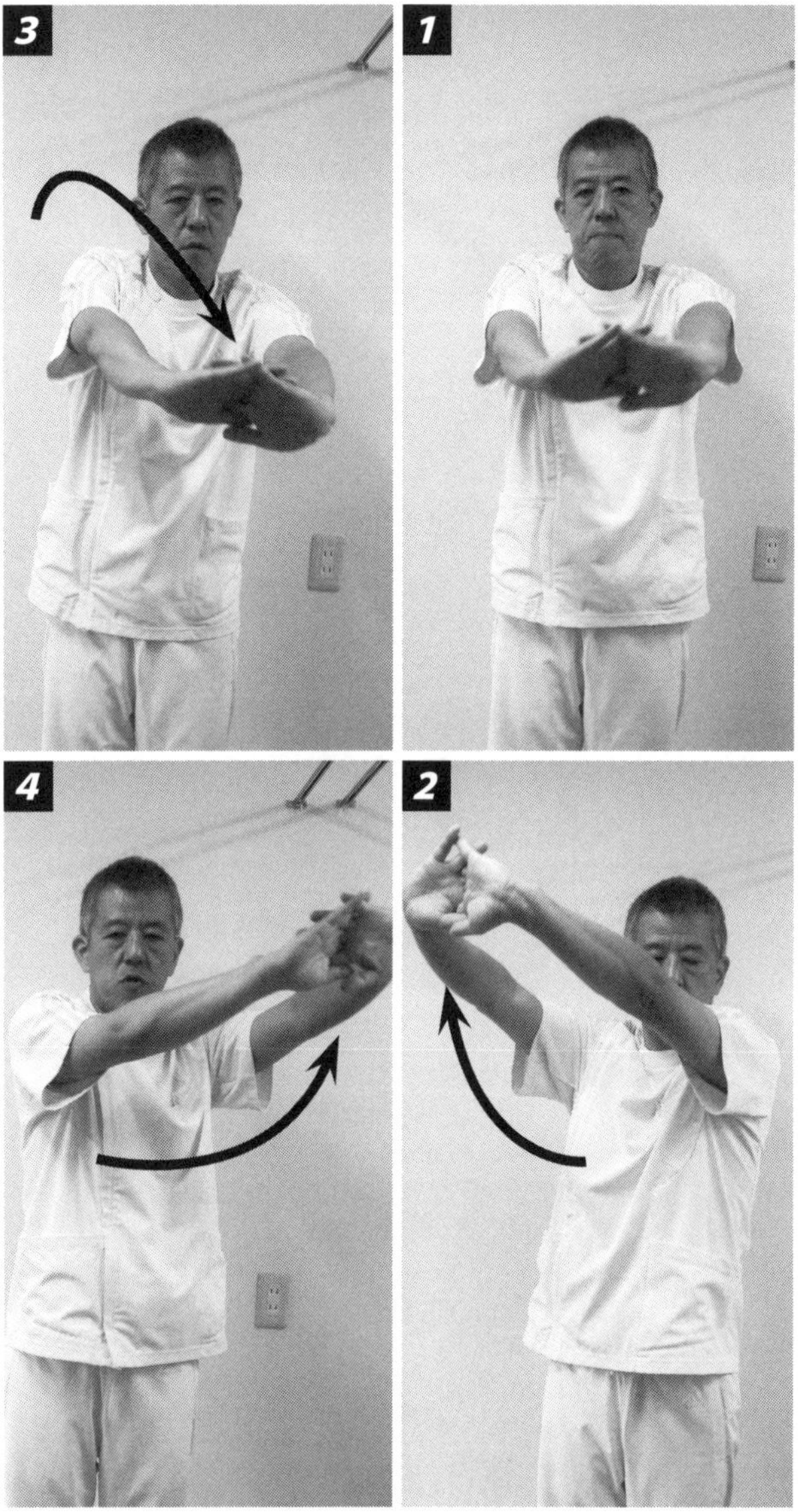

先ほど出てきた背中まわりのストレッチから、横に8の字を描くように左右に回す。

◉肩まわり

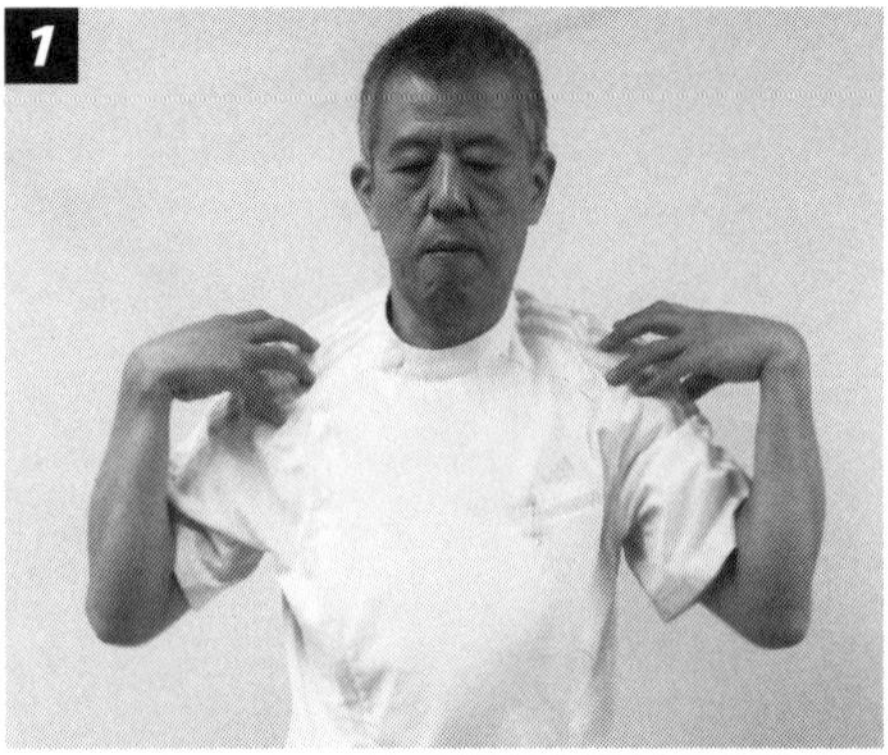

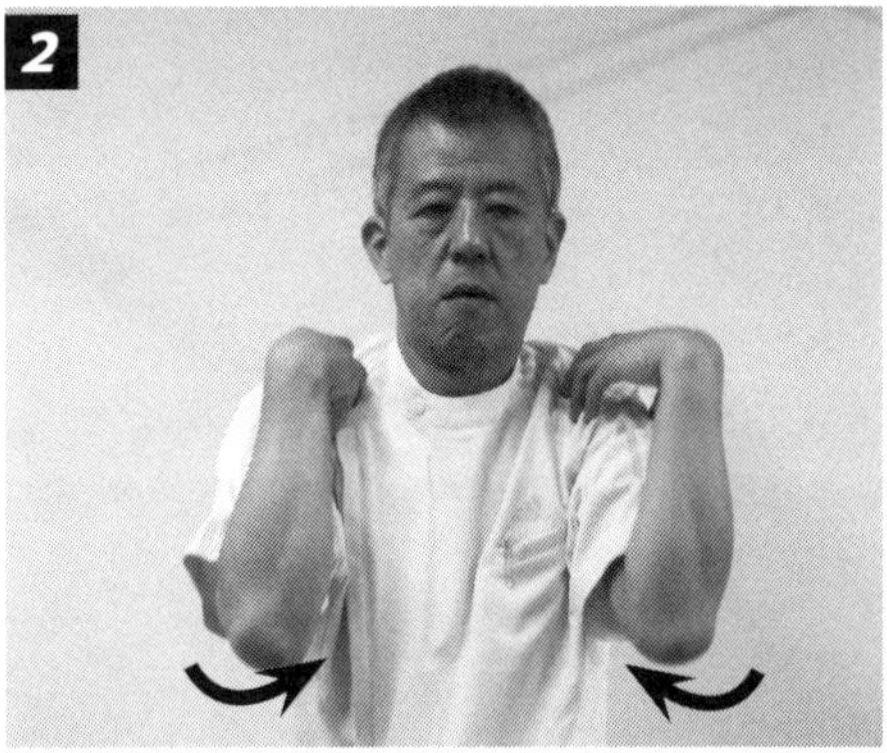

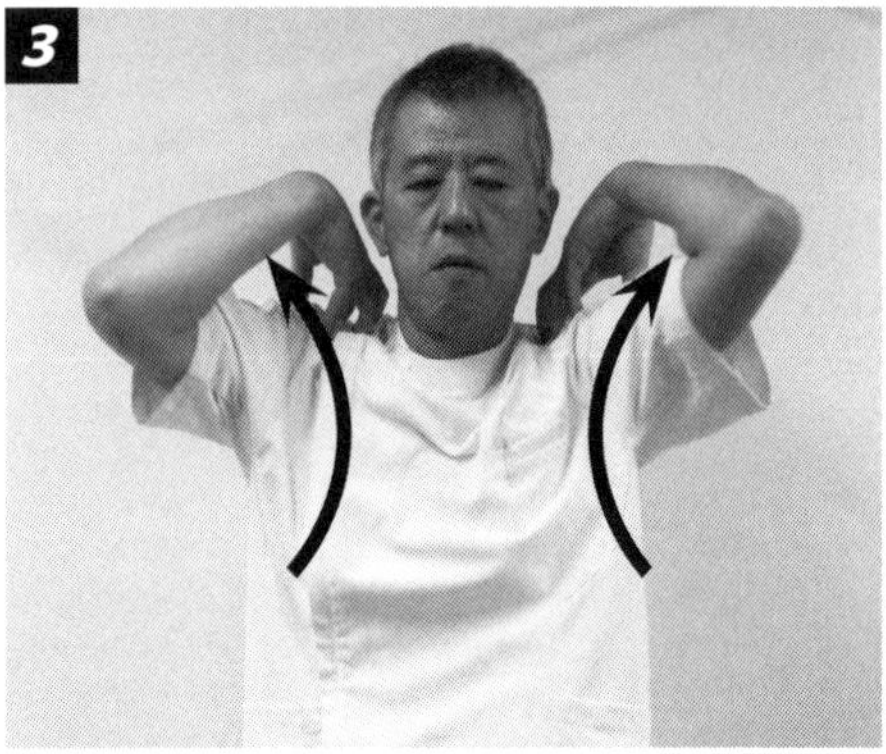

指先を肩に置いて肘を大きく回す。

6 トレーニング

弓を持たずに弓を引くときに必要な部分を鍛える。強度の強いトレーニングを行う場合には、回復も考えて日によって上半身、下半身などを分ける必要があります。

頻度・回数に関しては、一日に10回 × 3セットが目安です。朝昼晩などに分けても構いません。重点的に強化する場合には回数を増やすのか、強度を増やすのか検討する必要があります。

〈マシントレーニング〉

マシントレーニングの長所は、鍛えたい部分に絞って鍛えられるところです。年齢や体力によって、負荷を調整できるのも長所と言えます。

短所として自宅では器材を揃えないとできないこと、扱い方をしっかり覚えないと目的の部位に刺激が入らないことなどが挙げられます。

自宅でマシントレーニングができる環境はそうそう無いので、体育館やジムなどで道場が使えない時間帯の有効活用として、参考にしてください。

・弓道関係者におすすめできる器材

弓道関係者におすすめできるマシントレーニングの例

ローイング

ラットプル

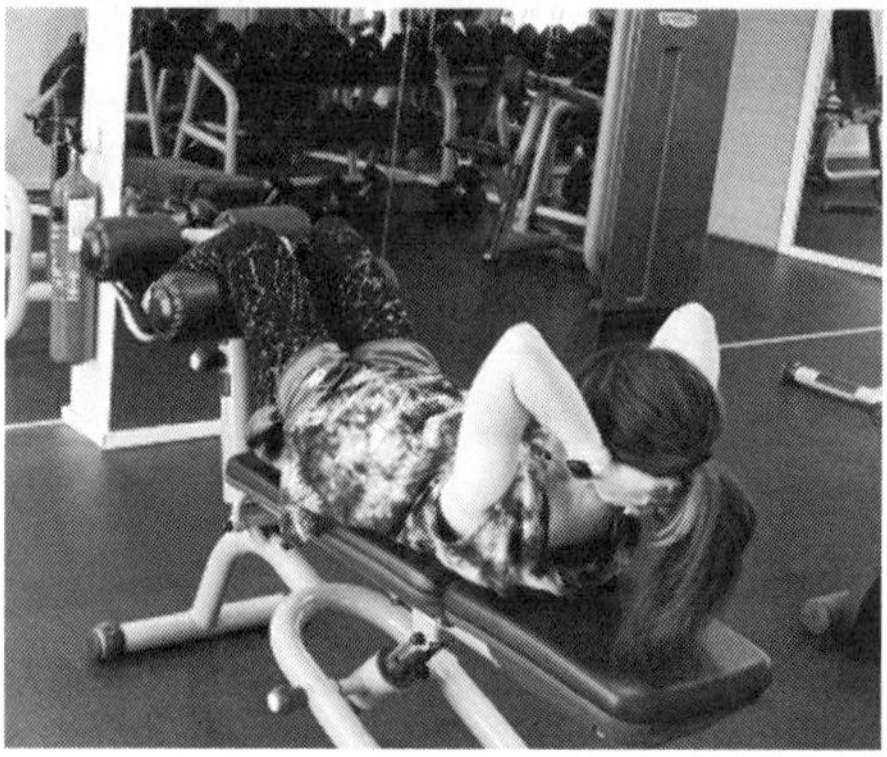
アブドミナル

A　ローイング（背中を中心に背面全般）
B　ラットプル（背面、肩甲骨中心）
C　アブドミナル（腹筋）

〈チューブトレーニング〉

チューブを使ったトレーニングの長所は自宅で行えること、かかる費用が安価であること、短所として使う部分の意識がきちんとできていないと、狙ったところが鍛えられないなどです。

おすすめの方法は、セラバンド（色によって強度が違う）や自転車屋の廃棄ゴムチューブ（強度がやや強い）を用いてやるトレーニングです。

A　**インナーマッスルトレーニング（肩周囲）**

片方を柱などに縛り付け、

◉**棘上筋**

肩が上がらない（浮かない）ようにしながら足元にチューブを固定し（踏んでも可）小指側から軽く（約30度ぐらいまで）開く

※1小指を外側に向けるようにやると、肩が浮きにくくなる

◉棘下筋、小円筋

肩が上がらない（浮かない）ようにして肘を固定、内側から外側に向かって開く

※2小指側を下にしながらの方が肩が浮きにくくなる

◉肩甲下筋

肩が上がらない（浮かない）ようにして肘を固定、外側から内側に向かって開く

※2同右

いずれも強い負荷だと目的の部分に刺激が入らず、もっと表層の大きな筋肉が動いてしまいますので注意が必要です。余り細かい角度を気にせず少しダラダラやるぐらいでちょうど刺激が入ります。

肩のぐらつきや、安定しない方には特におすすめです。

B　ローイング

◉広背筋、菱形筋

椅子に座って行う。上体は前傾して背中に意識をもつ。両足でチューブを踏んで、肩甲骨で引くイメージで肘を引く。この時脇は開かないようにすることと、肩が上がらないように、後ろに

チューブトレーニング

A　インナーマッスル・トレーニング（肩周囲）

◉棘上筋

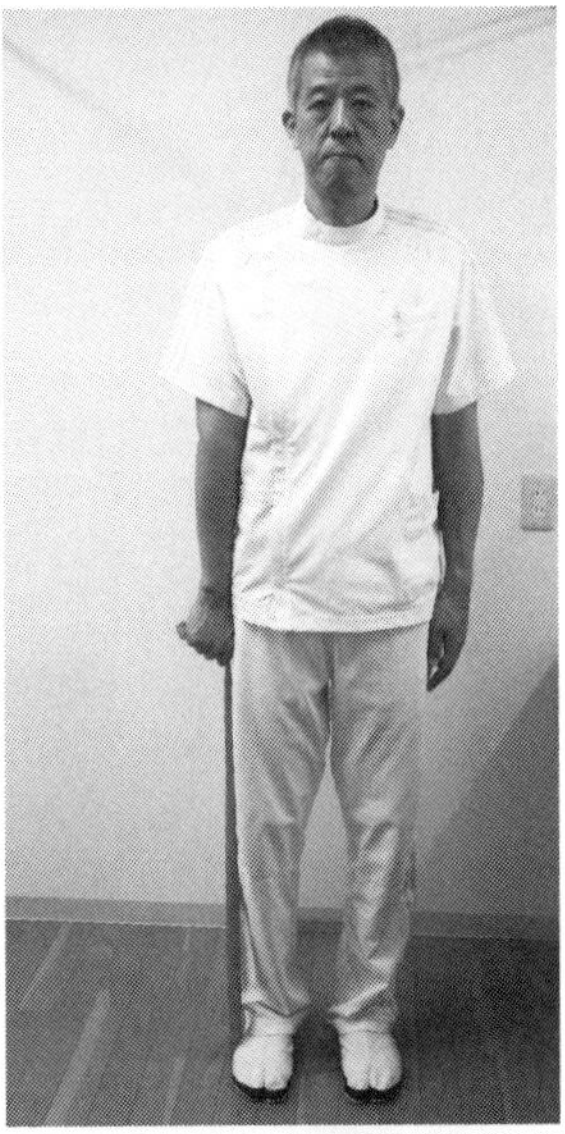

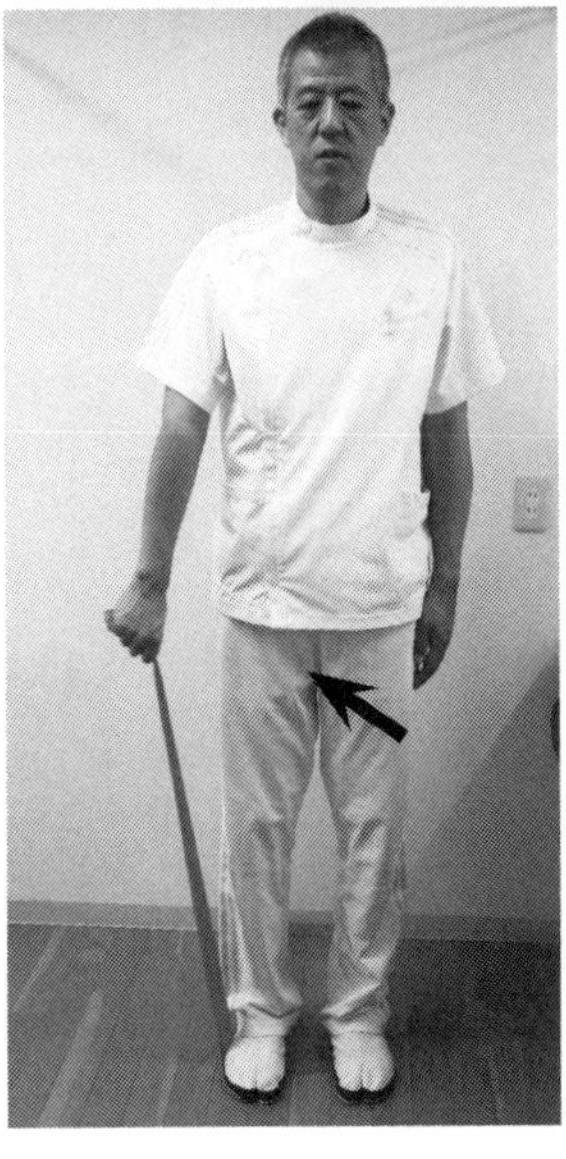

肩が上がらない（浮かない）ようにしながら足元にチューブを固定し（踏んでも可）小指側から軽く（約30度ぐらいまで）開く。

※1小指を外側に向けるようにやると、肩が浮きにくくなる

◉棘下筋・小円筋

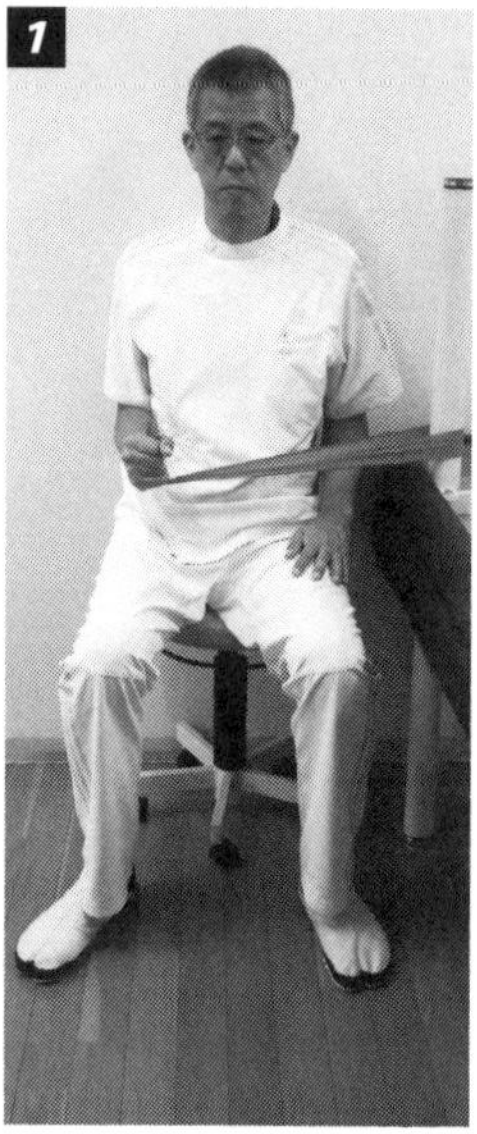

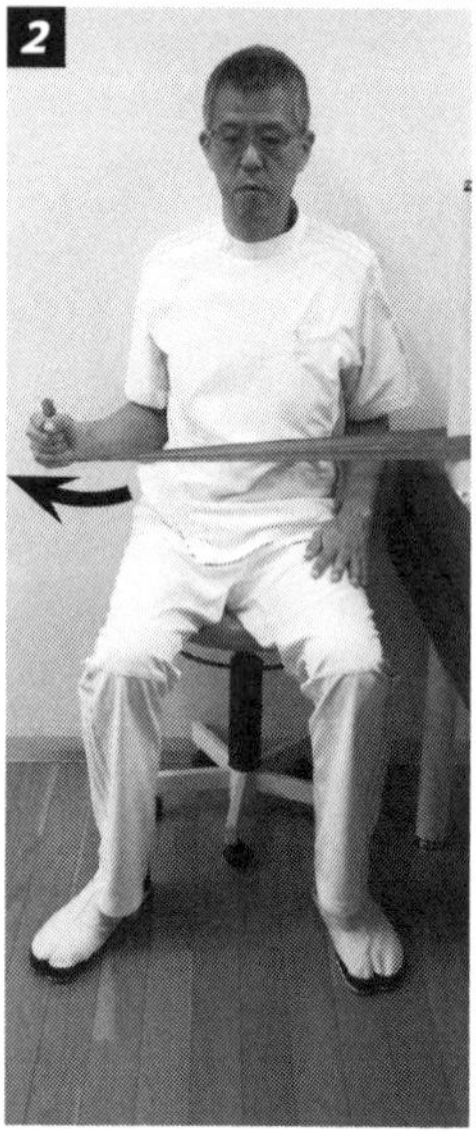

肩が上がらない（浮かない）ようにして肘を固定、内側から外側に向かって開く。
※2小指側を下にしながらの方が肩が浮きにくくなる。

◉肩甲下筋

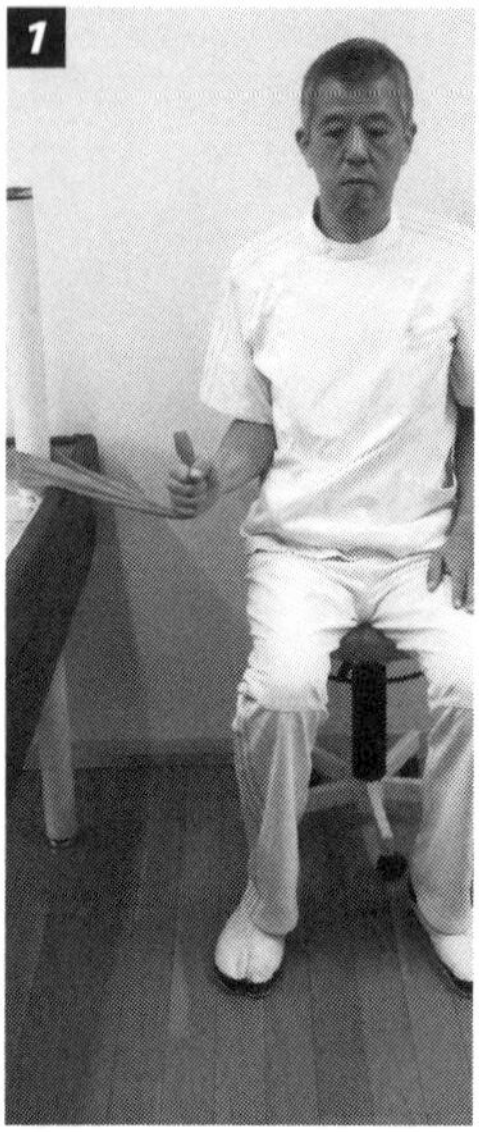

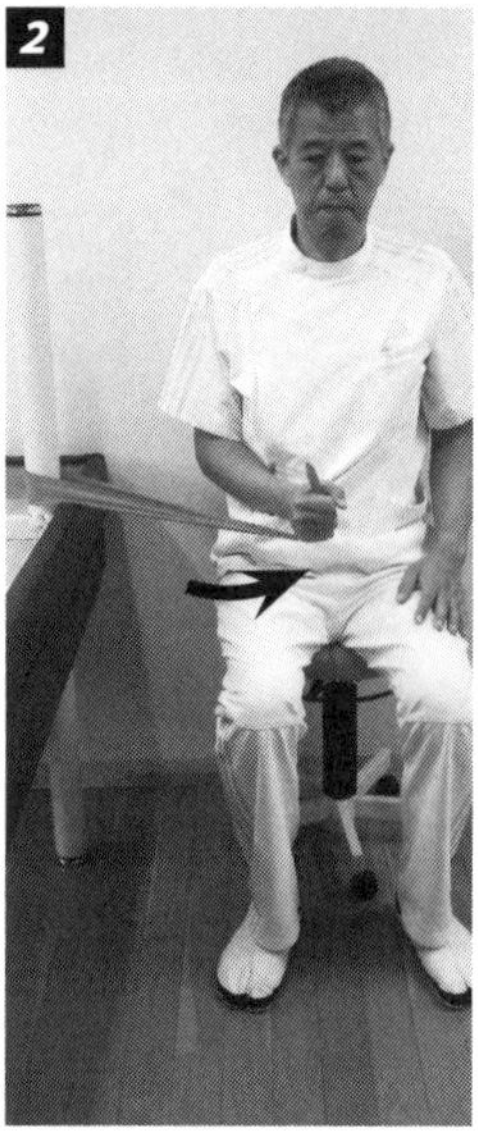

肩が上がらない（浮かない）ようにして肘を固定、外側から内側に向かって開く。
※2小指側を下にしながらの方が肩が浮きにくくなる。

引きすぎると手先だけで引っ張ることになるので注意が必要。

〈自重トレーニング〉

A　ランジ（体幹部、バランス）

肩幅に立ち片足を大きく一歩前に出し、元の位置に戻る。余裕がある場合にはそこから腰を沈める。ただし、バランスに不安がある場合には少し加減する（転倒に注意）

膝が左右に流れないようにまっすぐ出す、もも裏と腰でしっかりと支える。

※立ち座り、歩行、行射のいずれにおいても体幹部のバランスはあって困ることは無い

B　腹筋（基本中の基本）

両膝を立てて手は前に組む（反ると腰を痛める可能性があるため）上体は肩甲骨が浮く程度まで上げる。体は丸めるように動かしていく。

余裕があれば、右手を左膝の方向に向かって伸ばす。ねじれによって負荷が増える。腹筋は姿勢を保つ上で基本中の基本。無いと体幹部が動揺しやすくなる。

C　腕立て伏せ（バリエーションを考えて）

・脇を締めた形で行う。筋力的に厳しければ膝をついて行っても良い。弓を引くのはそもそも腕なので、身体ぐらいは支えられないと弓力に負ける。腹筋に力を入れて腰が反ったり曲がったりしないように注意が必要。

手のつき方、角度によってかかる負荷が腕優位か背中優位かも変化する。

・テーブルや椅子などを利用して後ろ向きに行う。脇を締めて身体を下に沈めるようにして両腕で支える。テーブルなどが不安定だと転倒の危険があるので安全を確保してから行う。

D　プランク（体幹、バランス）

プランクは、全身を使って姿勢の維持をすることが大切です。転倒予防や介護予防の観点からもよく取り入れられています。無理に長時間やる必要はなく、基本の姿勢を作ったら「1，2，3」で上げ「1，2，3」で姿勢を維持、「1，2，3」で戻す形でじゅうぶんです。余裕があれば秒数を増やす、難易度を上げるなどの方法もあります。

・肩幅で両膝をついて両肘をつき、机型に姿勢を維持する。この状態から余裕があれば片手、もしくは片手と反対の脚を体幹部と同じ高さまで上げて戻す。腰は反るとケガの原因になるので注意が必要。
応用として、上げた手と膝を一回合わせてから戻す。
・膝を直角に曲げ横向きの姿勢からゆっくり腰を上げ、体幹部がまっすぐになるように上げ、戻す。
余裕があれば膝を伸ばして足で支えて同様の動きを行う。

7 組み立て方（考え方の基本）

自分で最も良い組み合わせを探していくことも楽しみの一つですが、基本的な流れを示します。
例：ウォーキング（ジョギング）↓静的ストレッチ↓動的ストレッチ↓素引き↓巻藁 etc…

特に起床時に血液循環は落ちていますので、ひとまず最低限血流を上げるには少し歩幅を広げて歩くか息が切れない程度に走るのが効果的です。
標的競技である以上、心拍上げすぎはもちろん良くないですが、全く上がらないのもまたパフォーマンスが安定しない要因になります。

A　ランジ（体幹部、バランス）

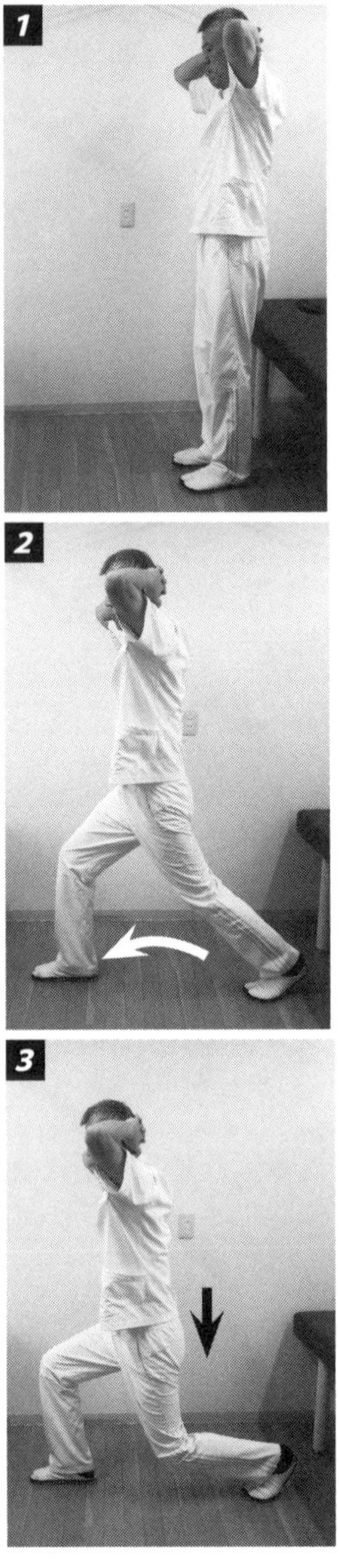

肩幅に立ち片足を大きく一歩前に出し、元の位置に戻る。余裕がある場合にはそこから腰を沈める。ただし、バランスに不安がある場合には少し加減する（転倒に注意）

膝が左右に流れないようにまっすぐ出す、もも裏と腰でしっかりと支える。

※立ち座り、歩行、行射のいずれにおいても体幹部のバランスはあって困ることは無い

B　腹筋（基本中の基本）

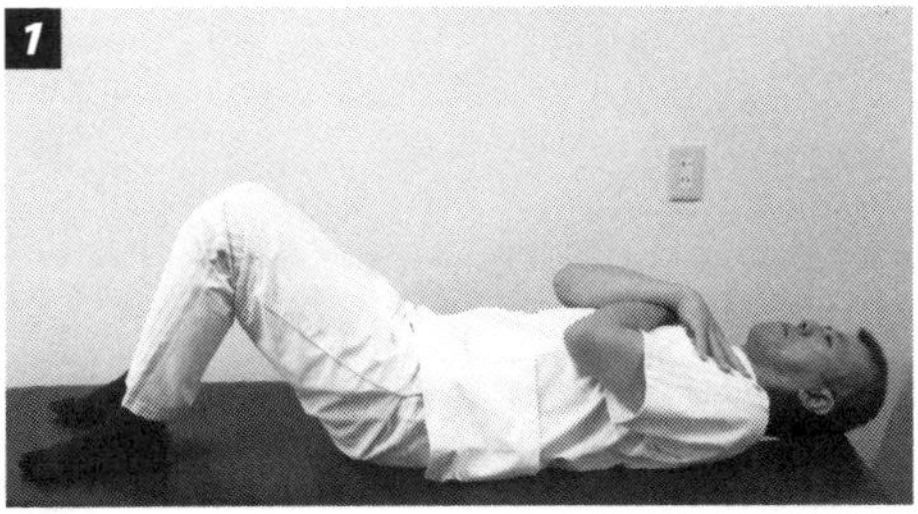
1

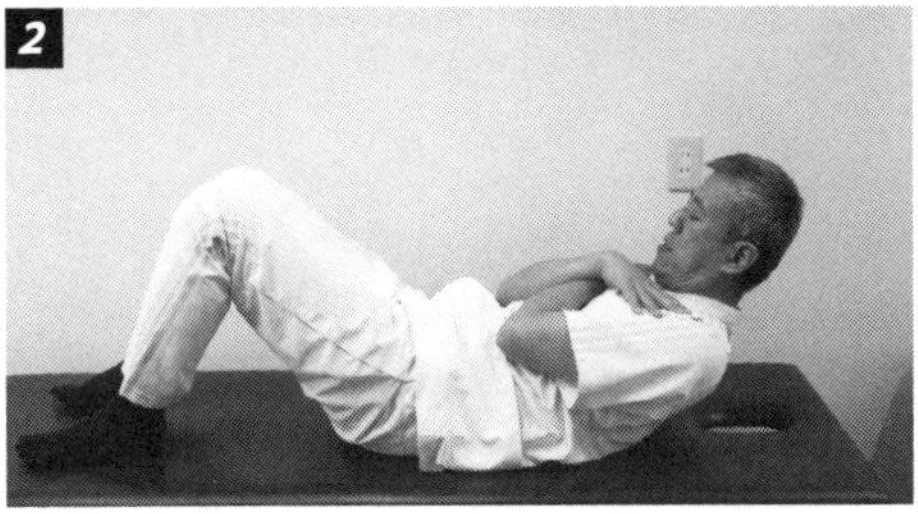
2

余裕があれば

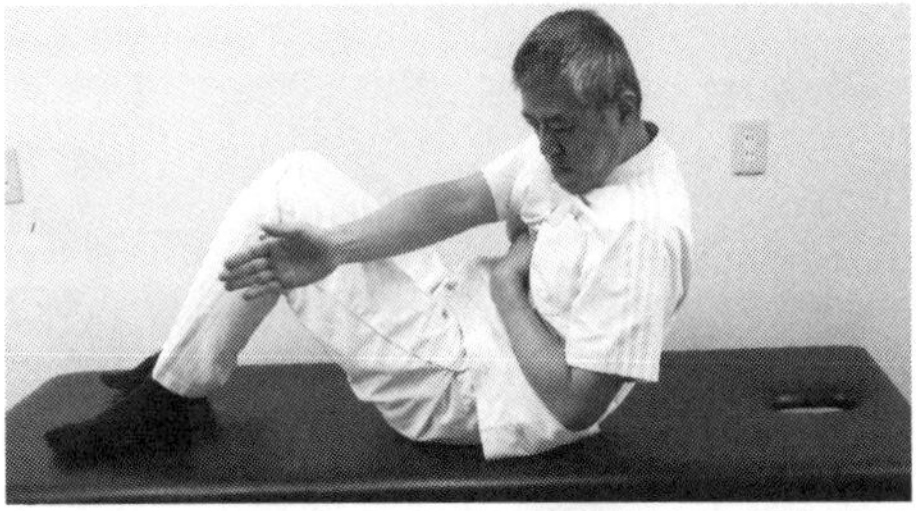

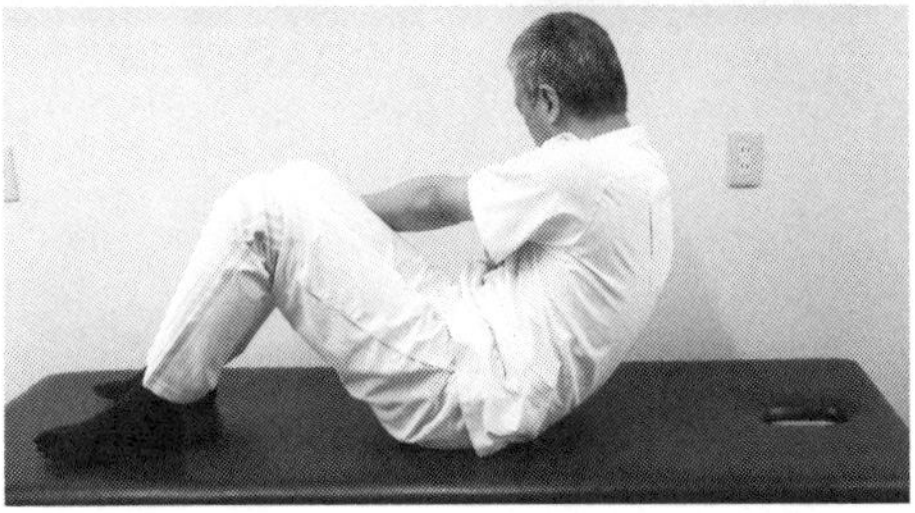

両膝を立てて手は前に組む（反ると腰を痛める可能性があるため）上体は肩甲骨が浮く程度まで上げる。体は丸めるように動かしていく。

余裕があれば、右手を左膝の方向に向かって伸ばす。ねじれによって負荷が増える。腹筋は姿勢を保つ上で基本中の基本。無いと体幹部が動揺しやすくなる。

C　プランク（体幹、バランス）

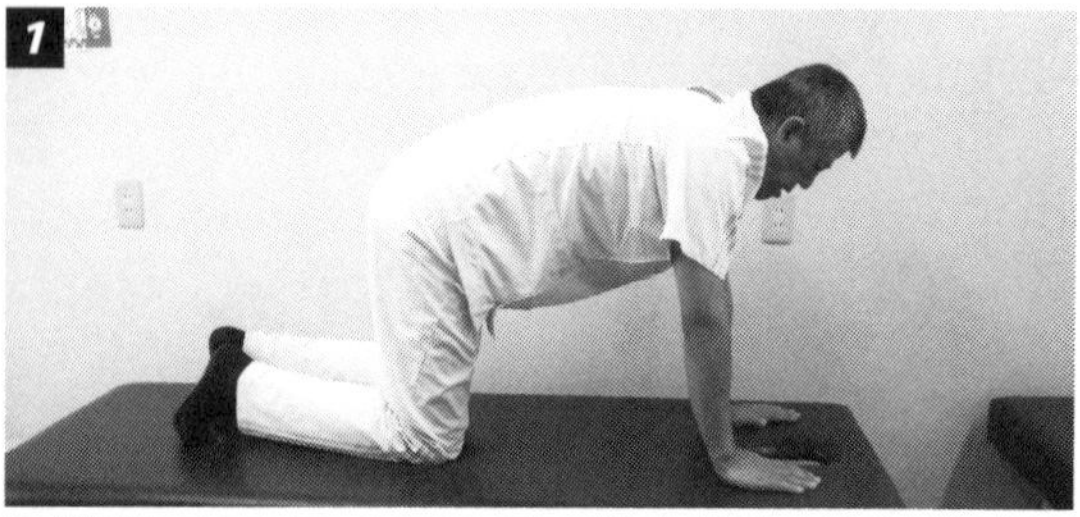

肩幅で両膝をついて両肘をつき、机型に姿勢を維持する。この状態から余裕があれば片手、もしくは片手と反対の脚を体幹部と同じ高さまで上げて戻す。腰は反るとケガの原因になるので注意が必要。

応用として、上げた手と膝を1回合わせてから戻す。

1

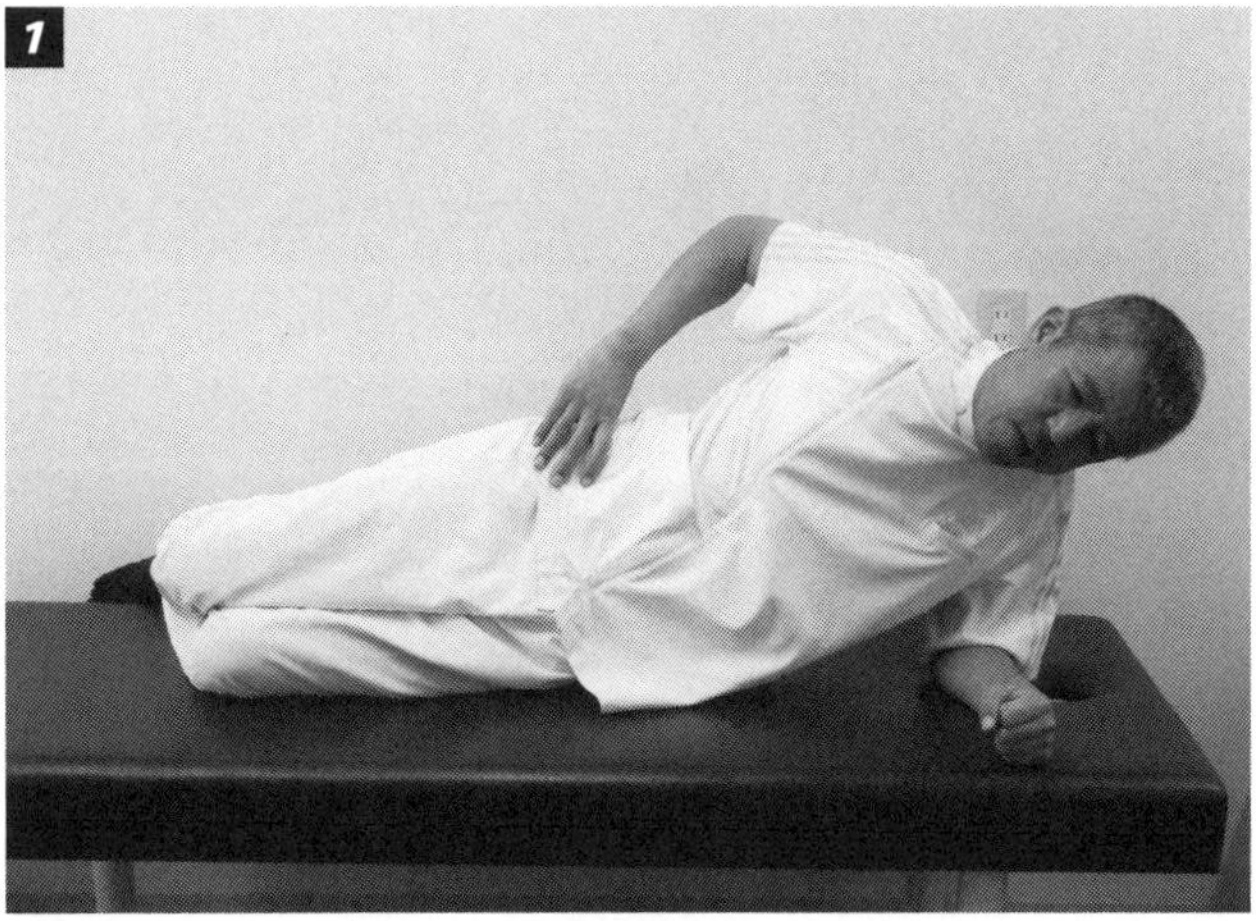

2

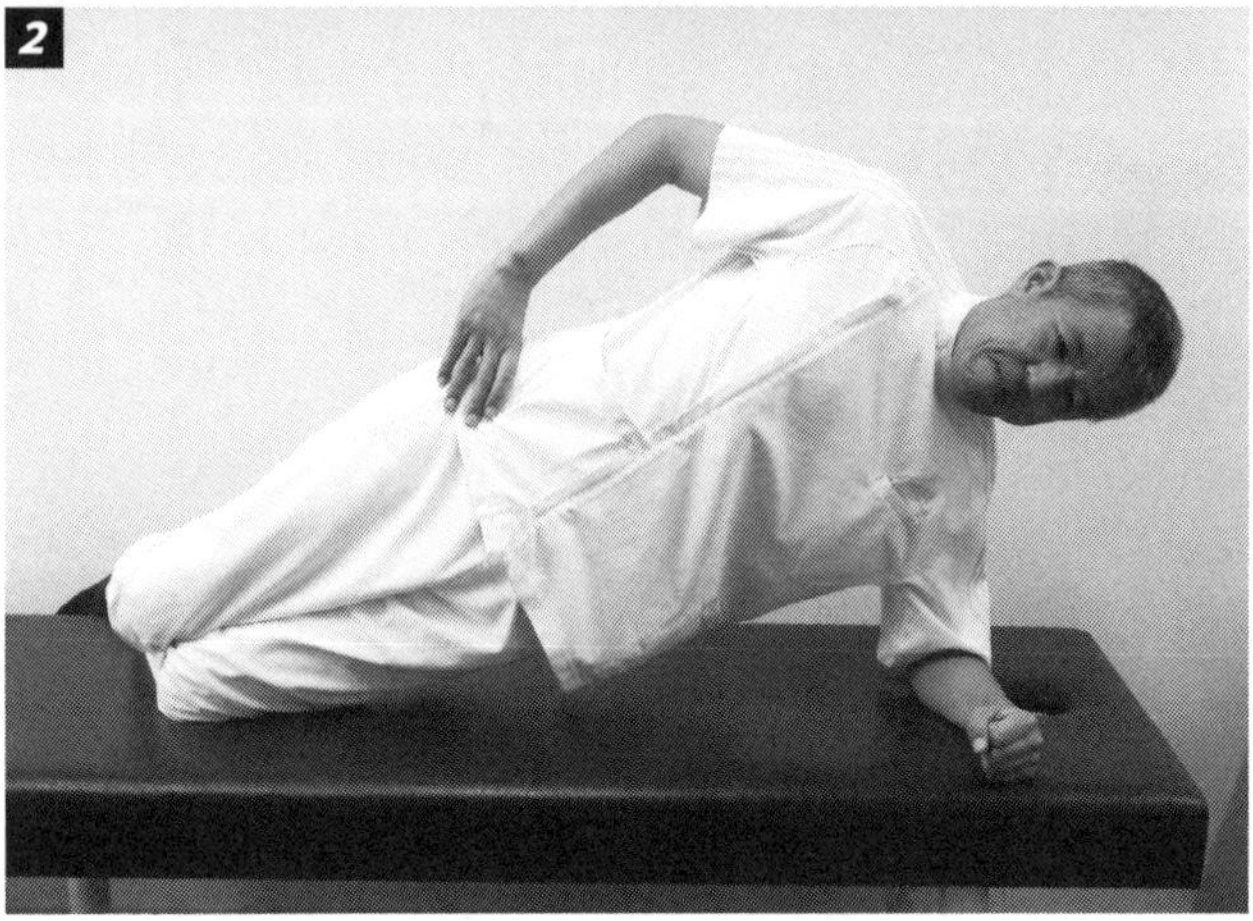

膝を直角に曲げ横向きの姿勢からゆっくり腰を上げ、体幹部がまっすぐになるように上げ、戻す。余裕があれば膝を伸ばして足で支えて同様の動きを行う。

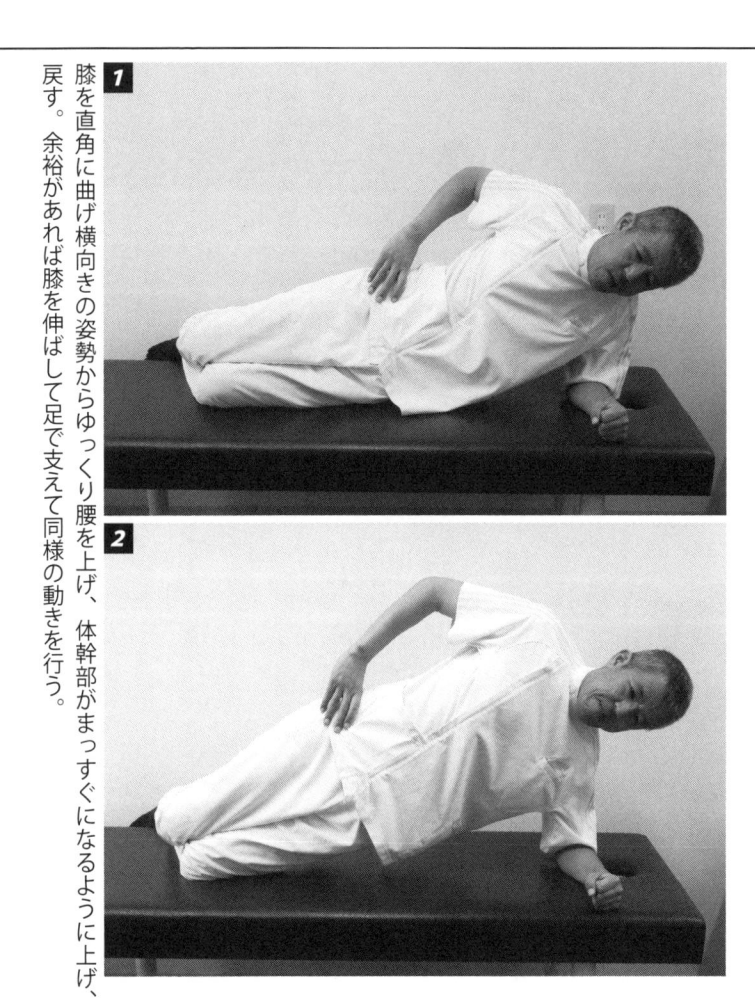

8 クールダウン

クールダウンは、それこそ軽視しがちです。練習は道場の退出時間ギリギリまで引きたい、家に帰ったら翌日の仕事や授業の準備をして早く休みたい、場合によっては後回しにしていた仕事や課題を寝るまでにやる人もいるかもしれません。

それでも身体のことを考えたら、クールダウンは必要です。ウォーミングアップで行った動きを短縮しておこなっても大丈夫です。全体にストレッチ、負担がかかる部分にはアイシング、帰宅したら入浴（浴槽に入る）して温熱交代浴を行う…。

以上、非常に簡潔ではありますが基本的なケアの仕方とトレーニングの仕方を提示しました。実際には無数にあるので、色々考えながら組み立ててみると単純に弓を引く以外でも弓のためになることがたくさんあることがご理解いただけると思います。

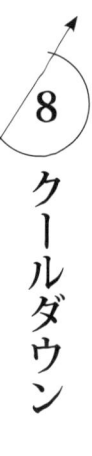

引用および参考文献

「弓道教本」第一巻　射法編　改訂版　全日本弓道連盟　昭和 31 年
「弓道教本」第一巻　射法編　補正増補　全日本弓道連盟　令和４年
「弓道教本」第二巻　射技編　全日本弓道連盟　昭和 31 年
「弓道教本」第三巻　続射技編　全日本弓道連盟　昭和 31 年
「弓道教本」第四巻　理念と射技詳説　全日本弓道連盟　昭和 59 年
「機関誌：弓道」全日本弓道連盟
「現代弓道講座」１～７巻　雄山閣　昭和 57 年
「日本の弓」斎藤直芳　愛育出版　昭和 42 年
「弓道読本」唐沢光太郎　読売新聞社　昭和 51 年
「弓道の新研究」石岡久夫　自刊　昭和 43 年
「弓道入門」石岡久夫　川村自行　愛隆堂　昭和 53 年
「紅葉重ね・離れの時機・弓具の見方見方と扱い方」浦上栄　平成８年
「弓道の解剖的解析」佐野昌雄　非売品　発行年不明
「弓道の解剖的解析『図解編』佐野昌雄　非売品　発行年不明
「射技射術に関する書」海老原力　非売品　平成８年
「呼吸について」海老原力　非売品　平成８年
「カパンディ　関節の生理学」全３巻　医歯薬出版　1986 年
「標準整形外科学」第６版　1996 年
「図説筋の機能解剖」第４版　訳　矢谷令子　小川恵子　1993 年
「世界一わかりやすい筋肉のつながり図鑑」きまたりょう　KADOKAWA　2023 年
「弓道と身体　カラダの中の使い方」守屋達一郎　BAB ジャパン　2018 年
Web
厚生労働省ヘルスネット　https://www.e-healthnet.mhlw.go.jp/information/
世界一ゆる～い解剖学教室　https://kaibougakulabo.com/

おわりに

なんというものに手を出してしまったのか…。

これが執筆していた際の本音です。当初は半年ぐらいで書きあがるだろうと楽観的に考えて始めてみたものの、気づけば2年弱経過しました。書けば書くほどゴールは遠ざかり、終わってても説明不足な点や自身の知識不足、実力不足を痛感させられ、まさに無間地獄でした。弓をはじめて30有余年、トレーナーとして20年弱、年月ばかり過ぎてこの程度しかできないのかと、打ちひしがれる毎日でした。

それでも今回の出版は、日常の整骨院で治療する弓道関係の患者さんから聞かれる疑問、自分の頭の中にあって何となく理解しているつもりになっていることを、整理して言語化するとても良い機会になりました。

この本が身体の面から弓道を考えようとする方のたたき台となれば幸いです。弓道を専門とする最初のアスレティックトレーナーとして、表面的な部分にしか触れられなかった本書より、今後更に新しい角度からの知見が入って、弓道の深さを医科学の分野から探求していく人材がたくさん育つことを心より期待しています。

またパラスポーツトレーナーとして、今後障害の有無により弓道を断念する人を、一人でも減らしていくきっかけにしていきたいと思います。

生前には全く恩を返せなかった長谷川節子氏、ずっとお世話になっている長谷川弓具店、20代半ばだった若造の私に、指導者としての場を与えてくれた東京慈恵会医科大学弓道部およびOB会の皆様、そこから生まれた武術研究グループ「啓進会」の各位、武道の教員として「弓道専攻」の授業を担当させていただいている日本体育大学、高校生の頃から私の居場所であった調布市弓道連盟の皆様には心より感謝申し上げます。

また普段なかなか言えませんが、走り抜けることができたのはかけがえのない家族の存在がとても大きく、諦めかけても踏みとどまり何とかここまでこれました。

そして何よりこの無間地獄を叱咤激励してここまで形にしてくれたBABジャパンの編集原田氏のおかげです。心より御礼申し上げます。

素行自得

令和6年11月吉日　知命の年に　高橋景樹

著者プロフィール

高橋景樹（たかはし　けいじゅ）

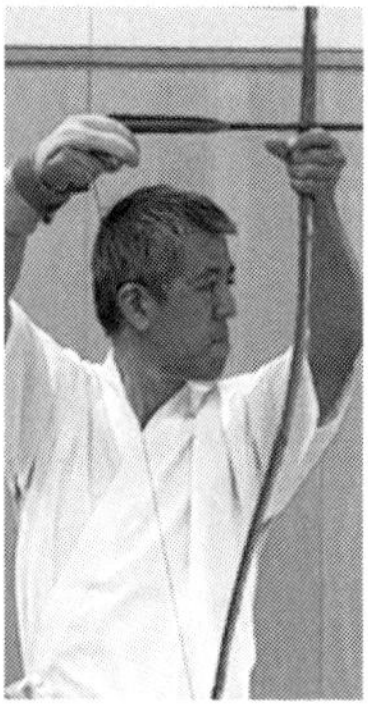

けいじゅ整骨院院長。東京慈恵会医科大学弓道部監督。日本体育大学スポーツ文化学部武道教育学科弓道専攻非常勤講師。全日本弓道連盟医科学委員会委員。JOC日本オリンピック委員会医科学強化スタッフ。武道研究グループ「啓進会」顧問。柔道整復師（国家資格）。アスレティックトレーナー（JSPO）。パラスポーツトレーナー（JPSA）。修士（体育科学）。
弓道錬士六段。柔道二段。

装幀：梅村昇史
本文デザイン：中島啓子

弓道の生理学　身体がわかると“射”が変わる！

2024年12月10日　初版第1刷発行
2025年 6 月25日　初版第3刷発行

著　　者	高橋 景樹
発 行 者	東口 敏郎
発 行 所	株式会社ＢＡＢジャパン
	〒151-0073 東京都渋谷区笹塚 1-30-11 ４・５Ｆ
	TEL　03-3469-0135　　FAX　03-3469-0162
	URL　http://www.bab.co.jp/
	E-mail　shop@bab.co.jp
	郵便振替 00140-7-116767
印刷・製本	中央精版印刷株式会社

ISBN978-4-8142-0655-1　C2075

BAB ジャパン　オススメ書籍

あらゆるパフォーマンスが劇的に上がる！

書籍　武術に学ぶ　体軸と姿勢

古来より武術では何よりも整った姿勢を重視し、体軸を使いこなすことで、達人的な能力を生み出してきた。スポーツ、ダンス等はもちろん、快適な日常生活を送るための極意を伝授する。武術界で大注目の達人・名人が多数登場 !! 一般的な運動理論を超越する武術的アプローチを公開 !!

●「月刊秘伝」編集部　●四六判　● 196 頁　●本体 1,500 円 + 税

全身の靭帯を発動させる！

書籍　つながるカラダ！靭トレ

筋肉を使わずに、強さ・速さ・精確さを実現するトレーニング !!「筋肉」と違って、力や動きを作る器官とは認識されていない「靭帯」が、実は達人の動きを作るカギだった！あらゆる関節に存在する「靭帯」の全発動によって、全身を繋げ、特別な運動を生み出すメソッドを紹介します。

●加藤久弦 著　●四六判　● 192 頁　●本体 1,500 円 + 税

心のコツ！ 情熱を持続させるための簡単な意識スイッチ

書籍　武道家の稽古・鍛錬の心理学

武道の稽古や鍛錬は辛いものと相場決まっている…訳ではありません！辛そうなものを辛くないものに変えてしまうマジック !! 心理学者が説く、長続きできる心のコツとは!?続ければ必ず成長できるのに、続かない理由は " 心 " にある。だから " 心 " 次第でそれは続けられるようになる！

●湯川進太郎 著　●四六判　● 200 頁　●本体 1,500 円 + 税

"戦う以前" にモノ言う強さ

書籍　眼力を鍛える！ 秘伝 BOOKS

目には〝視力〟以外にも様々な強さが秘められている！それでいて、意外にその鍛え方は知られていない。さまざまな「見る力」が養われれば、武術・スポーツの上達は自然に導かれる。宮本武蔵も「観の目」と称してその重要性を説いた、いろいろな意味での「見る力」鍛錬法を解説！

●「月刊秘伝」編集部　●四六判　● 176 頁　●本体 1,500 円 + 税

戦わずに強くなれる武道の深い秘密

書籍　"型 "の深意　秘伝 BOOKS

実戦形式でなく、定型の反復動作を繰り返す「型稽古」。決まった動作を繰り返す " 型 " だけでなぜ強くなれるのか？古来より、あらゆる日本の武術・武道は、流派問わず、強くなるための方法として「型稽古」を選択してきました。それで本当に実戦で通用する強さが手に入る深い仕組みを、さまざまな分野から解き明かします。

●「月刊秘伝」編集部　●四六判　● 180 頁　●本体 1,500 円 + 税